Walter Kempowski

Personenregister
der Werke

Volker Griese

Walter Kempowski

Personenregister
der Werke

BOD

Die Deutsche Nationalbibliothek
verzeichnet diese Publikation in der Deutschen Nationalbibliografie;
detaillierte bibliografische Daten sind im Internet über dnb.de abrufbar.

Volker Griese: »Walter Kempowski – Personenregister der Werke«
2. überarbeitete und ergänzte Auflage
© 2013 | 2018 Volker Griese
Satz und Einbandgrafik Volker Griese
Herstellung und Verlag: BoD- Books on Demand, Norderstedt.

ISBN 978-3-7528-3267-9

Es ist unglaublich,
was man sich bieten lassen muß.

Walter Kempowski

‹Name ist alles, Gefühl ist Schall & Rauch›

Arno Schmidt

Es sind zwei ganz verschiedene Abenteuer:
das eine, von immer neuen Links
zu immer neuen Abzweigungen geschickt zu werden,
das andere, in einem gedruckten Register
plötzlich auf einen magischen Begriff zu stoßen,
den man gar nicht gesucht,
aber der einen gefunden hat.

Gudrun Schury

Das vorliegend Nachschlagewerk umfasst alle biographischen Personen, die in den selbstständigen literarischen Prosawerken und Tagebüchern Walter Kempowskis direkt oder indirekt genannt werden. Es ist in seiner Anlage als handliches Hilfsmittel zur Orientierung gedacht, nicht jedoch als Lexikon. Neben dem reinen Registerwerk bietet sich hiermit auch ein Einblick in das gewaltige Spektrum des Denkens Walter Kempowskis; es verdeutlicht die Schaffenswelt des Schriftstellers: welche Personen gehören zu seinem Leben, seinem Wissenskanon, an welchen Personen hat er sich im Laufe seines Lebens »abgearbeitet«.

Die im Register aufgeführten Namen werden möglichst mit biographischen Daten (Geburts- und Todesjahr, Berufsbezeichnung) ergänzt. Bei Abweichungen der von Walter Kempowski genutzten Namensschreibung werden diese stillschweigend korrigiert (z.b. Malskatt→Malskat, Sczucka →Sczuka). Im Falle der Verwendung eines Schutz- oder Decknamens, sind diese in das Register aufgenommen, sofern der authentische Name bekannt ist. Die Aufnahme der Decknamen erfolgt ebenfalls, ergänzt mit dem Verweis auf den authentischen Namen (z.b. *Fritz Legeune* siehe unter Hans →Siegfried). Handelt es sich um ein selbstgewähltes Pseudonym, welches als allgemein bekannt erachtet werden kann, erfolgt kein gesonderter Vermerk (z.b. findet sich Friedrich von Hardenberg unter Novalis). Eine Registrierung fiktiver Personen / Figuren aus Walter Kempowskis Werken (z.b. Cornelli aus der *Deutschen Chronik*) erfolgte nicht. Nicht aufgeführt wurden die Namen der unmittelbaren Familienmittglieder Walter Kempowskis innerhalb der *Deutschen Chronik*.

Indirekte Nennungen – soweit es möglich war, sie zuzuordnen – werden der jeweiligen realen Person des Dichters/Autors zugeschrieben, z.B. findet sich ›Faust‹ unter Goethe. Bei Liedern besteht desöfteren die Schwierigkeit, eine eindeutige Zuordnung vorzunehmen, sei es daß über die Jahre der Text und/oder Melodie in verschiedenen Varianten von verschiedenen Autoren und/oder Komponisten vorgelegt wurde. In diesen Fällen wurde auf eine Zuordnung verzichtet. Eine Zuordnung zu einem Interpreten hilft auch nicht in allen Fällen, dieses Problem zu umgehen. So feierte der in *Herzlich Willkommen* anklingende ›Banana Boat Song‹ (S. 126) Mitte der 1950er Jahre nahezu zeitgleich Charterfolge in den Aufnahmen von Bob Gibson, Harry Bellafonte, Shirley Bassey und Steve Lawrence.

Straßen, Plätze, Gebäude, welche nach Personen benannt sind, werden nicht berücksichtigt, mit Ausnahme von solchen, deren Nennung über den rein geographischen Hintergrund offenbar eine stärkere Bedeutung beigemessen wurde.

Alle Zitate werden kursiv wiedergegeben.

Zu guter Letzt: Bei der bewältigten Datenfülle erscheint es vermessen, davon auszugehen, dass keine Unachtsamkeiten oder Versehen unterlaufen sind. Der Herausgeber bittet um Nachsicht. Der Dank geht an Lars Bardram, Næstved i. Dänemark für Hinweise und Korrekturangaben.

ALBUM – Das 1. Album. 1981–1986. München 2004.

ALKOR – Alkor. Tagebuch 1989. München 2001.

ALLES UMSONST – Alles umsonst. München 2006.

AUFZEICHNUNGEN – Wenn das man gut geht! Aufzeichnungen 1956–1970. München 2012.

AUSSICHT – Schöne Aussicht [Deutsche Chronik II.]. München 1981.

BÖCKELMANNS TAFELGESCHICHTEN – Herrn Böckelmanns schönste Tafelgeschichten. München 1983.

CULPA – Culpa. Notizen zum Echolot. München 2005.

GOLD – Uns geht's ja noch gold. Roman einer Familie. [Deutsche Chronik IV.]. München 1972.

GRÖSSEN – Walter Kempowski: Umgang mit Größen. Meine Lieblingsdichter - und andere. München 2011.

HAMIT – Hamit. Tagebuch 1990. München 2006.

HEILE WELT – Heile Welt. München 1998.

HUNDSTAGE – Hundstage. München 1988.

HUT – Alle unter einem Hut. München 1976.

IM BLOCK – Im Block. Ein Haftbericht. Reinbek 1969.

JOHNSON – Uwe Johnson, Walter Kempowski. Kaum beweisbare Ähnlichkeiten. Der Briefwechsel. Berlin 2006.

KAPITEL – Ein Kapitel für sich [Deutsche Chronik V.]. München 1975.

LETZTE GRÜSSE – Letzte Grüße. München 2003.

MARK UND BEIN – Mark und Bein. Eine Episode. München 1992.

OPPLAWUR – Der arme König von Opplawur. Ein Märchen. München 1994.

SIRIUS – Sirius. Eine Art Tagebuch. München 1990.

SOLDATEN – Wer will unter die Soldaten. München 1976.

SOMNIA – Somnia. Tagebuch 1991. München 2008.

TADELLÖSER – Tadellöser & Wolff [Deutsche Chronik III.]. München 1971.

T+K – Walter Kemkowski: Ausschnitte des Tagebuchs 2001. In: Text und Kritik. Hrsg. Heinz Ludwig Arnold. Nr. 169. München 2006.

UNSER HERR BÖCKELMANN – Unser Herr Böckelmann. München 1979.

WELTSCHMERZ – Weltschmerz. Kinderszenen fast zu ernst. München 1995.

WILLKOMMEN – Herzlich willkommen [Deutsche Chronik VI.]. München 1984.

ZEIT – Aus großer Zeit [Deutsche Chronik I.]. München 1978.

Abbado, Claudio *26. Juni 1933 Mailand; ital. Dirigent. Sɪʀɪᴜs 475
Abel, Karl Friedrich *22. Dezember 1723 Köthen i. Anhalt †20. Juni 1787 London; Komponist u. Gambensolist. Aʟᴋᴏʀ 18
Abendroth, Walter *29. Mai 1896 Hannover †30. September 1973 Fischbachau; Komponist, Redakteur u. Musikschriftsteller. Cᴜʟᴘᴀ 194
Abrantès, Herzogin Laure-Adelaide Abrantès (bzw. Laure od. Laurette Junot, Duchesse d'Abrantès, geb. Permond) *6. November 1784 Montpellier †7. Juni 1838 Paris; Hofdame am napoleonischen Hof, Schriftstellerin, Förderin von Honoré de →Balzac. Gʀößᴇɴ 20
Abs, Hermann Josef *15. Oktober 1901 Bonn †5. Februar 1994 Bad Soden i. Taunus; Bankier, Vorstandssprecher der Deutschen Bank 1957–67. Sɪʀɪᴜs 553
Abusch, Alexander *14. Februar 1902 Krakau †27. Januar 1982 Berlin; Journalist, Schriftsteller u. Politiker. Hᴀᴍɪᴛ 334
Achternbusch, Herbert (eigentl. Herbert Schild) *23. November 1938 München; Schriftsteller, Filmregisseur u. Kunstmaler. Hᴀᴍɪᴛ 319; Sᴏᴍɴɪᴀ 312
Ackermann, Robert; Tagebuchschreiber aus Rostock. Aʟᴋᴏʀ 144
Ackermann, Theo; Spielkamerad Ks in Rostock, lieferte für Sᴄʜöɴᴇ Aᴜssɪᴄʜᴛ viele Einzelheiten. Aᴜꜰᴢᴇɪᴄʜɴᴜɴɢᴇɴ 51ff.; Sɪʀɪᴜs 574
Adam, Adolphe Charles *24. Juli 1803 Paris †3. Mai 1856 Paris; franz.

Opern- u. Ballettkomponist. Tᴀᴅᴇʟʟösᴇʀ 273 (*Sur le pont d'Avignon*)
Adam, Werner *14. Januar 1935 Hamm †9. April 2009 Frankfurt a.M.; Journalist u. Germanist. Sᴏᴍɴɪᴀ 354
Adamson, Herr; Kürzungsaktion am *Echolot, wie Adamson es mit den Tischbeinen gemacht hat.* Cᴜʟᴘᴀ 356
Adelsberger, Lucie; Verfasserin des Buches: Auschwitz. Ein Tatsachenbericht. Aʟᴋᴏʀ 430
Adenauer, Konrad (Conrad) Hermann Joseph *5. Januar 1876 Köln †19. April 1967 Rhöndorf / Bad Honnef; erster Bundeskanzler der Bundesrepublik Deutschland 1949–63. Aᴜꜰᴢᴇɪᴄʜɴᴜɴɢᴇɴ 376, 438, 441; Cᴜʟᴘᴀ 164, 216, 315; Gʀößᴇɴ 164, 214; Hᴀᴍɪᴛ 47f.; Sɪʀɪᴜs 262; Sᴏᴍɴɪᴀ 185, 239, 289, 330
Adler, Alfred *7. Februar 1870 Rudolfsheim b. Wien †28. Mai 1937 Aberdeen i. Schottland; österr. Arzt u. Psychotherapeut, Begründer der Individualpsychologie. Aᴜꜰᴢᴇɪᴄʜɴᴜɴɢᴇɴ 255
Adler, Walter *14. September 1947 Dümpelfeld b. Adenau; Hörspielregisseur von *Der Krieg geht zuende.* Aʟʙᴜᴍ 125; Cᴜʟᴘᴀ 237, 266, 270, 274
Adorf, Mario *8. September 1930 Zürich; Schauspieler. Sᴏᴍɴɪᴀ 92
Adorno, Gretel (geb.: Margarete Karplus) *1902 †1993; Chemikerin u. Unternehmerin, Ehefrau von Theodor W. →Adorno. Cᴜʟᴘᴀ 176, 362; Sᴏᴍɴɪᴀ 267
Adorno, Theodor Ludwig W[iesengrund]. *11. September 1903 Frank-

furt a.M. †6. August 1969 Visp i.d. Schweiz; Professor für Soziologie u. Philosophie, Musikkritiker u. Komponist. ALKOR 429, 578; AUFZEICHNUNGEN 197, 204ff., 211 ff., 471; HAMIT 51; SIRIUS 27, 31, 252; SOMNIA 18

Afanasjew, Jurij Nikolajewitsch *5. September 1934 Maina; russ. Historiker u. Politiker. HAMIT 173f.

Agatha, von Catania *~225 Catania a. Sizilien †~250 Catania; Märtyrerin u. Heilige. ALKOR 67

Agatho von Alexandria *? †27. Oktober 673 Alexandria; 39. Papst der koptischen Kirche 654–673, Heiliger. ALKOR 24

Agee, Joel *1940 New York; amerikanischer Autor u. Übersetzer. SOMNIA 450, 452

Ahrens, Martha (*Tante Anna* in TADELLÖSER); stadtbekannte Rostocker Nachhilfelehrerin, K besuchte ihren Unterricht im Sommer 1941 zw. 14 u. 19 Uhr. TADELLÖSER 232ff.

Aichinger, Ilse *1. November 1921 Wien; Schriftstellerin. SOMNIA 442

Alanbrooke of Brookeborough, Lord (eigentl. Alan Francis Brooke) *23. Juli 1883 Bagnères-de-Bigorre i. Frankreich †17. Juni 1963 Hartley Wintney, i. Hampshire; Chef des Generalstabes des britischen Empire 1941–46. ALKOR 482; CULPA 340, 346

al-Assad, Hafiz *6. Oktober 1930 Kardaha †10. Juni 2000 Damaskus; Offizier u. Präsident von Syrien 1971–2000. SIRIUS 141

Albach-Retty, Wolf (eigentl. Wolfgang Helmuth Walter Albach) *28. Mai 1906 Wien †21. Februar 1967 Wien; österr. Schauspieler. TADELLÖSER 343

Albaret, Celeste; Haushälterin b. Marcel →Proust. GRÖßEN 199

Albee, Edward Franklin *12. März 1928 Washington D.C.; Schriftsteller. SIRIUS 130 (*Wer hat Angst vor Virginia Woolf*)

Albers, Hans *22. September 1891 Hamburg †24. Juli 1960 Kempfenhausen b. Starnberg; Schauspieler u. Sänger. ALKOR 62; GOLD 246 (*La paloma ohee!*); HEILE WELT 244; KAPITEL 14 (*Weine nicht mein Kind, die Tränen sie sind vergebens*); MARK UND BEIN 128; SIRIUS 84; WILLKOMMEN 91

Albertz, Heinrich *22. Januar 1915 Breslau †18. Mai 1993 Bremen; ev. Pastor u. SPD-Politiker. ALKOR 454, 471; HAMIT 266; SIRIUS 414

Albrecht, Ernst *29. Juni 1930 Leuchtenburg; Ministerpräsident von Niedersachsen 1976–90, CDU-Politiker. ALKOR 188; SIRIUS 190; SOMNIA 444f.

Albrecht, Heidi Adele †2002; Ehefrau von Ernst →Albrecht. ALKOR 188

Albrecht, Karl Iwanowitsch (eigentl. Karl Matthäus Löw) *10. Dezember 1897 †22. August 1969 Tübingen; Kommunist u. später Nationalsozialist. GOLD 237 (*Der verratene Sozialismus*)

Albrecht, Susanne *1. März 1951 Hamburg; ehemaliges Terrormitglied der ›Rote Armee Fraktion‹. HAMIT 214ff., 221, 224; SOMNIA 202f.

Alexander der Große *20. Juli 356 v. Chr. Pella i. Makedonien †10. Juni

323 v. Chr. Babylon; König von Makedonien u. Feldherr. GOLD 224

Alexander, Peter (eigentl. Peter Alexander Ferdinand Maximilian Neumayer) *30. Juni 1926 Wien †12. Februar 2011 Wien; Sänger, Schauspieler u. Showmaster. CULPA 9, 13

Alexandra; Schülerin vom Gymnasium Weilheilm, nahm am Literaturseminar im November 1983 teil. SIRIUS 550

Alexandrine Großherzogin von Mecklenburg-Schwerin (geb. Przssn. von Preußen) *23 Februar 1803 Berlin †21. April 1892 Schwerin; Schwester Kaiser Wilhelm I. AUSSICHT 139

Alexijewitsch, Swetlana *31. Mai 1948 Iwano-Frankowsk i.d. Ukraine; weißrussische Schriftstellerin. ALKOR 76, 86; SIRIUS 161; SOMNIA 156f.

Alexis, Willibald (eigentl. Georg Wilhelm Heinrich Häring) *29. Juni 1798 Breslau †16. Dezember 1871 Arnstadt; Schriftsteller. AUSSICHT 155 (*Die Hosen des Herrn von Bredow*); TADELLÖSER 125 (*Kotz Mohren* [abgeleitet von »Potz, Mohren, Blitz und Kreuzsakrament«])

Allen, Woody (Allen Stewart Konigsberg) *1. Dezember 1935 Brooklyn i. New York; Komiker, Filmregisseur, Autor, Schauspieler u. Musiker. SIRIUS 512

Allende Gossens, Salvadore *26. Juni 1908 Valparaíso †11. September 1973 Santiago de Chile; promovierter Arzt u. Präsident Chiles 1970–1973. SIRIUS 444

Alsdorf, Lorenz; übergibt seine

Beschreibung über die Zeit im Strafbataillon, die K gleich fürs ECHOLOT auswertet. ALKOR 210

Altendorf, Werner *24. November 1906 Neuruppin †3. Mai 1945 Bad Kleinen; Schriftsteller u. NSDAP-Politiker. IM BLOCK 78 (*Hört es grollen durch Straßen und Gassen*); TADELLÖSER 459 (*Deutschland, Vaterland, Wir kommen schon*)

Altman, Robert *20. Februar 1925 Kansas City i. Missouri †20. November 2006 Los Angeles; US-amerik. Regisseur u. Filmproduzent. ALKOR 282

Altmann, Lotte *1908 Kattowitz †23. Februar 1942 Petropolis i. Brasilien; Stefan →Zweigs Sekretärin ab 1934 u. spätere Lebensgefährtin. ALKOR 310

Altmann, Rüdiger *1. Dezember 1922 Frankfurt a.M. †13. Februar 2000; Publizist u. Schriftsteller. HAMIT 95

Ambrose, Bert (eigentl. Benjamin Baruch Ambrose) *15. September 1896 London †11. Juni 1971 London; Violinist u. Bandleader. SIRIUS 420

Ambrosius, Heilige *339 Trier †4. April 397 Mailand; Politiker u. Bischof, einer der vier Kirchenlehrer. ALKOR 559

Amery, Carl (eigentl. Christian Anton Mayer) *9. April 1922 München †24. Mai 2005 München; Schriftsteller u. Umweltaktivist. HAMIT 200, 318

Améry, Jean (eigentl. Hans Chaim Mayer) *31. Oktober 1912 Wien †17. Oktober 1978 Salzburg; österr.

Schriftsteller. ALKOR 381; AUFZEICHNUN-
GEN 435, 477

Amin, Idi Dada (eigentl. Idi Awo-
Ongo Angoo) *~17. Mai 1928 Koboko
b. Arua i. Uganda †16. August 2003
Dschidda i. Saudi-Arabien; ugandi-
scher Diktator 1971–1979. SOMNIA 61

Amundsen, Roald Engelbregt
Gravning *16. Juli 1872 Kommune
Borge, heute Fredrikstad †~18. Juni
1928 i.d. Arktis b.d. Bäreninsel; nor-
wegischer Polarforscher. ALKOR 165;
SIRIUS 49; TADELLÖSER 437

Anacker, Heinrich *29. Januar
1901 Buchs †14. Januar 1971 Wasserburg a. Bodensee; schweizerisch-
deutscher Propaganda-Schriftsteller
im Nationalsozialismus. GOLD 318
(*Antje, Antje hörst du nicht von ferne das Schifferklavier*); TADELLÖSER
392 u. 443 (*Antje, Antje hörst du
nicht von ferne das Schifferklavier*)

Anaximander *~610 v. Chr. Milet
†nach 547 v. Chr. Milet; vorsokrati-
scher griechischer Philosoph. KAPITEL
293

Anaximenes *ca. 585 v. Chr. Milet
†zw. 528 u. 524 v. Chr.; Naturphilosoph u. Astronom. KAPITEL 293

Anders, Herr; brachte Trümmer-
fotos von Rostock. SIRIUS 405

Andersch, Alfred Hellmuth *4. Februar 1914 München †21. Februar
1980 Berzona b. Locarno; Schriftsteller, Herausgeber, Rundfunkredakteur u. Gründungsmitglied
der ›Gruppe 47‹. ALBUM 165; GRÖßEN
211; HAMIT 121, 269; SOMNIA 68, 71,
161, 164

Andersch, Martin; Bruder von Al-

fred →Andersch, Kalligraph. ALBUM
164f.; ALKOR 15, 184, 330; SIRIUS 195,
202, 235, 351; SOMNIA 481

Andersen, Hans Christian *2.
April 1805 Odense †4. August 1875
Kopenhagen; dän. Dichter u. Schrift-
steller. GOLD 187; GRÖßEN 15ff.; WILL-
KOMMEN 317 (*Vom Mädchen das auf
das Brot trat*)

Anderson, Anna (verh. Manahan)
*22. Dezember 1896 Borrek, Kreis
Karthaus i. Westpreußen †12. Februar 1984 Charlottesville i. Virginia;
behauptete Anastasia Romanowa
(1901–1918) die Tochter des letzten
russischen Zaren Nikolaus II. zu
sein. T+K 29 (*Anastasia*)

Andrea; war 1983 zusammen mit
ihrer Schwester Marion, der Freundin von Karl Friedrich →Kempow-
ski, für einige Wochen im Hause Ks
zu Besuch. SIRIUS 22, 302ff., 305–312,
315, 320f., 325, 328, 334, 340, 357,
365

Andrea-Christina; aus Weilheim
stammend, beklagt sich in einem
Brief bei K. SIRIUS 368

Andreas; aus Berlin, umrahmt mit
Gitarre Ks Lesung im Kloster Wien-
hausen SIRIUS 402

Andres, Stefan Paul *26. Juni 1906
Dhrönchen (Trittenheim) †29. Juni
1970 Rom; Schriftsteller. ALKOR 562;
HUNDSTAGE 376

Andrew Sisters; US-amerikanische
Vokalgruppe des 20. Jahrhunderts,
das sind LaVerne Sofie *6. Juli 1911
Minneapolis i. Minnesota †8. Mai
1967 Brentwood i. Kalifornien,
Maxine Angelyn *3. Januar 1916

Minneapolis †21. Oktober 1995 Hyannis i. Massachusetts, Patty Marie *16. Februar 1918 Mound i. Minnesota. Sɪʀɪᴜs 420; Tᴀᴅᴇʟʟösᴇʀ 44 (*Bei mir biste scheen*), 66

Andrieux, Roger; franz. Regisseur u. Schauspieler. Hᴀᴍɪᴛ 45

Andrießens, Frau Dr.; *sagte mir [...] zu, ich bekäme im Rückzahlungsfall von der P.H. das Stipendium nachgezahlt.* Aᴜꜰᴢᴇɪᴄʜɴᴜɴɢᴇɴ 229

Angelika; Bekannte aus der Göttinger Studienzeit. Sɪʀɪᴜs 262

Anna Kröger siehe Martha →Ahrens

Anouilh, Jean Marie Lucien Pierre *23. Juni 1910 Bordeaux †3. Oktober 1987 Lausanne; franz. Schriftsteller. Aᴜꜰᴢᴇɪᴄʜɴᴜɴɢᴇɴ 411, 413

Anschütz, Ernst Gebhard Salomon *28. Oktober 1780 Goldlauter †18. Dezember 1861 Leipzig; Lehrer, Organist, Lyriker u. Komponist. Wɪʟʟᴋᴏᴍᴍᴇɴ 316 (*Es klappert die Mühle am rauschenden Bach*)

Anton, Karl *25. Oktober 1898 Prag †12. April 1979 Berlin; Filmregisseur, Drehbuchautor u. Filmproduzent. Tᴀᴅᴇʟʟösᴇʀ 303 (*Schön war* [ist] *die Zeit der jungen Liebe*)

Apel, Hans Eberhard *25. Februar 1932 Hamburg; Bundesminister der Finanzen 1974–1978, Bundesminister der Verteidigung 1978–1982. Sɪʀɪᴜs 565

Arafat, Jasir Jassir Arafat *24. August 1929 Kairo †11. November 2004 Clamart i. Département Hauts-de-Seine; palästinensischer Guerillakämpfer u. Politiker. Hᴀᴍɪᴛ 318; Sᴏᴍɴɪᴀ 24, 36

Arbatow, Georgij *19. Mai 1923 Cherson; russ. Historiker. Sᴏᴍɴɪᴀ 344

Arendt, Hanna (eigentl. Johanna) *14. Oktober 1906 Linden, heute Teil von Hannover †4. Dezember 1975 New York; deutsch-amerikanische Publizistin. Sɪʀɪᴜs 58

Arlen, Harold (eigentl. Hyman Arluck) *15. Februar 1905 Buffalo i. New York †23. April 1986 New York City; US-amerikanischer Unterhaltungsmusik-Komponist. Kᴀᴘɪᴛᴇʟ 59 (*It's only a Papermoon*)

Arminius (volkstüml. Hermann der Cherusker) *~17 v. Chr. †~21 n. Chr.; Fürst des Germanenstammes der Cherusker. Zᴇɪᴛ 127

Armstrong, Lillian Hardin (gen. »Lil«) *3. Februar 1898 Memphis †27. August 1971 Chicago; Jazz-Pianistin, Sängerin u. Komponistin, erste Ehefrau von Louis →Armstrong. Kᴀᴘɪᴛᴇʟ 203

Armstrong, Louis Daniel (gen. »Satchmo«) *4. August 1901 New Orleans †6. Juli 1971 New York; Jazztrompeter u. Sänger. Aᴜꜰᴢᴇɪᴄʜɴᴜɴɢᴇɴ 184; Kᴀᴘɪᴛᴇʟ 202f.; Lᴇᴛᴢᴛᴇ Gʀüßᴇ 104; Sɪʀɪᴜs 420; Tᴀᴅᴇʟʟösᴇʀ 66, 174 (*That'swhen I'll come back to you*), 360; Wɪʟʟᴋᴏᴍᴍᴇɴ 8

Armstrong, Lucy »Lux«; Schwester von Louis →Armstrong. Kᴀᴘɪᴛᴇʟ 203

Armstrong, Neil Alden *5. August 1930 b. Wapakoneta i. Ohio; Testpilot u. Astronaut, erster Mensch auf dem Mond. Aʟᴋᴏʀ 343; Hᴜɴᴅsᴛᴀɢᴇ 276; Lᴇᴛᴢᴛᴇ Gʀüßᴇ 224

Arndt, Ernst Moritz *26. Dezember 1769 Groß Schoritz a. Rügen †29.

Januar 1860 Bonn; Schriftsteller, Dichter u. Politiker. ALKOR 396; ALLES UMSONST 373 (*Ists Pommernland ists Schwabenland*); AUSSICHT 58; WELTSCHMERZ 134 (*Was ist des Deutschen Vaterland?*)

Arnim, Bettina (od. Bettine) **von** (geb. Elisabeth Catharina Ludovica Magdalena Brentano) *4. April 1785 Frankfurt a.M. †20. Januar 1859 Berlin; Schriftstellerin. GRÖßEN 258

Arnold, Frank; Senior Manager bei Bertelsmann. SIRIUS 83, 404

Arnold, Fritz *1916 München †1999 Feldafing i. Oberbayern; Publizist, Redakteur, Literaturkritiker, Schriftsteller u. Lektor i. Hanser-Verlag. ALKOR 274; SIRIUS 297

Arnold, Heinz Ludwig (»Lutz«) *24. März 1940 †1. November 2011 Göttingen; Publizist u. Herausgeber der Zeitschrift ›Text+Kritik‹. HAMIT 200f., 386; SIRIUS 162, 557; T+K 9

Ash, Timothy Garton *12. Juli 1955 London; Historiker u. Schriftsteller. SOMNIA 167

Aslan, Raoul (eigentl. Raoul Maria Eduard Karl Aslan-Zumpart) *16. Oktober 1886 Thessaloniki i. Osmanisches Reich †17. Juni 1958 Litzlberg a. Attersee; Schauspieler, Direktor des Wiener Burgtheater 1945–1948. CULPA 216

Asmodi, Herbert (eigentl. Herbert Kaiser) *30. März 1923 Heilbronn †3. März 2007 München; Schriftsteller, Dramatiker u. Drehbuchautor. CULPA 40

Asmussen, Svend *28. Februar 1916 Kopenhagen; Jazzviolinist, Vibraphonist u. Sänger. ALKOR 192; TADELLÖSER 154, 280

Aßmann, Herr; Gemeinsam mit K im Turm, *per Schiffskompaß, auf dreißig Meter exakt die Richtung festgestellt, in der Rostock liegt.* SIRIUS 232

Astaire, Fred (eigentl. Frederick Austerlitz) *10. Mai 1899 Omaha i. Nebraska †22. Juni 1987 Los Angeles; Tänzer, Sänger u. Schauspieler. ALKOR 154

Atatürk (seit 1934; eigentl. Mustafa Kemal) *1881 Thessaloniki †10. November 1938 Istanbul; Begründer der modernen Türkei u. erster Präsident. SOMNIA 199

Atkins-Whitehouse, Susan Denise (genannt: Sadie Mae Glutz) *7. Mai 1948 San Gabriel i. Kalifornien; Mitglied der berüchtigten Manson Family, u.a. Mörderin von Sharon →Tate. SIRIUS 269

Attlee, Clement Richard 1. Earl Attlee of Walthamstow *3. Januar 1883 Putney b. London †8. Oktober 1967 London; Premierminister des britischen Königreiches 1945–1951. ALKOR 235

Atwood, Margaret Eleanor *18. November 1939 Ottawa i. Kanada; Schriftstellerin. GRÖßEN 18f.

Auer, Maximilian »**Max**« Josef *6. Mai 1880 Vöcklabruck †24. September 1962 Bad Ischl; österr. Musikwissenschaftler. TADELLÖSER 377 (*Bruckner-Buch*)

Augstein, Rudolf Karl (Pseud. u.a. Moritz Pfeil u. Jens Daniel) *5. November 1923 Hannover †7. November 2002 Hamburg; Journalist u. Verleger, Gründer des Nachrichtenmagazins ›Der Spiegel‹. ALKOR 31, 371, 516; AUFZEICHNUNGEN 477, 498; CULPA 230; SIRIUS 154; SOMNIA 61

Auguste Mathilde Wilhelmine Prinzessin **Reuß zu Köstritz** *26. Mai 1822 Klipphausen †3. März 1862 Schwerin; verheiratet mit Friedrich Franz II., Großherzogin von Mecklenburg-Schwerin. AUSSICHT 541

Auguste Victoria Friederike Luise Feodora Jenny **von Preußen** (geb.: von Schleswig-Holstein-Sonderburg-Augustenburg) *22. Oktober 1858 Dolzig i.d. Niederlausitz †11. April 1921 Doorn; Frau Kaiser →Wilhelms II., Deutsche Kaiserin u. Königin von Preußen. GOLD 179; TADELLÖSER 473

Augustinus von Hippo, bzw. Augustinus von Thagaste od. Aurelius Augustinus *13. November 354 Tagaste i. Algerien †28. August 430 Hippo Regius i. Algerien; Kirchenlehrer, Philosoph u. Bischof. GRÖßEN 45

Augustusburg, Frhr. Günther Ritter zu; angeblicher Vorfahr von Heinz G. →Konsalik. GRÖßEN 146

Aust, Stefan *1. Juli 1946 Stade; Journalist, Chefredakteur des Magazins ›Der Spiegel‹ 1994–2008. ALKOR 22, 24, 26

Averdieck, Elise *26. Februar 1808 Hamburg †4. November 1907 Hamburg; Schriftstellerin, Schulleiterin u. Gründerin des Kranken- und Diakonissenmutterhaus Bethesda i. Hamburg. AUFZEICHNUNGEN 226; SIRIUS 245; SOMNIA 293; TADELLÖSER 317; ZEIT 226

Axen, Hermann *6. März 1916 Leipzig †15. Februar 1992 Berlin; SED-Funktionär, Mitglied des Politbüros des Zentralkomitees der SED. ALKOR 421, 442; SOMNIA 188

Axmann, Arthur (Pseud. Erich Siewert) *18. Februar 1913 in Hagen †24. Oktober 1996 Berlin; NSDAP-Funktionär, Reichsjugendführer. ALKOR 168f.; GOLD 278; TADELLÖSER 399

Aziz, Tariq *1936 Tel Keppe b. Mosul; Außenminister u. Vizepremierminister des Irak 1979–2003. SOMNIA 19

15

B., Herr; Professor aus Portland i. Oregon USA. Culpa 121

B., Josef; aus Ks Biografien-Archiv Sirius 615

B., Klaus; Sirius 135

Baade *? †1943; Kaufmannssohn in Rostock. Sirius 49

Baader, Bernd Andreas *6. Mai 1943 München †18. Oktober 1977 Stuttgart-Stammheim; einer der führenden Köpfe der ›Rote Armee Fraktion‹. Alkor 26, 79, 133; Hamit 215

Baarová, Lída (eigentl. Ludmila Babková) *7. September 1914 in Prag †27. Oktober 2000 in Salzburg; Schauspielerin, Geliebte Joseph Goebbels. Weltschmerz 137 (*Schauspielerin Janine*)

Babel, Isaak Emmanuilowitsch*13. Juli 1894 Odessa †27. Januar 1940 Moskau; Journalist u. Schriftsteller. Hamit 167

Bach, Johann Christoph *5. September 1735 Leipzig †1. Januar 1782 London; jüngster Sohn Johann Sebastian →Bachs, Komponist. Alkor 173

Bach, Johann Sebastian *21. März 1685 Eisenach †28. Juli 1750 Leipzig; Komponist. Album 69; Alles Umsonst 288f. (*Oh Ewigkeit du Donnerwort*); Alkor 8, 19, 33, 44, 72f., 80, 138, 140f., 155, 313, 317, 392, 426, 429, 510, 534, 550, 565, 568; Aufzeichnungen 26, 62, 161, 171, 179, 212, 239, 335; Aussicht 174, 384; Heile Welt 413 (*Komm, Jesus, komm, mein Leib ist müde*); Hundstage 108, 168; Kapitel 207, 278; Letzte Grüße 78, 349, 393; Mark und Bein 130 (*Wer hat die Schuld, in was für Missetaten sind wir geraten?*); Sirius 28, 140, 273, 469, 583, 591, 629; Somnia 18, 88, 98, 121, 185, 273, 311, 477, 483, 525; Tadellöser 215, 216, 260; Willkommen 19–21 (*Matthäus-Passion*), 59 (*Matthäus-Passion*), 116 (*Matthäus-Passion*), 118 (*Matthäus-Passion*), 126, 281, 323; Zeit 394

Bach, Wilhelm Friedemann *22. November 1710 Weimar †1. Juli 1784 Berlin; Komponist, ältester Sohn von Johann Sebastian →Bach. Heile Welt 292; Hundstage 353; Kapitel 176; Willkommen 242

Bachmann, Ingeborg (Pseud. Ruth Keller; *Gisela Flüsser* in *Letzte Grüße*) *25. Juni 1926 Klagenfurt †17. Oktober 1973 Rom; Lyrikerin u. Schriftstellerin. Album 51, 157 (Peter →Hamm); Alkor 64, 312, 322, 562; Größen 92, 105; Letzte Grüße 304

Bachmeier, Marianne *3. Juni 1950 Sarstedt †17. September 1996 Lübeck; übte Selbstjustiz am mutmaßlichen Mörder ihrer Tochter. Hamit 349f.; Somnia 418

Bacque, James *1929; kanad. Publizist u. Romanautor. Sirius 55 (*Rheinwiesen-Lager*)

Bager, Wolfgang; Seminarteilnehmer. Sirius 17, 22, 203

Bahr, Egon Karl-Heinz *18. März 1922 Treffurt a.d. Werra; Politiker SPD, Bundesminister für besondere Aufgaben 1972–1974 u. Bundesminister für wirtschaftliche Zusammenarbeit 1974–1976. Hamit 116; Somnia 346

Bahro, Rudolf *18. November 1935

Bad Flinsberg †5. Dezember 1997 Berlin; Philosoph, Politiker u. Dissident. Alkor 545

Baier, Ernst *27. September 1905 Zittau †8. Juli 2001 Garmisch-Partenkirchen; Eiskunstläufer zusammen mit **Maxie** →**Herber**. Sirius 61

Baker jr., Chesney »**Chet**« Henry *23. Dezember 1929 Yale i. Oklahoma †13. Mai 1988 Amsterdam; Jazzmusiker. Alkor 380; Aufzeichnungen 157

Baker, James Addison Baker III. *28. April 1930 Houston i. Texas; Politiker u. Diplomat, Außenminister der Vereinigten Staaten 1989–1992. Somnia 339, 517, 539

Bakunin, Michail Alexandrowitsch *30. Mai 1814 Prjamuchino, Oblast Twer †1. Juli 1876 Bern; russ. Revolutionär u. Anarchist. Größen 258; Sirius 503

Baldung, Hans (gen. Baldung-Grien) *1484 od. 1485 Schwäbisch Gmünd †September 1545 Straßburg; Kunstmaler, Zeichner u. Kupferstecher, Schüler Albrecht →Dürers. Somnia 328

Ball, Hugo *22. Februar 1886 Pirmasens †14. September 1927 Sant' Abbondio-Gentilino i.d. Schweiz; Schriftsteller u. Mitgründer der Dada-Bewegung. Aufzeichnungen 177

Ballin, Albert *15. August 1857 Hamburg †9. November 1918 Hamburg; Reeder. Aussicht 385; Gold 328

Balz, Bruno *6. Oktober 1902 Berlin †14. März 1988 Bad Wiessee; Lieddichter. Alles Umsonst 64 u. 98 u. 106 u. 368 u. 378 (jeweils: *Wenn ich*

wüßt', wen ich geküsst, um Mitternacht am Lido); Kapitel 159 (*Kleine Möwe, fliegst nach Helgoland*); Tadellöser 43 (*In der himmelblauen kleinen Limousine*), 219 (*Heute macht die ganze Welt Musik für mich*), 332f. (*Fräulein, Sie dürfen heute nicht allein sein*)

Balzac, Honoré de *20. Mai 1799 Tours †18. August 1850 Paris; Schriftsteller. Alkor 242, 245; Aufzeichnungen 63; Aussicht 36, 259 (*Conte drôlatiques*); Größen 20ff.; Somnia 260; Zeit 414 (*Conte drôlatiques*)

Balzer, Thuro *9. Mai 1882 Weißhof i. Westpreußen †8. November 1967 Hannover; Kunstmaler. Hamit 233

Bang, Hermann *20. April 1857 Asserballe a. Alsen †29. Januar 1912 Ogden i. Utah; dän. Journalist u. Schriftsteller. Größen 23f.

Barbara, Heilige *Ende des 3. Jhs. Nikomedia heute İzmit i. d. Türkei od. Heliopolis/Baalbek i. Libanon †306 (?) Nikomedia; Märtyrerin, Nothelferin. Alkor 551

Bardot, Brigitte Anne-Marie *28. September 1934 Paris; franz. Filmschauspielerin u. Sängerin. Alkor 461; Hamit 350; Somnia 480

Barenboim, Daniel *15. November 1942 Buenos Aires i. Argentinien; Pianist u. Dirigent. Alkor 512; Sirius 428

Baring, Arnulf *8. Mai 1932 Dresden; Jurist, Journalist, Politikwissenschaftler u. Zeithistoriker. Sirius 155, 204, 260

Barlach, Ernst *2. Januar 1870 We-

del i. Holstein †24. Oktober 1938 Rostock; Bildhauer, Schriftsteller u. Zeichner. AUFZEICHNUNGEN 284; HAMIT 388; GOLD 91; GRÖßEN 121; HUNDSTAGE 237; WILLKOMMEN 160
Bartels; Bauersfrau aus Nartum. SIRIUS 332

Barth, Karl *10. Mai 1886 Basel †10. Dezember 1968 Basel; Schweizer ev. Theologe. WILLKOMMEN 320

Bartók, Béla *25. März 1881 Nagyszentmiklós i. Rumänien †26. September 1945 New York; ungarischer Komponist, Pianist u. Musikethnologe. ALKOR 300; SOMNIA 394

Bartsch, Martin Friedrich Philipp (auch Philipp von Bartsch) *1770 †1833; Berliner Schulvorsteher u. Dichter. TADELLÖSER 274 (*Wißt ihr noch mein Reiterpferdchen*)

Baruch, Bernard Mannes *19. August 1870 Camden i. South Carolina †20. Juni 1965 New York; Finanzier u. Börsenspekulant. HAMIT 235

Baselitz, Georg (eigentl. Hans-Georg Kern) *23. Januar 1938 Deutschbaselitz b. Kamenz; Kunstmaler u. Bildhauer. HAMIT 240f.

Basie, William **Count** *21. August 1904 Red Bank i. New Jersey †26. April 1984 Hollywood i. Florida; amerik. Jazz-Pianist, Organist u. Bandleader. ALKOR 241; ZEICHNUNGEN 184; KAPITEL 203; SIRIUS 420; TADELLÖSER 68

Basilius, Pater siehe unter Heinrich Basilius →Streithofen

Bassewitz-Hohenluckow, **Gerdt** Bernhard **von** *4. Januar 1878 Allewind †6. Februar 1923 Berlin;

Schriftsteller. AUSSICHT 490 (*Peterchens Mondfahrt*)

Batok, Eva Ivanova Marta (geb. Szöke) *8. Juni 1928 Kecskemét i. Ungarn †1. August 1998 London; ungarisch-britische Schauspielerin. GRÖßEN 147

Baudelaire, Charles-Pierre *9. April 1821 Paris †31. August 1867 Paris; franz. Schriftsteller. HAMIT 48, 360; HUNDSTAGE 18

Baudis; Optiker in Rostock während Ks Jugendzeit. SIRIUS 301

Baudissin; Wolf Graf von, *8. Mai 1907 Trier †5. Juni 1993 Hamburg; Offizier, Militärtheoretiker u. Friedensforscher, 1961–67 in verschiedenen Generalstabs-Funktionen der NATO. SIRIUS 37

Bauer, Herr; Fotograf. SIRIUS 395

Bauer, Ludwig *1859; Dichter. ALLES UMSONST 201 (*Haltet aus im Sturmgebraus*)

Bauer, Wolfgang *18. März 1941 Graz †26. August 2005 Graz; österr. Schriftsteller. ALBUM 42f., 109

Bauerfeld, Fritz *1872 †1945; Kapellmeister in Rostock. TADELLÖSER 216

Baum, Gerhart Rudolf *28. Oktober 1932 Dresden; FDP-Politiker u. Rechtsanwalt, 1978–1982 Bundesminister des Innern. SIRIUS 155; SOMNIA 227, 231

Baumann, Frau; Ehefrau von Hans →Baumann. HAMIT 337

Baumann, Hans *22. April 1914 Amberg †7. November 1988 Murnau; Lyriker u. Komponist von Fahrtenliedern u. HJ-Liedern, Schriftsteller

u. Übersetzer. HAMIT 337; HEILE WELT 431 (*Gute Nacht Kameraden*); IM BLOCK 134 (*Hohe Nacht der klaren Sterne*); KAPITEL 128 (*Hohe Nacht der klaren Sterne*); TADELLÖSER 148 (*Wir suchen ein heimliches Haus*)

Bäumer, Gertrud *12. September 1873 Hohenlimburg b. Hagen †25. März 1954 Bethel; Schriftstellerin. ZEIT 342

Baumgart, Reinhard *1929 †2003; Lyriker u. Publizist. ALBUM 21, 50f., 55; ALKOR 351f.

Bavendamm, Dirk *20. Mai 1938 Dresden; Historiker u. Publizist. ALKOR 548; CULPA 202; SOMNIA 466, 468f.

Bavo, Heilige (eigentl. Alloynus von Gent) †1. Oktober 7. Jh. ALKOR 445

Beatles; britische Rockband 1960–70, in ihrer endgültigen Zusammensetzung bestehend aus John →Lennon, Paul McCartney, George Harrison u. Ringo Starr. HUNDSTAGE 356

Beauvoir, Simone Lucie-Ernestine-Marie Bertrand **de** *9. Januar 1908 Paris †14. April 1986 Paris; franz. Schriftstellerin, Philosophin u. Feministin. AUFZEICHNUNGEN 538; GRÖßEN 71; SOMNIA 438

Bebel, Ferdinand August *22. Februar 1840 Deutz b. Köln †13. August 1913 Passugg i.d. Schweiz; Politiker u. Mitbegründer der organisierten sozialdemokratischen Arbeiterbewegung. GOLD 44

Becher, Johannes R[obert]. *22. Mai 1891 München †11. Oktober 1958 Berlin; express. Dichter u. SED-Politiker. ALKOR 467; GRÖßEN 77;

HAMIT 143, 328, 334, 338; SIRIUS 88f., 615; SOMNIA 179, 442

Bechstein, Ludwig *24. November 1801 Weimar †14. Mai 1860 Meiningen; Schriftsteller, Bibliothekar u. Archivar. ZEIT 222

Beck, Frau; K erhielt von ihr *drei Kartons voller Tagebücher, Briefe, Fotos.* CULPA 94

Beck, Klaus *1928 Friedrichsroda i. Thüringen; Kunstmaler u. Graphiker, Bekannter Ks aus dem Gefängnis Bautzen. ALBUM 84f.; AUFZEICHNUNGEN 8, 77, 199, 300, 365, 373, 381ff., 387ff., 401ff., 405, 410, 416, 421f., 427f., 430ff., 442, 446ff., 450f., 452ff., 463 f., 467, 473, 477, 484, 486, 498, 500, 506, 507, 526, 533ff., 540, 546, 563, 570, 573; SOMNIA 401

Beck, Ludwig *29. Juni 1880 Biebrich †21. Juli 1944 Berlin; Generaloberst u. Widerstandskämpfer. ALKOR 558

Becker, Boris Franz *22. November 1967 Leimen; Tennisspieler. ALKOR 154, 346, 414; SOMNIA 197

Becker, Jurek *verm. 30. September 1937 Lodz i. Polen †14. März 1997 Sieseby i. Schleswig-Holstein; Schriftsteller. ALKOR 379; CULPA 357; HAMIT 177

Becker, Jürgen *10. Juli 1932 in Köln; Lyriker, Schriftsteller, Hörspielautor. ALBUM 5, 182f.; AUFZEICHNUNGEN 532; CULPA 31; SOMNIA 136

Becker, Carl *1862 †1934; Historienmaler. TADELLÖSER 42 (*Auf der Verfolgung der Simon-Copper-Hottentotten*)

Becker, Otto Eugen Hasso; Journalist beim ›Tagesspiegel‹. Aufzeichnungen 571

Becker, Rolf; Kultur-Redakteur des Maganzins ›Der Spiegel‹. Johnson 15

Beckett, Samuel Barcley *13. April 1906 Dublin †22. Dezember 1989 Paris; irischer Schriftsteller. Aufzeichnungen 508; Größen 31, 224

Beckmann, Hans Fritz *6. Januar 1909 Berlin †15. April 1975; Lieddichter. Alles Umsonst 51 (*Bei dir war es immer so schön Und es fällt mir unsagbar schwer, zu geh'n* u. *Ich tanze mit dir in den Himmel hinein*, 340 (*Ich tanze mit dir in den Himmel hinein*); Culpa 318 (*Warum hast du mir so wehgetan? Und was fang' ich ohne dich an?*); Kapitel 167 (*Warum hast du mir denn so weh getan?*); Tadellöser 303 (*Schön war [ist] die Zeit aus der jungen Liebe*), 333 (*Bei dir war es immer so schön*), 337 (*Man müsste Klavier spielen können*)

Beckmann, Max Carl Friedrich *12. Februar 1884 Leipzig †27. Dezember 1950 New York; Kunstmaler, Graphiker, Bildhauer u. Autor. Culpa 310

Beda Venerabilis, Heilige *~672 (od. 673) Monkton b. Wearmouth i. England †26. Mai 735 Jarrow i. Sunderland i. England; brit. Priester, Mönch, Historiker u. Kirchenlehrer. Alkor 247

Bednarz, Klaus *6. Juni 1942 Falkensee b. Berlin; Journalist. Somnia 343, 517

Beecher-Stowe, Harriet Elizabeth (geb. Beecher) *14. Juni 1811 Litchfield i. Connecticut †1. Juli 1896

Hartford i. Connecticut; US-amerikanische Schriftstellerin u. Gegnerin der Sklaverei. Größen 25f.

Beethoven, Ludwig van *~17. Dezember 1770 Bonn †26. März 1827 Wien; Komponist. Alkor 229, 258, 272, 327, 365, 394, 405, 426, 441, 512, 546, 586; Alles Umsonst 232 (*Mondscheinsonate*); Aufzeichnungen 32, 175, 197, 199; Aussicht 177, 255; Culpa 12, 52 (*Beethoven-Hörspiel*) 170, 217, 271; Gold 204, 286; Hamit 109, 123, 183, 197, 314, 388, 392; Hundstage 20 (*Neunte*), 21 (*Opus 132*), 89 (*die »Fünfte«*), 108, 292 (*Egmont-Ouvertüre*), 302 (*Mondscheinsonate*), 362, 391; Im Block 82, 165, 180, 190, 237f.; Kapitel 173, 208, 278, 299, 330 (*Harfentöne lind und süß wehn mir zarte Lüfte her*); Letzte Grüße 196; Mark und Bein 12, 74, 235 (*Es-Dur-Klavierkonzert*); Sirius 37, 141, 149, 152 (*Opus 131*), 218, 225, 248, 255, 287, 328, 335, 366, 392, 525, 526 (*die Neunte*), 543, 547 (*Leonoren-Ouvertüre*), 619; Somnia 184, 512; Tadellöser 136, 137 (*Silberglöckchen des Mai's im Grase säuseln*), 140 (*eine Blume der Asche meines Herzens*), 142 (*Wut über den verlorenen Groschen*), 152, 260, 405; Willkommen 19, 28, 57 (*Heil'ge Nacht, oh gieße du*), 69, 102, 116, 128f. (*Hammerklavier-Sonate*), 281; Zeit 82

Behm, Werner; Leutnant und Adjutant im Grosshrzgl. Meckl. Füsilier-Regiment Nr. 90 Kaiser Wilhelm zu Rostock, Autor. Tadellöser 228 (*Die Mecklenburger 1813*)

Behn, Heinrich; Kapitän u. Lotse, Urgroßvater Ks. AUFZEICHNUNGEN 289
Behrens, Katja *18. Dezember 1942 Berlin; Schriftstellerin, Übersetzerin u. Lektorin. SIRIUS 80
Behrens; Kunstmalermeister, half Ks 1983 errichteten Turmanbau zu gestalten. SIRIUS 290
Beiermann, Frau; aus Ks Biografien-Archiv. SIRIUS 65
Beitlich; Schüler um 1937, aus Ks Biografien-Archiv. SIRIUS 306
Belmondo, Jean Paul *9. April 1933 Neuilly-sur-Seine; franz Schauspieler. SIRIUS 139
Benda, Ernst *15. Januar 1925 Berlin †2. März 2009 Karlsruh; Jurist u. Politiker. HAMIT 95
Bender, Hans *1. Juli 1919 Mühlhausen; Autor. SIRIUS 390
Benedikt von Nursia *~480 Nursia b. Perugia †21. März 547 Monte Cassino b. Cassino; Einsiedler, Abt u. Heiliger, Gründer des Benediktinerklosters Montecassino. ALKOR 331
Benedikt XVI. (eigentl. Joseph Aloisius Ratzinger) *16. April 1927 Marktl i. Oberbayern; 264. Papst. SOMNIA 501
Benesch, Eduard *28. Mai 1884 Ko•lany †3. September 1948 Sezimovo Ústí; Mitbegründer, Außenminister, Regierungschef u. Präsident der Tschechoslowakei. ALKOR 314
Benjamin, Georg *10. September 1895 Berlin †26. August 1942 KZ-Mauthausen; Mediziner u. Widerstandskämpfer. ALKOR 193
Benjamin, Hilde (geb. Lange) *5.

Februar 1902 Bernburg †18. April 1989 Berlin; Justizministerin der DDR. ALKOR 193; GRÖSSEN 28
Benjamin, Walter Bendix Schoenflies *15. Juli 1892 Berlin †26. September 1940 Portbou i. Spanien; Philosoph, Literaturkritiker u. Übersetzer. ALKOR 11, 161, 222; CULPA 248, 259, 280f., 311, 368; GRÖSSEN 141, 27ff.; HAMIT 51; SIRIUS 208
Benn, Gottfried *2. Mai 1886 Mansfeld †7. Juli 1956 Berlin; Arzt, Lyriker u. Schriftsteller. ALBUM 72; ALKOR 11, 339, 344; AUFZEICHNUNGEN 139; CULPA 139, 291; GRÖSSEN 27, 56,71; HAMIT 131; LETZTE GRÜSSE 74; SIRIUS 19, 50, 212, 241
Benz, Carl Friedrich Michael *25. November 1844 Mühlburg b. †4. April 1929 Ladenburg; Ingenieur u. Pionier des Automobilbaus. HEILE WELT 430
Berben, Iris *12. August 1950 Detmold; Schauspielerin. ALKOR 42
Berbuer, Karl *26. Juli 1900 Köln †17. November 1977 Köln; Komponist u. Schlagersänger. GOLD 240 (*Das kannst du nicht ahnen, du munteres Rehlein*); KAPITEL 117 u. 371 (*Du kannst es nicht ahnen, du munteres Rehlein du*); TADELLÖSER 135 u. 181 u. 225 (*Du kannst es nicht ahnen, du munteres Rehlein*)
Berendt, Joachim-Ernst *20. Juli 1922 Berlin-Weißensee †4. Februar 2000 Hamburg; Musikjournalist u. Jazzproduzent. HAMIT 11
Berg, Alban *9. Februar 1885 Wien †24. Dezember 1935 Wien; Kompo-

nist. AUFZEICHNUNGEN 155; WILLKOMMEN 52 (*Lulu*)

Berg, Bengt *9. Januar 1885 Kalmar †31. Juli 1967 Eriksberg; schwedischer Tierfotograf u. Autor. SIRIUS 215

Bergengruen, Werner Max Oskar Paul *16. September 1892 Riga Livland †4. September 1964 Baden-Baden; Schriftsteller. AUFZEICHNUNGEN 121

Berger, Erika *13. August 1939 München †15. Mai 2016 Köln; Fernsehmoderatorin, Sexualberaterin. ALKOR 145

Berger, Jörg *13. Oktober 1944 Gdingen †23. Juni 2010 Duisburg; Fußballspieler u. -trainer. HAMIT 229

Berghofer, Wolfgang *25. Februar 1943 Bautzen; SED-Politiker u. Oberbürgermeister von Dresden. ALKOR 479

Berghoff, Dagmar *25. Januar 1943 Berlin; Hörfunk- u. Fernsehmoderatorin u.a. Tageschausprecherin. CULPA 15; SOMNIA 240

Bergmann, Ingrid *29. August 1915 Stockholm †29. August 1982 London; schwed. Schauspielerin. GOLD 339; GRÖßEN 117

Bergsdorf, Wolfgang *7. November 1941 Bensberg; Politikwissenschaftler, Präsident der Universität Erfurt. HAMIT 83f.

Berking, Willy *22. Juni 1910 Düsseldorf †21. Mai 1979; Musiker, Komponist u. Orchesterleiter. SIRIUS 203

Bernhard, Thomas *9. Februar 1931 Heerlen i.d. Niederlanden †12. Februar 1989 Gmunden i. Österreich; österr. Journalist u. Schrift-

steller. ALKOR 100, 225, 238, 436; GRÖßEN 30ff., 234; HAMIT 104; SIRIUS 487; SOMNIA 66

Bernstein, Leonard *25. August 1918 Lawrence i. Massachusetts †14. Oktober 1990 New York; Musiker, Komponist u. Dirigent. ALKOR 586; HAMIT 197, 329; OPPLAWUR 22 (*Paul Bernstein*); SIRIUS 129, 135, 264; SOMNIA 136

Bernstorff, Graf Nikolas von; Besitzer des Gutes Wotersen im Herzogtum Lauenburg. SOMNIA 314

Bertelmann, Fred *7. Oktober 1925 Duisburg; Schlagersänger u. Schauspieler. HEILE WELT 114 (*Rosemarie, Rosemarie – sieben Jahre mein Herz*)

Berwald, Franz Adolf *23. Juli 1796 Stockholm †3. April 1868 Stockholm; schwedischer Komponist u. Musiker. ALKOR 228, 231, 254

Bessmertnych, Alexander Aleksandrowitsch *10. November 1933 Bijsk; russ. Wissenschaftler, Politiker u. Diplomat. SOMNIA 343f., 346

Bethmann, Johann Philipp Frhr. von *27. Juni 1924 Frankfurt a.M. †19. September 2007 Frankfurt a.M.; Bankier u. Autor. ALBUM 107

Betyna, Rolf; Fotograf, lieferte u.a. die Abbildungen für Ks Buch WER WILL UNTER DIE SOLDATEN?. SOMNIA 113

Beuys, Joseph Heinrich *12. Mai 1921 Krefeld †23. Januar 1986 Düsseldorf; bildender Künstler, Kunsttheoretiker u. Kunstpädagoge. ALBUM 84, 160f.; SIRIUS 37; SOMNIA 180; WILLKOMMEN 292 (*der Fünfte*)

Beyer, Fritz; Bekannter Ks aus dem Gefängnis Bautzen. AUFZEICHNUNGEN 34

Bichler, Norbert; Journalist der ›Westfälischen Rundschau‹. SIRIUS 21

Bichsel, Peter *24. März 1935 Luzern; Schweizer Schriftsteller. HAMIT 53

Bieler, Frau; Ehefrau von Manfred →Bieler. ALBUM 28

Bieler, Manfred *3. Juli 1934 Zerbst †23. April 2002 München; Schriftsteller, Hörspiel- und Fernsehspielautor. ALBUM 28f., 57; ALKOR 30, 462; CULPA 40; SIRIUS 483, 605

Bienek, Horst *7. Mai 1930 Gleiwitz †7. Dezember 1990 München; Lyriker u. Schriftsteller. ALBUM 122f.; ALKOR 365, 539f., 580; AUFZEICHNUNGEN 574, 577, 579f., 583, 586; CULPA 98, 110; HAMIT 54, 202, 331, 396; SIRIUS 21, 94, 180; SOMNIA 508

Bienert, Walther *26.8. 1909 Köln †22.3. 1994 Köln; evang. Theologe, Begründer der Melanchthon-Akademie Köln. SOMNIA 324

Biermann, Wolf *15. November 1936 Hamburg; Liedermacher u. Lyriker. ALKOR 267, 525, 546f., 549, 554; HAMIT 252, 264, 266, 295, 319, 364; SOMNIA 77, 79f., 167, 341, 435, 500

Bin Laden, Osama (eigentl. Usâma ibn Muhammad ibn Awad ibn Lâdin) *~ zw. März 1957 u. Februar 1958 Riad †2. Mai 2011 Abbottabad i. Pakistan; ab 1994 staatenloser Terrorist, Gründer u. Anführer der Organisation al-Qaida. T+K 22, 24

Binding, Rudolf G[eorg]. *13. August 1867 Basel †4. August 1938

Starnberg; Schriftsteller. ALKOR 246, 322; AUFZEICHNUNGEN 139

Bingel, Horst *6. Oktober 1933 Korbach †14. April 2008 Frankfurt a.M; Schriftsteller, Lyriker, Grafiker u. Herausgeber. SIRIUS 155, 162

Biolek, Alfred Franz Maria *10. Juli 1934 Freistadt i. Mährisch-Schlesien, Tschechien; Jurist, Fernsehunterhaltungskünstler, Fernsehproduzent u. Honorarprofessor. SOMNIA 391; OPPLAWUR 36 (*Bio Goldlack*)

Birgel, Wilhelm »**Willy**« Maria *19. September 1891 Köln †29. Dezember 1973 Dübendorf i.d. Schweiz; Schauspieler. SIRIUS 153; SOMNIA 239

Birgit; Seminarteilnehmerin u. Bekannte. SIRIUS 72–74

Birthler, Marianne *22. Januar 1948 Berlin; Politikerin (Bündnis 90/Die Grünen), war 2000–2011 ›Bundesbeauftragte für die Unterlagen des Staatssicherheitsdienstes der ehemaligen Deutschen Demokratischen Republik‹. HAMIT 297

Bismarck-Schönhausen, **Otto** Eduard Leopold **von** *1. April 1815 Schönhausen †30. Juli 1898 Friedrichsruh b. Hamburg; Ministerpräsident von Preußen u. Bundeskanzler des Norddeutschen Bundes, erster Reichskanzler des Deutschen Reiches 1871–1890. ALKOR 107; AUSSICHT 57, 174; GOLD 39, 157; HEILE WELT 243; IM BLOCK 20; SIRIUS 85; TADELLÖSER 23, 128f.; WILLKOMMEN 255f.; ZEIT 78, 196, 341

Biss, Andreas; letzter Leiter der jüdischen Budapester Untergrundbewegung 1944. ALKOR 411

Bissinger, Manfred Edwin *5. Oktober 1940 Berlin; Redakteur u. Publizist. HAMIT 309

Bittel, Karl Heinz *1947 Singen; Lektor u. Autor. ALKOR 118, 266, 328, 408, 410, 507, 531, 575; CULPA 143, 147, 154, 157, 161, 167, 176, 192, 203, 220ff., 236ff., 257, 265, 268ff., 277ff., 283, 289ff., 299, 301f., 307f., 310f., 314, 316, 320ff., 326, 329ff., 339, 341f., 346ff., 357, 359; HAMIT 157, 169, 225f., 234f., 247, 285, 304f., 352, 367, 411, 421; SOMNIA 33, 35, 141, 267f., 293, 317, 334, 369, 373, 391, 397, 438, 441, 451, 471f., 534; T+K 4, 30

Bitterlich (gen. »Priembacke«); Kommandoleiter im Gefängnis Bautzen. AUFZEICHNUNGEN 34, 36

Blasius von Sebaste, **Heilige** *? †~316; Bischof von Sebaste. ALKOR 64

Blechen, Carl Eduard Ferdinand *29. Juli 1798 Cottbus †23. Juli 1840 Berlin; LandschaftsKunstmaler u. Professor für Landschafts u. Kunstmalerei a.d. Berliner Akademie der Künste. HUNDSTAGE 174

Blessing, Karlheinz *12. Mai 1957 Eislingen; Gewerkschaftsfunktionär u. Manager. SOMNIA 395

Blixen, Tania (eigentl. Karen Christence von Blixen-Finecke, geb. Dinesen) *17. April 1885 Rungstedlund b. Kopenhagen †7. September 1962 Rungstedlund. dän. Kaffeefarmerin i. Kenia u. Schriftstellerin GRÖSSEN 33ff., 172; WILLKOMMEN 67

Blixen-Finecke, Baron Bror *25. Juli 1886 †3. Mai 1946; schwed. Baron, Großwildjäger, Ehemann von Tania →Blixen. GRÖSSEN 16, 33

Bloch, Ernst Simon *8. Juli 1885 Ludwigshafen †4. August 1977 Tübingen; marxistischer Philosoph. ALKOR 327; AUFZEICHNUNGEN 473, 477; GRÖSSEN 173; SOMNIA 317

Bloch, Karola (geb. Piotrkowska) *22. Januar 1905 Lodz †31. Juli 1994 Tübingen; polnisch-deutsche Architektin u. Publizistin, Ehefrau von Ernst →Bloch. CULPA 173; SOMNIA 205

Bloem, Walter Julius Gustav *20. Juni 1868 Elberfeld †19. August 1951 Lübeck; Schriftsteller. TADELLÖSER 458 (*Schlachtengeschickes starke Beweger – Fallschirmjäger*)

Blomberg, Werner Eduard Fritz von *2. September 1878 Stargard †13. März [1946 Nürnberg; Reichswehrminister, Reichskriegsminister u. Generalfeldmarschall der Wehrmacht. TADELLÖSER 96

Blücher, Gebhard Leberecht von Fürst von Wahlstatt *16. Dezember 1742 Rostock †12. September 1819 Krieblowitz i. Schlesien; preuß. Generalfeldmarschall. AUSSICHT 360, 443, 472, 540; HUNDSTAGE 293; SIRIUS 308; TADELLÖSER 330 (*Blücherten*); ZEIT 79

Blum, Léon *9. April 1872 Paris †30. März 1950 Jouy-en-Josas b. Versailles; franz. Jurist, Schriftsteller u. Politiker. ALKOR 141

Blüm, Norbert Sebastian *21. Juli 1935 Rüsselsheim; Politiker, Minister für Arbeit und Soziales während der Regierung Helmut →Kohl. ALKOR 540, 548; HAMIT 88; SOMNIA 227f., 256

Blumenfeld, Erwin *26. Januar 1897 Berlin †4. Juli 1969 Rom; in den 1940er und 1950er Jahren einer der gefragtesten Porträt- und Modefotografen. ALKOR 274

Blunck, Hans Friedrich *3. September 1888 Altona b. Hamburg †24. April 1961 Hamburg; Jurist u. Schriftsteller. CULPA 236, 240, 337f., 340, 345

Blüthgen, Victor *4. Januar 1844 Zörbig †2. April 1920 Berlin; Dichter u. Schriftsteller. GOLD 100 u. 288 (*Gemäht sind die Felder*); KAPITEL 37 (*Gemäht sind die Felder*); TADELLÖSER 256 (*Gemäht sind die Felder*); WILLKOMMEN 291 (*Gemäht sind die Felder*)

Boberach, Heinz *21. November 1929 Köln †21. August 2008; Historiker, Herausgeber u. Archivar des Bundesarchivs in Koblenz. CULPA 129

Bobrowski, Johannes Konrad Bernhard *9. April 1917 Tilsit †2. September 1965 Berlin; Lyriker u. Erzähler. ALKOR 88, 93; HAMIT 268f., 323

Boccaccio, Giovanni *1313 Florenz od. Certaldo †21. Dezember 1375 Certaldo; ital. Demokrat, Schriftsteller u. Dichter. GRÖSSEN 36ff.

Bochmann, Werner * 17. Mai 1900 Meerane †3. Juni 1993 Schliersee; Schlager- u. Filmkomponist. ALLES UMSONST 64, 106, 368, 378 (*Wenn ich wüßt', wen ich geküsst!*); TADELLÖSER 295

Bock, Alfred *14. Oktober 1859 Gießen †6. März 1932 Gießen; Fabrikant u. Schriftsteller. ALKOR 287; CULPA 108

Böcklin, Arnold *16. Oktober 1827 Basel †16. Januar 1901 San Domenico, Provinz Florenz; Schweizer Kunstmaler, Zeichner, Grafiker u. Bildhauer des Symbolismus. AUSSICHT 382; LETZTE GRÜSSE 405; SOMNIA 22; ZEIT 144

Böcklin, Joseph; Enkel →Arnold Böcklins. ZEIT 144

Boerner, Klaus-Erich *6. Mai 1915 Erfurt †1943; Schriftsteller. GOLD 136

Bogard, Humphrey DeForest *25. Dezember 1899 New York †14. Januar 1957 Los Angeles; amerik. Filmschauspieler. GRÖSSEN 117

Bohley, Bärbel (geb. Brosius) *24. Mai 1945 Berlin †11. September 2010 Strasburg i.d. Uckermark; Bürgerrechtlerin u. Kunstmalerin, Mitbegründerin des ›Neuen Forums‹ in der DDR. ALKOR 455, 499, 504, 531; HAMIT 274; SOMNIA 453f., 457, 535

Bohm, Hark *18. Mai 1939 Hamburg-Othmarschen; Schauspieler, Drehbuchautor, Filmregisseur, Produzent. ALBUM 82f.; ALKOR 244, 280, 317; CULPA 78; HAMIT 54, 112, 116, 157, 358; SIRIUS 62, 339; SOMNIA 456

Böhme, Erich *8. Februar 1930 Frankfurt a.M. †27. November 2009 Bad Saarow; Journalist u. Fernsehmoderator. ALKOR 485, 511; HAMIT 304; SOMNIA 99, 201, 353

Böhme, Ibrahim (eigentl. Manfred Otto) *18. November 1944 Bad Dürrenberg †22. November 1999 Neustrelitz; Politiker (SDP bzw. SPD) u. inoffizieller Mitarbeiter der DDR-Staatssicherheit. HAMIT 172; SOMNIA 27, 458

Boie, Heinrich Christian *19. Juli 1744 Meldorf †25. Februar 1806 Meldorf; Dichter u. Herausgeber. GRÖßEN 275

Bökenkamp, Werner; Schriftsteller u. Übersetzer. GRÖßEN 57

Boldt, Gerhard *24. Januar 1918 Lübeck †7. Mai 1981 Lübeck; Offizier. HAMIT 183

Boleslaw III. (gen. »Schiefmund«) *20. August 1085 Krakau †28. Oktober 1138 event. Sochaczew; Herzog von Polen. MARK UND BEIN 139 (*Boris-law III.*)

Böll, Heinrich Theodor *21. Dezember 1917 Köln †16. Juli 1985 Kreuzau-Langenbroich; Schriftsteller u. Übersetzer. ALBUM 72; ALKOR 69, 160, 297, 389, 426; AUFZEICHNUNGEN 457; CULPA 8, 111; GRÖßEN 23, 39ff., 108, 146, 156, 206, 214, 222; HAMIT 65, 131, 167f., 184, 377; SIRIUS 414, 533, 551; SOMNIA 107, 111, 133, 144, 219, 261, 315, 317, 463, 492; WILLKOMMEN 249

Böll, René; Sohn von Heinrich →Böll. SIRIUS 297; SOMNIA 315

Bölling, Klaus *29. August 1928 Potsdam; Publizist u. Regierungssprecher der sozialliberalen Koalitionsregierung 1974–1982. ALKOR 120, 566; HAMIT 116; SIRIUS 481

Bollmann, Johann Friedrich Andreas (gen. Fritze) *5. Januar 1852 Salbke b. Magdeburg †7. Mai 1901 Brandenburg a.d. Havel; Friseur in Brandenburg u. Original. TADELLÖSER 132, 345

Bombowski, Friedrich; Turmwärter u. Küster der Rostocker St.

Marien Kirche, dessen beherztes Eingreifen die durch Bomben verursachten Brände 1942–44 im Keim erstickten. SOMNIA 104; TADEL LÖSER 214

Bonhoeffer, Dietrich *4. Februar 1906 Breslau †9. April 1945 KZ-Flossenbürg; lutherischer Theologe. CULPA 214, 348

Bonifazius, Wynfreth *zw. 672 u. 675 Crediton i.d.Grafschaft Devon †5. Juni 754 od. 755 b. Dokkum i. Friesland; bedeutendster Missionar Franko-Germaniens u. Kirchenreformer. SIRIUS 190

Bonrath, Vera; Seminarteilnehmerin. SIRIUS 199, 201

Bonsels, Jakob Ernst Waldemar *21. Februar 1880 Ahrensburg †31. Juli 1952 Ambach a. Starnberger See; Schriftsteller. CULPA 256; SIRIUS 288 (*Biene Maja*), 245 (*Biene Maja*)

Boock, Peter-Jürgen *3. September 1951 Garding; ehem. Mitglied der terroristischen ›Rote Armee Fraktion‹. HAMIT 224

Borchert, Jürgen *25. Mai 1941 Perleberg †1. März 2000 Schwerin; Schriftsteller, Publizist u. Fotograf. HAMIT 192

Borchert, Wolfgang *20. Mai 1921 Hamburg †20. November 1947 Basel; Schriftsteller. ALKOR 59; AUFZEICHNUNGEN 195f., 261; WILLKOMMEN 255

Borges Acevedo, **Jorge** Francisco Isidoro **Luis** *24. August 1899 Buenos Aires †14. Juni 1986 Genf; argentinischer Schriftsteller u. Bibliothekar. CULPA 187; SOMNIA 461, 467

Borgmann, Hans-Otto Paul Friedrich *20. Oktober 1901 Linden i. Niedersachsen †26. Juli 1977 Berlin; Komponist. Alles Umsonst 70 (*Ist das Ziel auch noch so hoch, Jugend zwingt es doch*); Tadellöser 60 (*Die Fahne ist mehr als der Tod*)

Bormann, Martin *17. Juni 1900 Wegeleben b. Halberstadt †2. Mai 1945 Berlin; Leiter der Partei-Kanzlei der NSDAP im Rang eines Reichsministers. Alkor 157; Culpa 215, 279, 300f.

Born, Nicolas (eigentl. Klaus Jürgen) *31. Dezember 1937 Duisburg †7. Dezember 1979 Breese i. Landkreis Lüchow-Dannenberg; Schriftsteller. Somnia 437

Börne, Carl Ludwig (eigentl. Löb Baruch) *6. Mai 1786 Frankfurt a.M. †12. Februar 1837 Paris; Journalist, Literatur- u. Theaterkritiker. Alkor 184

Bornemann; tippt Rohmanuskript für K ab. Sirius 294f.

Borodin, Alexander Porfirjewitsch *12. November 1833 St. Petersburg †27. Februar 1887 St. Petersburg; russ. Chemiker, Mediziner u. Komponist. Aufzeichnungen 179

Borowski, Maximilian; Zeitweiliger Mitarbeiter Ks bei der Texterfassung zum *Echolot*. Culpa 47, 68, 87

Bosch, Hieronymus (eigentl. Jeroen Anthoniszoon van Aken *~1450 'sHertogenbosch †August 1516 'sHertogenbosch; niederl. Kunstmaler. Somnia 358, 451, 471

Bose, Subhash Chandra *23. Januar 1897 Cuttack †?; Vorsitzender d. Indischen Nationalkongresses, Anführer der indischen Unabhängigkeitsbewegung. Tadellöser 326, 334, 350, 441, 471

Bossi, Rolf *10. September 1923 Karlsruhe; Jurist u. Publizist. Alkor 380

Botero, Fernando *19. April 1932 Medellín; kolumbianischer Kunstmaler u. Bildhauer. Mark und Bein 13, 63, 206, 237; Sirius 338

Botkin, Benjamin Albert *1901 †1975; US-amerikanischer Folklorist, Sozialhistoriker u. Dichter. Aufzeichnungen 462

Botticelli, Sandro (eigentl. Alessandro di Mariano Filipepi) *1. März 1445 Florenz †? (begraben 17. Mai 1510) Florenz; ital. Kunstmaler u. Zeichner. Aussicht 187

Boucourechliev, André *28. Juli 1925 Sofia †13. November 1997 Paris; franz. Komponist, Pianist u. Musikschriftsteller bulg. Herkunft. Alkor 181

Boulez, Pierre *26. März 1925 Montbrison; franz. Komponist, Dirigent u. Musiktheoretiker. Alkor 117

Bourbon-Condé Herzog von Enghien, **Louis Antoine Henri de** *2. August 1772 Chantilly †21. März 1804 Vincennes; Gegner Napoléons, den dieser verschleppen und nach einem Scheinprozess erschießen ließ. Hundstage 291

Boveri, Margret *14. August 1900 Würzburg †6. Juli 1975 Berlin; Journalistin. Alkor 376; Culpa 224

Bowen, Chatherine Drinker *1. Januar 1897 Haverford i. Pennsylvania †1. November 1973 in

Haverford. Hᴀᴍɪᴛ 141 u. 142, 244, 466 (*Geliebte Freundin*)

Bracher, Karl Dietrich *13. März 1922 Stuttgart; Politikwissenschaftler u. Historiker. Hᴀᴍɪᴛ 317

Brachvogel, Albert Emil *29. April 1824 Breslau †27. November 1878 Berlin; Schriftsteller. Hᴇɪʟᴇ Wᴇʟᴛ 292; Tᴀᴅᴇʟʟöꜱᴇʀ 301 (*Friedemann Bach*)

Brahe, Tycho od. Tycho de Brahe (eigentl. Tyge Ottesen) *14. Dezember 1546 Schloss Knutstorp a. Schonen †24. Oktober 1601 Prag; dän. Astronom. Gᴏʟᴅ 97

Brahms, Johannes *7. Mai 1833 Hamburg †3. April 1897 Wien; Pianist, Komponist u. Dirigent. Aʟᴋᴏʀ 95, 110, 112, 134, 164, 301; Aᴜꜱꜱɪᴄʜᴛ 118, 198; Gᴏʟᴅ 204; Hᴀᴍɪᴛ 26, 400; Kᴀᴘɪᴛᴇʟ 299, 326 (*Mein Mädel hat einen Rosenmund*); Lᴇᴛᴢᴛᴇ Gʀüßᴇ 112; Sɪʀɪᴜꜱ 224, 368, 428, 470, 574, 595; Sᴏᴍɴɪᴀ 110, 187, 474, 524; Tᴀᴅᴇʟʟöꜱᴇʀ 323 (*Sitzt a schöns Vogerl aufm Dannabaum*); T+K 10; Zᴇɪᴛ 222

Brake, Herr; Prof. i. Göttingen 1957, bot K 20 DM an, um ihn aus einer Verlegenheit zu helfen. Sᴏᴍɴɪᴀ 203

Brandão, Ignácio de Loyola *31. Juli 1936 Araraquara, Provinz São Paulo; brasilianischer Schriftsteller u. Journalist. Aʟᴋᴏʀ 261

Brandenburg-Polster, Dora *9. August 1884 Magdeburg †18. März 1958 Böbing; Buchillustratorin, Kunstmalerin u. Grafikerin. Sɪʀɪᴜꜱ 13

Brando, Marlon *3. April 1924 Omaha i. Nebraska †1. Juli 2004 Los Angeles; US-amerikanischer Schauspieler. Hᴀᴍɪᴛ 175

Brandstätter, Christian *21. September 1943 Lambach i. Oberösterreich; österr. Autor, Herausgeber, Kunstsammler u. Verleger. Hᴀᴍɪᴛ 318

Brandt, Willy (eigentl. Herbert Ernst Karl Frahm) *18. Dezember 1913 Lübeck †8. Oktober 1992 Unkel; sozialdemokratischer Politiker, 1969–1974 vierter Bundeskanzler der Bundesrepublik Deutschland. Aʟᴋᴏʀ 132, 147, 325, 388, 474, 506, 516, 558, 568; Cᴜʟᴘᴀ 315; Gʀößᴇɴ 93f.; Hᴀᴍɪᴛ 116, 124, 138, 152, 313, 357, 391; Sɪʀɪᴜꜱ 152, 260, 423, 467; Sᴏᴍɴɪᴀ 102, 185, 227, 288; T+K 21

Brant, Jobst von *28. Oktober 1517 Waldershof †22. Januar 1570 Brand b. Marktredwitz; Komponist. Sᴏᴍɴɪᴀ 12

Brasch, Thomas * 19. Februar 1945 Westow i.Yorkshire †3. November 2001 Berlin; Schriftsteller, Dramatiker, Drehbuchautor, Regisseur u. Lyriker. Aʟʙᴜᴍ 21

Braun, Eva Anna Paula *6. Februar 1912 München †30. April 1945 Berlin; heimliche Geliebte Adolf →Hitlers. Sᴏᴍɴɪᴀ 235; Wɪʟʟᴋᴏᴍᴍᴇɴ 26

Braun, Lilly (geb. Amalie von Kretschmann) *2. Juli 1865 Halberstadt †9. August 1916 Berlin; Schriftstellerin, Sozialdemokratin u. Frauenrechtlerin. Tᴀᴅᴇʟʟöꜱᴇʀ 30

Braun, Michael *5. September 1930 Kalkberge/Rüdersdorf b. Berlin; Regisseur u. Drehbuchautor Auto. Aʟʙᴜᴍ 55

Braun, Volker *7. Mai 1939 Dresden; Schriftsteller. Hᴀᴍɪᴛ 131, 133, 186

Braun, Wernher Magnus Maximilian Freiherr **von** *23. März 1912 Wirsitz i.d. Provinz Posen †16. Juni 1977 Alexandria i. Virginia, USA; Raketeningenieur, Konstrukteur der ersten funtionsfähigen Flüssigkeitsrakete V2. LETZTE GRÜßE 112

Brecht, Eugen Bertolt Friedrich (gen.»**Bert**«) *10. Februar 1898 Augsburg †14. August 1956 Ost-Berlin; Dramatiker u. Lyriker. ALKOR 203, 225; CULPA 159, 256, 324; GRÖß EN 85; HAMIT 34, 253, 348; SIRIUS 352; SOMNIA 161, 179

Brecht, Hans; Filmemacher. ALKOR 403, 492; CULPA 142; HAMIT 157; SIRIUS 243f.

Bredel, Willi *2. Mai 1901 Hamburg †27. Oktober 1964 Berlin; Schriftsteller u. Präsident der Deutschen Akademie der Künste. ALBUM 57; CULPA 26; GOLD 88; GRÖßEN 165; HAMIT 18, 409; SIRIUS 129; SOMNIA 17

Breit, Ernst *20. August 1924 Lohe-Rickelshof; 1982–1990 Vorsitzender des Deutschen Gewerkschafts Bundes. ALKOR 170; HAMIT 88

Breitscheid, Rudolf *2. November 1874 Köln †24. August 1944 KZ-Buchenwald; linksliberaler u. später sozialdemokratischer Politiker. GOLD 129; HAMIT 247

Breker, Arno *19. Juli 1900 Elberfeld/Wuppertal †13. Februar 1991 Düsseldorf; Bildhauer u. Architekt. ALBUM 48f.; ALKOR 228, 406; GOLD 33; HAMIT 337; IM BLOCK 58; SIRIUS 37

Breloer, Heinrich *17. Februar 1942 Gelsenkirchen; Autor u. Filmregisseur. CULPA 344

Brendel, Alfred *5. Januar 1931 Wiesenberg i. Nordmähren; österr. Pianist. HAMIT 151; SIRIUS 184

Brender, Nikolaus *24. Januar 1949 Freiburg i. Breisgau; Fernsehjournalist, Chefredakteur des ZDF 2000–10. SOMNIA 336

Breschnew, Leonid Iljitsch *1. Januar 1907 Kamenskoje (heute Dniprodserschynsk i.d. Ukraine) †10. November 1982 Moskau; Parteichef 1964–82 u. 1966–82 Generalsekretär im ZK der KpdSU. ALKOR 38; SIRIUS 231; SOMNIA 38, 467

Bresgen, Cesar *16. Oktober 1913 Florenz †7. April 1988 Salzburg; österr. Komponist. AUFZEICHNUNGEN 178

Bresser, Klaus *22. Juli 1936 Berlin; Journalist. ALKOR 258

Breuel, Birgit *7. September 1937 Hamburg; CDU-Politikerin, Präsidentin der Treuhandanstalt. ALKOR 326; CULPA 112

Brie, Michael *24. März 1954 Schwerin; Philosoph u. Direktor des Instituts für Gesellschaftsanalyse der Rosa-Luxemburg-Stiftung. SOMNIA 261f.

Brinckman, John Frederic *3. Juli 1814 Rostock †20. September 1870 Güstrow; niederdeutscher Schriftsteller. HAMIT 10, 36f., 402

Brinkmann, Rolf Dieter *16. April 1940 Vechta †23. April 1975 London; Dichter, Schriftsteller u. Herausgeber. ALKOR 322; CULPA 135, 280; OPPLAWUR 46; SIRIUS 459, 632

Brittain, Vera Mary *29. Dezember 1893 Newcastle-under-Lyme †29.

März 1970 Wimbledon; engl. Schriftstellerin, Feministin u. Pazifistin. ALKOR 451

Britten, Benjamin *22. November 1913 Lowestoft i. Suffolk †4. Dezember 1976 Aldeburgh i. Suffolk; brit. Komponist, Dirigent u. Pianist. CULPA 282; SOMNIA 497

Broch, Hermann *1. November 1886 Wien †30. Mai 1951 New Haven i. Connecticut; österr. Schriftsteller. CULPA 116; LETZTE GRÜßE 193, 196; SIRIUS 87 (*Der Tod des Vergil*)

Brock, Bazon (eigentl. Jürgen Johannes Hermann) *2. Juni 1936 Stolp i. Pommern; Künstler, Kunsttheoretiker u. Prof. für Ästhetik u. Kulturvermittlung an der Bergischen Universität Wuppertal. ALKOR 489; SOMNIA 103

Brockdorf-Rantzau, Ulrich Graf *29. Mai 1869 Schleswig †8. September 1928 Berlin; Staatssekretär u. erster Außenminister der Weimarer Republik. GOLD 137

Brockes, Barthold Hinrich *22. September 1680 Hamburg †16. Januar 1747 Hamburg; Schriftsteller u. Dichter. HUNDSTAGE 167, 200, 219, 237, 239, 244f., 252, 260, 278; LETZTE GRÜßE 69, 299

Brockmeier, Wolfram *31. März 1903 Cossebaude †2. od. 3. Mai 1945 Gellberg; Lyriker, Mitglied der Reichsjugendführung. TADELLÖSER 127 (*Trotzig im Osten*)

Brod, Max *27. Mai 1884 Prag †20. Dezember 1968 Tel Aviv; Schriftsteller, Übersetzer u. Komponist. GRÖßEN 141

Broder, Henryk M[arcin]. *20. August 1946 Kattowitz i. Polen; Journalist u. Buchautor. SOMNIA 537

Bröger, Karl *10. März 1886 Nürnberg †4. Mai 1944 Erlangen; Dichter u. Autor. ALLES UMSONST 352 (*Nichts kann uns rauben Liebe und Glauben*)

Bronnen (eigentl. Bronner), **Arnolt** *19. August 1895 Wien †12. Oktober 1959 Ost-Berlin; österr. Schriftsteller, Theaterautor u. Regisseur. ALKOR 322; HAMIT 134

Brontë, Anne *17. Januar 1820 Thornton i. Yorkshire †28. Mai 1849 Scarborough; Schwester von Charlotte u. Emily →Brontë, brit. Schriftstellerin. GRÖßEN 42f.

Brontë, Charlotte *21. April 1816 Thornton i. Yorkshire † 31. März 1855 Haworth i. Yorkshire; Schwester von Anne u. Emily →Brontë, brit. Schriftstellerin. GRÖßEN 42f.

Brontë, Emily *30. Juli 1818 Thornton i. Yorkshire †19. Dezember 1848 Haworth i. Yorkshire; Schwester von Anne u. Charlotte →Brontë, brit. Schriftstellerin. GRÖßEN 42ff.

Brontë, Patrick Branwell *26. Juni 1817 Thornton i. Yorkshire †24. September 1848; Bruder von Anne, Chalotte u. Emily →Brontë brit. Kunstmaler u. Poet. GRÖßEN 42

Brooks, Thor L. *7. November 1907 Stockholm †Januar 1982 Dallas i. Texas; schwed. Filmregisseur. TADELLÖSER 342 (*Ihre Melodie*)

Bruch, Max Christian Friedrich *6. Januar 1838 Köln †2. Oktober 1920

Berlin; Komponist u. Dirigent. ALKOR 95; HUNDSTAGE 405; SIRIUS 597

Bruckner, Joseph Anton *4. September 1824 Ansfelden i. Oberösterreich †11. Oktober 1896 Wien; österr. Komponist, Organist u. Musikpädagoge. ALKOR 16; AUFZEICHNUNGEN 264; AUSSICHT 71ff., 174; GOLD 204; HAMIT 26, 358, 362, 411; KAPITEL 299; SIRIUS 475; SOMNIA 136, 314; TADELLÖSER 377, 395

Brueghel der Jüngere, Pieter (auch Breughel od. Breugel; gen. Höllenbrueghel) *zw. 23. Mai u. 10. Oktober 1564 Brüssel †zw. März u. April 1638 Antwerpen; flämischer Kunstmaler. T+K 30

Bruhns, Herr; Bürgermeister v. Nartum. SIRIUS 238

Bruhns, Wibke (geb. Klamroth) *8. September 1938 Halberstadt; Journalistin u. Autorin. SOMNIA 484

Brün, Herbert *9. Juli 1918 Berlin †6. November 2000 Urbana i. Illinois; deutsch-amerikanischer Musiktheoretiker u. Komponist. HAMIT 196

Brunner, Yul (eigentl. Juli Borissowitsch Briner) *11. Juli 1920 Wladiwostok †10. Oktober 1985 New York City; US-amerikanischer Schauspieler. SIRIUS 252

Brünning, Heinrich *26. November 1885 Münster †30. März 1970 Norwich i. Vermont; Politiker der Zentrumspartei u. Reichskanzler 1930–1932. AUSSICHT 376

Brünning, Herr; Nartumer Original mit Schuhsammeltick. SIRIUS 478

Brüsewitz, Oskar *30. Mai 1929 Willkischken i. Memelland †22. August 1976 Halle a.d. Saale; Pastor, der sich 1976 in Zeitz öffentlich selber verbrannte und dadurch bedeutenden Einfluss auf die Kirche der DDR und die Opposition nahm. ALKOR 34

Brustat-Naval, Fritz (eigent.: Fritz Brustat) *1907; Schriftsteller über Seefahrtthemen. ALKOR 411

Brux; Kommissar in Bautzen, gibt K den Entlassungsschein u. begleitet ihn bis zum Bahnhof. AUFZEICHNUNGEN 34

Bruyn, Günter de *1. November 1926 Berlin; Schriftsteller u. Essayist. ALKOR 403, 406, 580; CULPA 142; HAMIT 286, 320, 392

Bub, Dieter; Schriftsteller u. Publizist. HAMIT 308

Buber, Martin *8. Februar 1878 Wien †13. Juni 1965 Jerusalem; österr.-israel. Religionsphilosoph. WILLKOMMEN 305

Buber-Neumann, Margarete (geb. Thüring) *21. Oktober 1901 Potsdam †6. November 1989 Frankfurt a.M.; politische Publizistin u. Kommunistin. ALKOR 119, 131, 429; SOMNIA 216, 516

Bucerius, Gerd *19. Mai 1906 Hamm †29. September 1995 Hamburg; CDU-Politiker u. Verleger. HAMIT 306

Buch, Hans Christoph *13. April 1944 Wetzlar; Schriftsteller u. Journalist. ALKOR 561; HAMIT 53; SIRIUS 173, 205

Buchheim, Lothar-Günther *6. Februar 1918 Weimar †22. Februar

2007 Starnberg; Kunstmaler, Fotograf, Verleger, Autor, Filmemacher, Kunstsammler u. Gründer des ›Buchheim Museums der Phantasie‹. Album 46f., 53; Alkor 351

Büchner, Karl Georg *17. Oktober 1813 Goddelau †19. Februar 1837 Zürich; Schriftsteller, Naturwissenschaftler u. Revolutionär. Album 147; Alkor 426

Büchner, Matthias *30. Juni 1953 Zella-Mehlis; Künstler u. Mitbegründer des Neuen Forums in der DDR. Hamit 301

Büchsenschütz, Gustav *7. April 1902 Berlin †9. Februar 1996 Berlin; Verwaltungsbeamter, Dichter des Liedes ›Märkische Heide, märkischer Sand‹. Aussicht 48f. (*Steig hoch, du roter Adler*)

Buchwitz, Elsa; Gastronomin i. Hameln, kämpfte i.d. 1970er Jahren gegen eine Flächensanierung der Hamelner Altstadt. Sirius 190

Budde, Gunilla-Friederike *6. Juli 1960 Herford; Historikerin. Alkor 413; Culpa 133, 303

Buddha siehe unter →**Siddhartha Gautama**

Buffalo Bill (eigentl. William Frederick Cody) *26. Februar 1846 b. LeClair i. Iowa †10. Januar 1917 Denver i. Colorado; US-amerikanischer, Pony-Express-Reiter, Bisonjäger u. Showman. Zeit 108

Buggert, Christoph *17. Juni 1937 Swinemünde; Hörspielregisseur von Moin Vaddr läbt, Der Krieg geht zuende, Führungen, Alles Umsonst. Album 124f.; Alkor 89; Culpa 52, 129, 191, 213, 223,

239, 241, 243, 266, 274f., 290; Somnia 521

Buhlan; Bully (eigentl. Hans-Joachim Buhlan) *3. Februar 1924 Berlin †7. November 1982 Berlin; Jazzu. Schlagersänger, Pianist, Schlagerkomponist u. Schauspieler. Gold 146 (*bin ich auch nicht Clark Gable*)

Buhre, Traugott *21. Juni 1929 Insterburg i. Ostpreußen †26. Juli 2009 Dortmund; Schauspieler. Alkor 30, 100

Bukowski, Charles (eigentl. Heinrich Karl) *16. August 1920 Andernach †9. März 1994 Los Angeles; US-amerikanischer Dichter u. Schriftsteller deutscher Abstammung. Hundstage 118

Bullock, Alan *13. Dezember 1914 Trowbridge i. England †2. Februar 2004 Oxfordshire; brit. Historiker. Somnia 235, 536

Bülow, Bernhard-Victor **»Vicco«** Christoph Carl **von** *12. November 1923 Brandenburg a.d. Havel †22. August 2011 Ammerland a. Starnberger See; Karrikaturist u. Humorist in Literatur, Fernsehen, Theater u. Film. Alkor 392, 510

Bultmann, Rudolf Karl *20. August 1884 Wiefelstede †30. Juli 1976 Marburg; evang. Theologe. Culpa 240; Willkommen 320

Bulwer-Lytton 1. Baron Lytton , **Edward George** *25. Mai 1803 London †18. Januar 1873 Torquay; Schriftsteller. Tadellöser 27 (*Die letzten Tage von Pompeji*)

Bunte, Frau; treue Besucherin bei Ks Hamburger Lesungen. Sirius 611

Buñuel, Luis *22. Februar 1900 Calanda i. Spanien †29. Juli 1983 Mexiko-Stadt; Filmemacher bekannt vor allem durch seine frühen surrealistischen Werke. Hamit 233; Sirius 215

Burckhardt, Jacob Christoph *25. Mai 1818 Basel †8. August 1897 Basel; Schweizer Kulturhistoriker. Aufzeichnungen 192

Bürgel, Bruno H. *14. November 1875 Berlin †8. Juli 1948 Potsdam-Babelsberg; Schriftsteller u. Wissenschaftspublizist. Aussicht 511

Bürger, Gottfried August *31. Dezember 1747 Molmerswende †8. Juni 1794 Göttingen; Dichter u. Schriftsteller. Aussicht 354 (*Außen blank und innen rein*); Mark und Bein 128; Tadellöser 334 (*Münchhausen*); Weltschmerz 132 (*Münchhausen*)

Burger, Hermann *10. Juli 1942 Burg b. Menziken †28. Februar 1989 Brunegg; Germanist u. Schriftsteller. Album 18f.; Alkor 100; Somnia 240

Burkhardt, Werner *9. Juli 1928 Hamburg †August 2008 Hamburg; Musikjournalist, Musik- und Theaterkritiker. Sirius 418f.

Burmeister, Brigitte (Pseud. Franziska Saalburg, Liv Morten) *25. September 1940 Posen; Literaturwissenschaftlerin u. Schriftstellerin. Hamit 287

Burte, Hermann (geb. Strübe) *15. Februar 1879 Maulburg †21. März 1960 Lörrach; Dichter, Schriftsteller u. Kunstmaler. Aussicht 173

Busch, Ernst *22. Januar 1900 Kiel †8. Juni 1980 Bernburg; Sänger, Schauspieler u. Regisseur. Alkor 281; Hamit 33f.

Busch, Heinrich Christian **Wilhelm** *15. April 1832 Wiedensahl b. Stadthagen †9. Januar 1908 Mechtshausen b. Seesen; Dichter und Kunstmaler. Alkor 206, 330; Hamit 9; Im Block 30; Kapitel 123f. (*Max und Moritz*), 268, 318; Sirius 28, 352 (*Die fromme Helene*), 365, 369, 519 (*Heinz Huckebein*), 525f. (*Onkel Nolte*), 532 (*Onkel Nolte*); Tadellöser 183, 363 (*Heimwärts reitet Silen*), 386; Weltschmerz 132 (*Max und Moritz; Schneider Böck*); Willkommen 248, 263 (*Lehrer Lempel*), 341 (*Max und Moritz*)

Buselmeier, Michael *25. Oktober 1938 Berlin; Schriftsteller. Somnia 206

Bush, Barbara (geb. Pierce) *8. Juni 1925 Flushing i. New York; Ehefrau von George →Busch und Mutter von George W. →Busch. Alkor 256

Bush, George Herbert Walker *12. Juni 1924 Milton i. Massachusetts; US-amerikanischer Politiker der Republikanischen Partei, Leiter des CIA u. 41. Präsident der USA 1989–1993. Alkor 120, 244, 255, 279, 335, 437, 502, 548ff., 577; Culpa 188, 315; Hamit 263, 314, 347; Somnia 19, 82, 446, 481

Bush, George W[alker]. *6. Juli 1946 New Haven i. Connecticut, 43. Präsident der Vereinigten Staaten 2001–2009. T+K 22, 24

Busoni, Ferruccio Dante Michelangelo **Benvenuto** *1. April 1866 Empoli b. Florenz †27. Juli 1924

Berlin; ital. Pianist, Komponist, Dirigent, Librettist u. Essayist. Somnia 272

C., August; Ks Mutter Margarete →Kempowski wollte C. eigentlich vor Karl Georg →Kempowski heiraten. Sirius 125

Cabrera Infante, Guillermo *22. April 1929 Gibara i. Kuba †21. Februar 2005 London; kub. Schriftsteller u. Filmkritiker. Alkor 539

Caldwell, Taylor (eigentl. Janet Miriam Reback) *7. September 1900 Prestwich b. Manchester †30. August 1985 Greenwich i. Connecticut; Bestsellerautorin u. Journalistin. Tadellöser 254

Callot, Jacques *1592 Nancy †14. März 1635 Nancy; Zeichner, Graphiker, Kupferstecher u. Radierer. Alkor 179; Mark und Bein 19, 22, 235

Campenhausen, Axel Freiherr von *23. Januar 1934 Göttingen; Hochschullehrer u. Kirchenrechtler. Somnia 82, 222

Camus, Albert *7. November 1913 Mondovi i. Algerien †4. Januar 1960 Villeblevin i. Frankreich; Schriftsteller u. Philosoph. Alkor 182; Größen 45ff.; Hundstage 153, 376; Sirius 19

Canaris, Wilhelm *1. Januar 1887 Aplerbeck b. Dortmund †9. April 1945 KZ-Flossenbürg; Admiral, 1935–44 Leiter des Amtes Ausland der Abwehr im Oberkommando der Wehrmacht. Culpa 216, 348

Canetti, Elias *25. Juli 1905 Russe i. Bulgarien †14. August 1994 Zürich; Schriftsteller u. Aphoristiker deutscher Sprache erhielt 1981 den Literatur-Nobelpreis. Alkor 439; Sirius 486

Capote, Truman (eigentl. Truman

Streckfus Persons) *30. September 1924 New Orleans †25. August 1984 Los Angeles; US-amerikanischer Schriftsteller, Schauspieler u. Drehbuchautor. ALKOR 414; GRÖßEN 48ff.; HAMIT 219; SIRIUS 432; SOMNIA 18

Carl (od. Karl), **Johannes** *21. März 1806 Nauheim i. Hessen †25. Januar 1887 Preungesheim b. Frankfurt a.M.; ev. Theologe, Dichter u. Konsistorialrat. TADELLÖSER 111

Carolsfeld, Julius Schnorr von *26. März 1794 Leipzig †24. Mai 1872 Dresden; Kunstmaler der deutschen Romantik. ZEIT 79

Carossa, Hans *15. Dezember 1878 Tölz †12. September 1956 Rittsteig b. Passau; Arzt, Lyriker u. Autor. AUFZEICHNUNGEN 139; CULPA 168, 224, 268, 277, 324; GRÖßEN 71; SIRIUS 609; SOMNIA 160

Carrell, Rudi (eigentl. Rudolf Wijbrand Kesselaar) *19. Dezember 1934 Alkmaar i.d. Niederlande †7. Juli 2006 Bremen; niederl. Showmaster im deutschen Fernsehen. CULPA 15; HAMIT 357; HUNDSTAGE 370; SOMNIA 64

Carroll, Lewis (eigentl. Charles Lutwidge Dodgson) *27. Januar 1832 Daresbury †14. Januar 1898 Guildford; brit. Schriftsteller, Fotograf, Mathematiker u. Diakon. GRÖßEN 52ff.

Carstens, Karl *14. Dezember 1914 Bremen †30. Mai 1992 Meckenheim; Politiker, Präsident des Deutschen Bundestages u. Bundespräsident 1979–84. ALBUM 6f.; SIRIUS 111, 118

Carter jr., James »**Jimmy**« Earl *1. Oktober 1924 Plains i. Georgia; 1977–81 39. Präsident der USA. HUNDSTAGE 136; SIRIUS 533; SOMNIA 453

Caruso, Enrico (eigentl. Errico) *25. Februar 1873 Neapel †2. August 1921 Neapel; ital. Opernsänger. AUSSICHT 280; IM BLOCK 189

Casals i Defilló, Pablo »**Pau**« *29. Dezember 1876 El Vendrell †22. Oktober 1973 San Juan de Puerto Rico; span. Cellist, Komponist u. Dirigent. ALKOR 497; SIRIUS 472

Casanova, Giacomo Girolamo *2. April 1725 Venedig †4. Juni 1798 Schloss Dux i. Böhmen; Schriftsteller, Abenteurer u. Libertin. SIRIUS 53, 133

Cäsar, Gaius **Julius** *13. Juli 100 v. Chr. Rom †15. März 44 v. Chr. Rom; röm. Staatsmann, Feldherr u. Autor. AUSSICHT 350; GOLD 26, 163, 224; TADELLÖSER 112

Castro Ruz, **Fidel** Alejandro (eigentl. Fidel Hipólito Ruz González) *offiziell 13. August 1926 Birán b. Mayarí; kub. Politiker span. Abstammung, Regierungsschef Kubas 1959–2008 u. Staatspräsident 1976–2008. ALKOR 154

Catt, Henri Alexandre **de** *25. Juni 1725 Morges †23. November 1795 Potsdam; Privatsekretär u. Vertrauter von →Friedrich II. ALKOR 81

Ceauçescu, Elena (geb.: Lenua Petrescu) *7. Januar 1916 Petresti †25. Dezember 1989 Târgoviste; rumänische Politikerin u. Ehefrau von Nicolae →Ceaucescu. ALKOR 586; SIRIUS 25

Ceauçescu, Nicolae *26. Januar

1918 Scornicesti †25. Dezember 1989 Târgoviste; Generalsekretär der Rumänischen Kommunistische Partei 1965–1989 u. Staatspräsident Rumäniens 1967–1989. ALKOR 533, 553, 579f., 586ff., 592; HAMIT 53, 411; SIRIUS 24; SOMNIA 72, 357

Cecilie Auguste Marie **Herzogin zu Mecklenburg**-Schwerin *20. September 1886 Schwerin †6. Mai 1954 Bad Kissingen; Ehefrau des Prinzen Wilhelm von Preußen, letzte Kronprinzessin des deutschen Kaiserreichs. GOLD 179

Celan, Paul (eigentl. Paul Antschel) *23. November 1920 Czernowitz †~20. April 1970 Paris; deutschsprachiger Lyriker. LETZTE GRÜßE 74

Celibidache, Sergiu *11. Juli 1912 Roman i.d. Region Moldau †14. August 1996 La Neuville-sur-Essonne b. Paris; rumänisch-deutscher Dirigent u. Musiklehrer. SIRIUS 428; SOMNIA 200

Céline, Lous-Ferdinand (eigentl. Louis-Ferdinand Destouches) *27. Mai 1894 Courbevoie †1. Juli 1961 Meudon; französischer Arzt u. Schriftsteller. AUFZEICHNUNGEN 426f., 433, 435; GRÖßEN 55ff.

Ceram, C. W. (eigentl. Kurt Wilhelm Marek) *20. Januar 1915 Berlin †12. April 1972 Hamburg; Journalist, Lektor u. Autor. AUFZEICHNUNGEN 169

Cervantes Saavedra, Miguel de *~29. September 1547 Alcalá de Henares †23. April 1616 Madrid; Schriftsteller. GRÖßEN 58ff., 213, 231; SIRIUS 23 (*Don Quixote*)

Cézsanne, Paul *19. Januar 1839

Aix-en-Provence †22. Oktober 1906 Aix-en-Provence; französischer Kunstmaler. GRÖßEN 60

Chabrol, Claude Henri Jean *24. Juni 1930 Paris †12. September 2010 Paris; französischer Drehbuchautor u. Filmregisseur. ALKOR 42, 238; HAMIT 172, 233; SIRIUS 273; SOMNIA 432; T+K 23

Chagall, Marc 6. Juli 1887 Peskowatik b. Witebsk †28. März 1985 Saint-Paul-de-Vence; französisch-russ. Kunstmaler. AUFZEICHNUNGEN 397, 405; SOMNIA 328; WILLKOMMEN 126

Chailly, Riccardo *20. Februar 1953 Mailand; italienischer Dirigent. ALKOR 182

Chamberlain, Arthur Neville *18. März 1869 Birmingham †9. November 1940 Reading; britischer Politiker, Premierminister 1937–1940. TADELLÖSER 30

Chamisso, Adelbert von *30. Januar 1781 Schloss Boncourt b. Ante † 21. August 1838 Berlin; Naturforscher u. Dichter. HEILE WELT 29

Chandler, Raymond Thornton *23. Juli 1888 Chicago †26. März 1959 La Jolla i. Kalifornien; US-amerikanischer Schriftsteller. HAMIT 409f.

Chaplin, Charles »**Charlie**« Spencer *16. April 1889 ~London †25. Dezember 1977 Vevey i.d. Schweiz; britischer Schauspieler, Komiker, Regisseur, Komponist u. Produzent. ALKOR 169, 461; GRÖßEN 205, 214; HAMIT 24; IM BLOCK 36; SIRIUS 41, 71, 608; SOMNIA 215, 438

Charles Philip Arthur George Mountbatten-Windsor **Prinz von Wales** u. Herzog von Cornwall *14. November 1948 London; ältester Sohn von Königin →Elisabeth II. Alkor 450, 530; Sirius 32, 236

Charly, Herr; Bekannter aus dem Bautzener Gefängnis. Aufzeichnungen 25, 78f.; Sirius 279

Cheever, John *27. Mai 1912 Quincy i. Massachusetts †18. Juni 1982 Ossinning i. New York; US-amerikanischer Schriftsteller. Alkor 156

Che-Guevara (eigentl. Ernesto Guevara de la Serna) *14. Juni 1928 Rosario i. Argentinien †9. Oktober 1967 La Higuera i. Bolivien; marxistischer Politiker, Guerillaführer u. Autor. Größen 29

Cherubini, Luigi Carlo Zenobio Salvatore Maria *14. September 1760 Florenz †15. März 1842 Paris; italienischer Komponist. Tadellöser 57 (*Hahaha, hahaha*)

Chevenèment, Jean-Pierre *9. März 1939 Belfort; französischer Politiker. Hamit 149

Chladni, Ernst Florens Friedrich *30. November 1756 Wittenberg †3. April 1827 Breslau; Physiker u. Astronom. Alkor 221; Somnia 438

Chodowiecki, Daniel Nikolaus *16. Oktober 1726 Danzig †7. Februar 1801 Berlin; Kupferstecher, Grafiker u. Illustrator. Im Block 188; Kapitel 324

Chopin, Frédéric François (Fryderyk Franciszek) *22. Februar od. 1. März 1810 Zelazowa Wola b. Warschau †17. Oktober 1849 Paris; Kom

ponist Alkor 112, 370; Aussicht 126, 206, 248; Culpa 162; Größen 87, 257; Hundstage 276; Im Block 6; Letzte Grüße 249; Mark und Bein 74f., 78; Sirius 173, 313, 502, 560; Tadellöser 140; Willkommen 107, 129, 166; Zeit 385

Christiansen, Sabine (geb.: Sabine Frahm) *20. September 1957 Preetz; Fernsehmoderatorin, Journalistin u. Produzentin. Somnia 336, 352

Christie, Agatha Mary Clarissa, Lady Mallowan (geb.: Miller) *15. September 1890 Torquay †12. Januar 1976 Wallingford; britische Schriftstellerin. Größen 60ff.

Christie, Archibald; Ehemann von Agatha →Christie, Oberst u. Flieger der brit. Luftwaffe. Größen 62

Chritz, Bernhard; Pfleger im Lazarett in Bautzen. Aufzeichnungen 20

Chruschtschow, Nikita Sergejewitsch *15. April 1894 Kalinowka i. Gouvernement Kursk †11. September 1971 Moskau; 1953–1964 Parteichef der KPdSU, 1958–1964 Regierungschef. Alkor 581; Aufzeichnungen 420; Größen 221; Somnia 90

Churchill, Sir Winston Leonard Spencer *30. November 1874 Woodstock †24. Januar 1965 London; britischer Innen- u. Finanzminister, zweimaliger Premierminister, Litaraturnobelpreisträger. Alkor 131, 461; Culpa 119, 235, 339; Größen 214, 261; Im Block 68, 82; Kapitel 173; Somnia 289; Tadellöser 121

Ciano Graf von Cortellazzo u. Buccari, **Gian Galeazzo** *18. März 1903 Livorno †11. Januar 1944 Verona;

italienischer Diplomat, Außenminister 1936–1943. TADELLÖSER 336

Cicero, Marcus Tullius *3. Januar 106 v. Chr. Arpinum †7. Dezember 43 v. Chr. b. Formiae; römischer Politiker, Anwalt, Schriftsteller u. Philosoph. GOLD 163; GRÖßEN 276

Ciliax, Otto *30. Oktober 1891 Neudietendorf †12. Dezember 1964 Lübeck; Marineoffizier, Admiral im Zweiten Weltkrieg. HUNDSTAGE 270

Cindy & Bert; Schlagerduo bestehend aus Norbert Maria Berger, *12. September 1945 Völklingen †14. Juli 2012 Düsseldorf u. Jutta Gusenburger, *26. Januar 1948 Völklingen. HUNDSTAGE 191 (*Spaniens Gitarren begleiten, die Liebe seit uralten Zeiten*)

Clapton, Eric Patrick *30. März 1945 Surrey; britischer Blues- u. Rock-Gitarrist sowie Sänger. HAMIT 99

Claudius, Hermann *19. Oktober 1878 Langenfelde b. Hamburg †8. September 1980 Grönwohld b. Trittau; Lyriker u. Erzähler. TADELLÖSER 336 (*Wenn wir schreiten Seit an Seit*)

Claudius, Matthias *15. August 1740 Reinfeld †21. Januar 1815 Hamburg; Dichter u. Journalist. ALLES UMSONST 331 (*So sind wohl manche Sachen, die wir getrost verlachen*); ALKOR 440; GRÖßEN 26; HEILE WELT 469 (*Der Winter ist ein harter Mann*); HUNDSTAGE 302; TADELLÖSER 203 (*Der Winter ist ein harter Mann*)

Clausewitz, Carl Philipp Gottlieb **von** (eigentl. Claußwitz) *1. Juli

1780 Burg b. Magdeburg †16. November 1831 Breslau; preußischer General u. Militärtheoretiker. TADELLÖSER 19

Clinton, William »Bill« Jefferson (eigentl. William Jefferson Blythe III.) *19. August 1946 Hope i. Arkansas US-amerikanischer Politiker der Demokratischen Partei, 1993–2001 42. Präsident der USA. GRÖßEN 98

Cohn-Bendit, Marc Daniel *4. April 1945 Montauban i. Tarn-et-Garonne; deutsch-französischer Politiker. HAMIT 214

Colani, Luigi (eigentl. Lutz Colani) *2. August 1928 Berlin; Designer. SOMNIA 140

Mitschke-**Collande, Volker** Hubertus Valentin Maria **von** *21. November 1913 Dresden †29. Oktober 1990 Hannover; Schauspieler, Drehbuchautor u. Regisseur. TADELLÖSER 303 (*Zwei in einer großen Stadt*)

Collasius, Adolf; Urgroßvater Ks. AUFZEICHNUNGEN 288f.

Collasius, August Wilhelm *1863 Hamburg †1947 Rostock; Großvater Ks, Vater Margarethe →Kempowskis. ALKOR 386; AUFZEICHNUNGEN 90, 258, 340, 370, 420; CULPA 190; HAMIT 28, 93, 128, 274, 290; SIRIUS 32f., 59, 243, 360, 628; SOMNIA 38, 504

Collasius, Hans; Onkel Ks i. Hamburg, Sohn von Wilhelm →Collasius, K besucht ihn drei Tage nach seiner Entlassung aus Bautzen. HAMIT 291; SIRIUS 491

Collasius, Harald; Onkel Ks i. Hamburg, Sohn von Wilhelm →Collasius. AUFZEICHNUNGEN 31, 76, 185, 191, 308, 318, 568

Collasius, Hartwig; Vetter Ks. ALKOR 386; AUFZEICHNUNGEN 163, 180

Collasius, Margrit; Kusine Ks i. Hamburg. AUFZEICHNUNGEN 41f.

Collasius, Martha (geb. Hälssen) †8. Dezember 1939; AUFZEICHNUNGEN 258, 288

Collasius, Walter; Sohn von Wilhelm →Collasius, Onkel Ks i. Frankfurt a.M. AUFZEICHNUNGEN 27, 114, 116, 125, 163, 281, 288, 420; SIRIUS 32f.

Collasius, Wilma; Tante von K i. Hamburg. SIRIUS 491

Collasius; Pastor u. Vorfahre Ks. GRÖSSEN 90

Colville, Sir John Rupert *28. Januar 1915 †17 November 1987; Privatsekretär mehrere britischer Premierminister u. Prinzessinen. ALKOR 131, 148, 461; CULPA 119

Comedian Harmonists, das sind: Ari Leschnikoff *1897 †1978, Erich A. Collin *1899 †1961, Harry Frommermann *1906 †1975, Roman Cycowski *1901 †1998, Robert Biberti *1902 †1985, Erwin Bootz *1907 †1982; Berliner Vokalensemble 1927–1935. IM BLOCK 269 (*Wochenend und Sonnenschein*); SIRIUS 365

Conquest, George Robert Ackworth *15. Juli 1917 Malvern i. Worcestershire; brit. Dichter u. Historiker. ALKOR 244

Conrad, Herr; Bekannter Ks. SIRIUS 211

Constantine, Eddie (eigentl. Edward Constantinowsky) *29. Oktober 1917 Los Angeles †25. Februar 1993 Wiesbaden; US-amerikanischer Filmschauspieler u. Chansonnier. SIRIUS 394

Cooper, Alfred Duff *22. Februar 1890 London †1. Januar 1954 b. Vigo; britischer Politiker, Diplomat u. Autor. ALKOR 411

Cooper, David Graham *1931 Kapstadt †1986 Paris; südafrikanischer Psychiater. SIRIUS 268

Cooper, Gary *7. Mai 1901 Helena i. Montana †13. Mai 1961 Beverly Hills; US-amerikanischer Schauspieler. GRÖSSEN 117

Cooper, James Fenimor (eigentl. James Cooper) *15. September 1789 Burlington i. New Jersey †14. September 1851 Cooperstown i. New York; US-amerikanischer Schriftsteller. AUSSICHT 431 (*Netty Bumppo und Chingachgook*); GRÖSSEN 176; ZEIT 39

Copei, Friedrich *1902 †1945; Padagoge. SIRIUS 288; SOMNIA 37; WILLKOMMEN 264

Corday d'Armont, Marie Anne **Charlotte** *27. August 1768 Saint-Saturnin-des-Ligneries †17. Juli 1793 Paris; ermordete Jean-Paul →Marat. MARK UND BEIN 86

Cordes, Eckart *24. März 1933 Kiel; Buchhändler in Kiel u. über 45 Jahre Veranstalter von Autorenlesungen. CULPA 64; HAMIT 373

Cordes, Ingke; Ehefrau von Eckart →Cordes. ALKOR 192

Corino, Karl *12. November 1942 Ehingen; Rundfunkjournalist, Literaturkritiker u. Schriftsteller. ALKOR 90; GRÖßEN 194; SOMNIA 240

Corinth Lovis (eigentl. Franz Heinrich Louis Corinth) *21. Juli 1858 Tapiau i. Ostpreußen †17. Juli 1925 Zandvoor i.d. Niederlanden; Kunstmaler. AUSSICHT 383f.

Corona (od. Staphana) **Heilige** *161 od. 287 †177 od. 303; Märtyrerin. ALKOR 94

Cortez, Hernando od. Hernán *1485 Medellín †2. Dezember 1547 Castilleja de la Cuesta; spanischer Konquistador, eroberte das Aztekenreich, 1521–1530 Generalgouverneur von Neuspanien. IM BLOCK 78; TADELLÖSER 32

Coslow, Sam *27. Dezember 1902 New York †2. April 1982 New York; US-amerikanischer Liedtexter, Komponist u. Filmproduzent. TADELLÖSER 68 (*Mister Paganini*)

Cotton, Joseph Cheshire *15. Mai 1905 Petersburg i. Virginia †6. Februar 1994 Palm Springs i. Kalifornien; US-amerikanischer Schauspieler. ALKOR 162

Couperin, François Couperin *10. November 1668 Paris †11. September 1733 Paris; französischer Organist u. Komponist. HUNDSTAGE 406

Craig, Gordon A[lexander]. *26. November 1913 Glasgow †30. Oktober 2005 Portola Valley i. Kalifornien; US-amerikanischer Historiker. ALKOR 516

Cramer, Heinz von *12. Juli 1924 Stettin †24. März 2009 b. Viterbo i. Italien; Autor u. Hörspielregisseur. HAMIT 269

Crocoll, Erika; aus Ks Biografien-Archiv. SIRIUS 514

Cromwell, Oliver *25. April 1599 Huntingdon †3. September 1658 Westminster; Lordprotektor von England, Schottland u. Irland während der republikanischen Zeit Großbritaniens. ALKOR 390

Crosby, George Robert »Bob« *23. August 1913 Spokane i. Washington †9. März 1993 La Jolla i. Kalifornien; US-amerikanischer Sänger, Schauspieler u. Bandleader. SIRIUS 420

Crosby, Harry Lillis »Bing« *3. Mai 1903 Tacoma i. Washington †14. Oktober 1977 Madrid; US-amerikanischer Sänger. GOLD 339; KAPITEL 203; SIRIUS 420

Curtius, Ernst Robert *14. April 1886 Thann i. Elsass †19. April 1956 Rom; Romanist. GRÖßEN 112

Curtius, Ludwig Michael *13. Dezember 1874 Augsburg †10. April 1954 Rom; Archäologe u. Autor. ALBUM 10

Czech, Danuta *1922 Humnicki b. Brzozów †4. April 2004; polnische Autorin. ALKOR 411, 429, 563; CULPA 144, 192, 214, 304, 324, 344; SOMNIA 534, 538

Czechowski, Heinz *7. Februar 1935 Dresden †21. Oktober 2009 Frankfurt a.M.; Lyriker u. Dramaturg SOMNIA 43 5

Cziffra, Géza von *19. Dezember 1900 Arad im Banat †28. April 1989 Dießen a. Ammersee; Filmregisseur u. Drehbuchautor CULPA 288 (*Weißer Traum*); TADELLÖSER 343 (*Der weiße Traum*)

da Vinci, Leonardo (eigentl. Leonardo di ser Pier) *15. April 1452 Anchiano b. Vinci †2. Mai 1519 Schloss Clos Lucé; italienischer Kunstmaler, Bildhauer, Architekt, Anatom, Mechaniker, Ingenieur u. Naturphilosoph. Kapitel 278; Tadellöser 260; Zeit 81

Dachs, Gisela *1963; Publizistin, Redakteurin u. Auslandskorrespondentin. Somnia 203

Daecke, Herta *~1900 †nach 1967; gehörte dem ›Kronacher Bund der alten Wandervögel‹ an, Mitarbeiterin auf Burg Ludwigstein, war i.d. 1930er Jahren Leiterin der Webschule Oppach i. Sachsen. Alkor 190

Dahlke, Paul Victor Ernst *12. April 1904 Groß Streitz b. Köslin †24. November 1984 Salzburg; Schauspieler u. Hörspielsprecher. Hundstage 391

Dahn, Felix (Pseud. Ludwig Sophus) *9. Februar 1834 Hamburg †3. Januar 1912 Breslau; Professor für Rechtswissenschaften, Schriftsteller u. Historiker. Zeit 276, 303

Dahrendorf, Ralf Gustav (Baron Dahrendorf) *1. Mai 1929 Hamburg; Soziologe, Politiker u. Autor. Album 9; Sirius 155, 290

Dalí i Domènech, Salvador Felipe Jacinto, Marqués de Púbol *11. Mai 1904 Figueres i. Katalonien †23. Januar 1989 Figueres i. Katalonien; spanischer Kunstmaler, Grafiker, Schriftsteller, Bildhauer u. Bühnenbildner. Größen 51, 60

Damiano, Carla A.; Prof. für Deutsch an der Estern Michigan University. Culpa 171, 176; Letzte Grüße 5; Hamit 300, 307, 354; Somnia 183, 188, 265

Danella, Utta *18. Juni 1924 Berlin; Schriftstellerin. Album 78f.; Culpa 157f.; Hamit 318

Daniels, Joe *9. März 1908 Zeerust i. Südafrika †2. Juli 1993 Northwood i. England; brit. Jazz-Schlagzeuger u. Bandleader. Sirius 420

Däniken, Erich Anton Paul **von** *14. April 1935 Zofingen; Schweizer Hotelier, Hobbyforscher u. Schriftsteller auf dem Gebiet der Außerirdischen. Hamit 318

Dante Alighieri *Mai od. Juni 1265 Florenz †14. September 1321 Ravenna; italienischer Dichter u. Philosoph. Größen 37

Darko, Rama; Frau aus Ghana, K rieht ihr, ihre Erinnerungen aufzuschreiben. Alkor 308

Datschischew, Wjatscheslaw Iwanowitsch *9. Februar 1925 Moskau; russ. Politologe u. Historiker. Somnia 347

Datzig (od. Dazik), **Elfriede** *26. Juli 1922 Wien †27. Januar 1946 Ramsau; österr. Filmschauspielerin. Sirius 616

Daub, Gerti *1937 Utrecht i.d. Niederlanden; deutsches Fotomodell, 1957 Miss Germany. Willkommen 301f.

Däubler-Gmelin, Herta *12. August 1943 Bratislava; SPD-Politikerin, 1998–2002 Bundesministerin der Justiz. Somnia 529

Daudct, Alphonsc *13. Mai 1840 Nîmes i. Département Gard †16.

Dezember 1897 Paris; französischer Schriftsteller. Größen 258

Daumann, Rudolf H[einrich]. *2. November 1896 Groß-Gohlau b. Neumarkt i. Schlesien †30. November 1957 Potsdam; Schriftsteller. Gold 125 (*Dünn wie eine Eierschale*)

Daume, Willi *25. April 1913 Hückeswagen †20. Mai 1996 München; Unternehmer u. Sportfunktionär. Hamit 316

David, Johann Nepomuk *30. November 1895 Eferding i. Oberösterreich †22. Dezember 1977 Stuttgart; österr. Komponist. Alkor 47

Davids, Tinke; niederländischer Übersetzer. Alkor 290

Davis, Garold N. und **Norma S.**; US-amerikanischer Übersetzer und seine Ehefrau. Alkor 212, 289, 309

Day, Doris (eigentl. Doris Mary Ann Kappelhoff) *3. April 1924 Cincinnati i. Ohio; US-amerikanische Filmschauspielerin u. Sängerin. Gold 146 (*Sentimental Journey*)

Dayan, Moshe *20. Mai 1915 i. Kibbuz Degania †16. Oktober 1981 Tel Aviv; israelischer General u. Politiker, 1977–79 Außenminister Israels. Sirius 464

de Bruyn, Günter *1. November 1926 Berlin; Schriftsteller. Sirius 173

de Gaule, Charles André Joseph Marie *22. November 1890 Lille †9. November 1970 Colombey-les-Deux-Églises; französischer General u. Präsident 1959–1969. Alkor 457; Culpa 276, 340; Sirius 190, 446

de Weille, Benny *6. März 1915 Lübeck †17. Dezember 1977 Sylt;

Klarinettist, Komponist, Arrangeur, Orchesterleiter u. Musikproduzent. Sirius 203

Dean, James Byron *8. Februar 1931 Marion i. Indiana †30. September 1955 b. Cholame i. Kalifornien; US-amerikanischer Schauspieler. Hundstage 253

Debussy, Achille-Claude *22. August 1862 Saint-Germain-en-Laye †25. März 1918 Paris Komponist Hamit 351; Heile Welt 383; Mark und Bein 74, 79f.; Sirius 283; Willkommen 166

Decatur, Stephen jr. *5. Januar 1779 Berlin i. Maryland † 22. März 1820 Bladensburg i. Maryland; us-amerikanischer Marineoffizier. Tadellöser 96 (*Right or wrong – my country*)

Dede, Hans Ewald; Programmleiter im Verlag Droemer dann bei Heyne. Alkor 410; Culpa 144, 226ff., 232, 242ff., 307f., 311, 347, 369f.; Somnia 317

Dedecius, Karl *20. Mai 1921 in Lodz; Übersetzer. Hamit 326

Deeping, George Warwick *28. Mai 1877 Southend-on-Sea †20. April 1950 Weybridge; britischer Schriftsteller. Tadellöser 253

Defoe, Daniel (eigentl. Daniel Foe) *~ Anfang 1660 London †5. Mai 1731 London; britischer Schriftsteller. Größen 65ff.

Degas, Edgar (eigentl. Hilaire Germain Edgar de Gas) *19. Juli 1834 Paris †27. September 1917 Paris; französischer Kunstmaler u. Bildhauer. Somnia 328

Degen, Michael *31. Januar 1932
Chemnitz; Schauspieler u. Schriftsteller. Alkor 225; Culpa 135
Degenhardt, Franz Josef *3. Dezember 1931 Schwelm †14. November
2011 Quickborn; Rechtsanwalt, Liedermacher u. Schriftsteller. Sirius
608
Dehmel, Paula (geb. Paula Oppenheimer) *31. Dezember 1862 Berlin
†9. Juli 1918 Berlin-Steglitz; Schriftstellerin, 1889–98 Ehefrau von Richard →Dehmel. Aussicht 295 (*Fitzebutze*)
Dehmel, Richard Fedor Leopold
*18. November 1863 Hermsdorf b.
Wendisch Buchholz † 8. Februar
1920 Blankenese; Dichter u. Schriftsteller. Aussicht 229 (*Ich bin der Riese
groß und still*), 295 (*Fitzebutze*), 296
(*Ich bin der Riese groß und still*);
Willkommen 199 (*Aurikelchen, Au-
rikelchen stehn in unserm Garten*)
Dehmel, Willy; *26. Februar 1909
Berlin †15. Juni 1971 Bad Wiessee;
Lieddichter. Tadellöser 342 (*Aller-
schönste aller Frauen*)
Delius, Friedrich Christian *13.
Februar 1943 Rom; deutscher
Schriftsteller. Hamit 388
Delp S. J., Alfred *15. September
1907 Mannheim †2. Februar 1945
Berlin-Plötzensee; Jesuit u. Mitglied
des ›Kreisauer Kreises‹. Alkor 464;
Hamit 365
Deltgen, Renatus »**René**« Heinrich
*30. April 1909 Esch-sur-Alzette i.
Luxemburg †29. Januar 1979 Köln;
luxemburgischer Schauspieler. Gold
35; Hundstage 391

Demski, Eva Katrin geb. Küfner *12.
Mai 1944 Regensburg; Autorin. Al-
bum 53, 100f.; Hamit 181; Sirius 18
Denk, Friedrich *16. Dezember 1942
Wohlau i. Niederschlesien; Studiendi-
rektor u. Schriftsteller, gilt als Kritiker
der Rechtschreibreform. Culpa 158;
Hamit 270, 322, 324, 326, 328, 331f.,
338f., 344; Somnia 10
Dennis, Sandra »**Sandy**«Dale *27.
April 1937 Hastings i. Nebraska †2.
März 1992 Westport i. Connecticut;
US-amerikanische Schauspielerin.
Sirius 130
Denzel, Bernhard Gottlob *1773
†1838) Lieddichter. Im Block 182 (*O
Schutzgeist alles Schönen, steig her-
nieder*)
Dettmar, Werner; Autor des Wer-
kes ›Die Zerstörung Kassels im Okto-
ber 1943‹. Sirius 497
Deuter, Jörg Alkor 15, 206; Hamit
157; Somnia 456
Dewey, John *20. Oktober 1859
Burlington i. Vermont †1. Juni 1952
New York Philosoph u. Pädagoge
Aufzeichnungen 192, 194, 233, 284;
Willkommen 266
di Lasso, Orlando (auch Roland de
Lassus) *1530 od. 1532 Mons i.
Hennegau i. Belgien †14. Juni 1594
München auch Komponist Willkom-
men 325; Sirius 190
Diana, Prinzessin von Wales (geb.
Lady Diana Frances Spencer) *1. Juli
1961 Sandringham †31. August 1997
Paris; erste Ehefrau des britischen
Thronfolgers Prinz →Charles, 1981–
96 Kronprinzessin Großbritaniens.
Alkor 36, 530

men, Gründer der Deutschen Volks-
kirche, völkischer Politiker. Aussicht
511; Gold 238; Sirius 366

Disney, Walter Elias »Walt« *5.
Dezember 1901 Chicago i. Illinois
†15. Dezember 1966 Los Angeles i.
Kalifornien; US-amerikanischer
Filmproduzent. Hamit 58, 413

Distel, Barbara *1943; Kuratorin u.
Publizistin, Leiterin der KZ-Gedenk-
stätte Dachau. Alkor 94

Distler, Hugo *24. Juni 1908 Nürnberg †1. November 1942 Berlin;
Komponist u. Kirchenmusiker. Alkor
47; Sirius 224, 252, 289; Willkommen
123

Ditfurth, Franz Wilhelm von *7.
Oktober 1801 Gut Dankersen b.
Rinteln †25. Mai 1880 Nürnberg;
Volks- u. Kirchenliedsammler, Sän-
ger, Dichter, Schriftsteller, Jurist.
Willkommen 134 (*Wer jetzig Zeiten
leben will*)

Ditfurth, Jutta Gerta Armgard von
*29. September 1951 Würzburg;
Sozialwissenschaftlerin, Publizistin
u. Politikerin. Somnia 85

Dittberner, Hugo *16. November
1944 Gieboldehausen †8. Juni 1984.
Schriftsteller Album 134f.

Ditten, Hansi; Kamarad Ks in Rostock. Aufzeichnungen 90, 165, 280f.

Ditter, Dr.; Rechtsanwalt in Rostock,
Wallgrabenstraße 4. Tadellöser 234,
242, 294

Dittrich, Wolfgang Leiter der Niedersächsischen Landesbibliothek
Hanover Culpa 106, 110f., 180; Somnia
29, 438, 444

Dix, Wilhelm Heinrich Otto *2. De-

zember 1891 Gera-Untermhaus †25.
Juli 1969 Singen a. Hohentwiel;
Kunstmaler u. Graphiker. Mark und
Bein 93; Somnia 49

Dixon, Reginald Herbert *16. Oktober 1904 †9. Mai 1985; britischer
Orgelspieler. Hamit 298; Tadellöser
444

Döblin, Alfred Bruno *10. August
1878 Stettin †26. Juni 1957
Emmendingen; Arzt u. Schriftsteller.
Alkor 400; Größen 71ff., 164, 212;
Hundstage 64; Hamit 175; Sirius 442

Doderer, Franz Carl Heimito Ritter
von *5. September 1896 Haders-
dorf-Weidlingau b. Wien †23. Dezember 1966 Wien; österr. Schriftsteller Alkor 41; Größen 74

Doelle, Franz *9. November 1883
Mönchengladbach †15. März 1965
Leverkusen; Militärkapellmeister u.
Komponist. Alles Umsonst 51 (*Wenn
der weiße Flieder wieder blüht*);
Mark und Bein 113 (*Wenn der weiße
Flieder wieder blüht*)

Dohnányi, Ernst von *27. Juli 1877
Pressburg †9. Februar 1960 New
York; ungarischer Pianist u. Kompo-
nist, Großvater von Klaus von
→Dohnanyi. Alkor 464

Dohnanyi, Klaus Karl Anton **von**
*23. Juni 1928 Hamburg; Jurist u.
SPD-Politiker, 1972–74 Bundesminister für Bildung u. Wissenschaft,
1981–88 Erster Bürgermeister Ham-
burgs. Alkor 516; Hamit 134

**Dohna-Schlobitten, Wilhelm Her-
mann Alexander Fürst zu** *11.
Dezember 1899 Potsdam †29. Oktober 1997 Basel; Großgrundbesitzer,

Offizier u. Schriftsteller. Alkor 460, 466; Culpa 146

Doll, Rainer; kaufmännische Geschäftsführer der Verlagsgruppe Bertelsmann i. Bereich Literatur u. Sachbuch, besucht K wegen der Finanzierung des *Echolot*. Alkor 306

Dollinger, Werner *10. Oktober 1918 Neustadt a.d. Aisch †3. Januar 2008 Neustadt a.d. Aisch; CSU-Politiker, 1962–66 Bundesschatzminister, 1966 Bundesminister für wirtschaftliche Zusammenarbeit, 1966–69 Bundesminister für das Post- und Fernmeldewesen, 1982–87 Bundesminister für Verkehr. Sirius 90

Domin, Hilde (geb. Löwenstein, verh. Palm) *27. Juli 1909 Köln †22. Februar 2006 Heidelberg; Schriftstellerin. Alkor 496

Dominik, Hans Joachim *15. November 1872 Zwickau †9. Dezember 1945 Berlin; Ingenieur der Elektrotechnik u. des Maschinenbaus, Science-Fiction- u. Sachbuchautor. Alkor 369; Aussicht 460, 462f.; Größen 264; Tadellöser 161 (*Land aus Feuer und Wasser*); T+K 13

Domröse, Angelika *4. April 1941 Berlin; Schauspielerin. Somnia 24

Dönhoff, Marion Hedda Ilse **Gräfin** *2. Dezember 1909 Schloss Friedrichstein i. Ostpreußen †11. März 2002 Schloss Crottorf i. Rheinland-Pfalz; Chefredakteurin u. Mitherausgeberin der Wochenzeitung ›Die Zeit. Alkor 345; Hamit 242

Doormann, Ludwig *23. August 1901 Kiel †29. März 1992 Göttingen;

Lehrer, Organist i. Göttingen. Aufzeichnungen 76,98

Dor, Milo (Milutin Doroslovac) *7. März 1923 Budapest †5. Dezember 2005 Wien; Schriftsteller. Album 162f.

Doré, Paul Gustave *6. Januar 1832 Straßburg †23. Januar 1883 Paris; französischer Kunstmaler, Grafiker u. Illustrator. Alkor 93, 365; Hamit 29; Tadellöser 10 (*Bilderbibel*), 249 u. 357 [Ks Beschreibungen entsprechen recht genau den Illustrationen]

Dornhagen, Engelbert von siehe unter Eckart →Kleßmann

Dorothea, Heilige *~290 Cäsarea †~304 od. 287 Cäsarea; Märtyrerin. Alkor 70

Dorsey, James »**Jimmy**« *29. Februar 1904 Shenandoah i. Pennsylvania †12. Juni 1957 New York; US-amerikanischer Jazzmusiker u. Big-Band-Leiter, Bruder von Tommy →Dorsey. Kapitel 203, 371; Sirius 420; Tadellöser 64, 158, 221

Dorsey, Thomas »**Tommy**« Francis *19. November 1905 Shenandoah i. Pennsylvania †26. November 1956 Greenwich i. Connecticut; US-amerikanischer Jazzmusiker, Bruder von Jimmy →Dorsey. Aufzeichnungen 122; Kapitel 203, 371; Sirius 420

Dorst, Tankred *19. Dezember 1925 Oberlind i. Thüringen; Dramatiker u. Schriftsteller. Hamit 202, 344; Sirius 431

Dörthe; sitzt am 15. Juli 1980 gemeinsam mit Ehepaar K im *Glaskasten*. Culpa 24

Dos Passos, John *14. Januar 1896

Chicago †28. September 1970 Baltimore; US-amerikanischer Schriftsteller. ALKOR 161; CULPA 318; SIRIUS 264, 269, 272, 283

Dostojewski, Fjodor Michailowitsch *30. Oktober †28. Januar 1881 St. Petersburg; Schriftsteller. ALBUM 145; ALKOR 386; AUFZEICHNUNGEN 18, 134, 145, 161, 170, 427, 467;ULPA 202; GOLD 25, 204; GRÖßEN 79f, 88, 123, 180, 209; HEILE WELT 292; HUNDSTAGE 291; IM BLOCK 269 (*Schuld und Sühne*); SIRIUS 87 (*Schuld und Sühne*), 168; SOMNIA 219; WILLKOMMEN 321

Dowland, John *1563 ~London †Februar 1626 London; englischer Komponist. SOMNIA 298

Doyle, Sir Arthur Ignatius Conan *22. Mai 1859 Edinburgh †7. Juli 1930 Crowborough; schottischer Arzt u. Schriftsteller. GRÖßEN 62; SIRIUS 257 (*Sherlock Holms*)

Dregger, Alfred *10. Dezember 1920 Münster †29. Juni 2002 Fulda; CDU-Politiker. HAMIT 213f.

Drell, Sidney David *13. September 1926 Atlantic City; US-amerikanischer Theoretiker der Elementarteilchen-Physik, Regierungsberater. SOMNIA 361

Drewitz, Ingeborg *10. Januar 1923 Berlin †26. November 1986 Berlin; Schriftstellerin. ALBUM 158f.; SIRIUS 167

Drews, Jörg *1938 Berlin; Literaturwissenschaftler. ALBUM 125; ALKOR 51, 202; CULPA 86, 188, 255, 259, 289, 357; HAMIT 307, 407; SIRIUS 65, 371, 486; SOMNIA 467ff., 471ff.

Drews-George, **Berta** Helene *19. November 1901 Berlin-Tempelhof †10. April 1987 Berlin; Schauspielerin. ALBUM 88f.; SIRIUS 37

Dreyfus, Alfred *9. Oktober 1859 in Mülhausen †12. Juli 1935 Paris; französischer Offizier, wurde 1898 fälschlicherweise wegen Landesverrats verurteilt, was die Dreyfus-Affäre auslöste. SIRIUS 53

Dreyse, Johann Nikolaus (ab 1864 von Dreyse) *20. November 1787 Sömmerda †9. Dezember 1867 Sömmerda; Konstrukteur u. Unternehmer, Erfinder des Zündnadelgewehres. LETZTE GRÜßE 168

Driest, Burkhard *28. April 1939 Stettin; Autor. SIRIUS 394; SOMNIA 8f.

Drieu la Rochelle, Pierre Eugène *3. Januar 1893 Paris †16. März 1945 Paris; französischer Schriftsteller. CULPA 316

Drinker Bowen, Catherine *1. Januar 1897 Haverford i. Pennsylvania †1. November 1973 Haverford i. Pennsylvania; US-amerikanische Schriftstellerin. TADELLÖSER 244 (*Geliebte Freundin*)

Droste-Hülshoff, Anette von (eigentl. Anna Elisabeth Franzisca Adolphina Wilhelmina Ludovica Freiin von Droste zu Hülshoff) *10. Januar 1797 Burg Hülshoff b. Münster †24. Mai 1848 Burg Meersburg i. Meersburg; Dichterin u. Schriftstellerin. AUSSICHT 176; GOLD 97; HEILE WELT 293, 430; HUNDSTAGE 392; IM BLOCK 209 (*Knabe im Moor*)

Drude, Hermann; Bekannter Ks. AUFZEICHNUNGEN 270

Drygalski, Erich Dagobert von *9. Februar 1865 Königsberg †10. Januar 1949 München; Geograph, Geophysiker u. Polarforscher. Alles Umsonst 137

Dschingis Khan *~1155, 1162 od. 1167 †~18. August 1227; Khan der Mongolen. Im Block 121; Kapitel 276

Dschugaschwili, Jakow Iossifowitsch *18. März 1907 †14. April 1943; Sohn Josef →Stalins, Artillerieoffizier. Johnson 29

Dubcek, Alexander *27. November 1921 Uhrovec †7. November 1992 Prag; tschechoslowakischer Politiker, Leitfigur des »Prager Frühlings« von 1968. Alkor 534f., 537, 589

Duchamp, Henri-Robert-**Marcel** *28. Juli 1887 Blainville-Crevon †2. Oktober 1968 Neuilly-sur-Seine; französisch-US-amerikanischer Maler u. Objektkünstler. Aufzeichnungen 500

Düe, René; hannoverscher Prominenten-Juwelier, der 1981 angeblich einen Raubüberfall auf sein Geschäft selbst inszenierte. Alkor 124

Düwel, Erika; *meine erste Liebe, die ich nie kennenlernte.* Aufzeichnungen 500

Dumas Davy de la Pailleterie d. Ältere, **Alexandre** *24. Juli 1802 Villers-Cotterêts †5. Dezember 1870 Puys; franz. Schriftsteller. Somnia 150

Duncan, Angela **Isadora** *27. Mai 1877 San Francisco †14. September 1927 Nizza; US-amerikanische Tänzerin und Choreografin. Hundstage 253

Durbridge, Francis Henry *25. November 1912 Hull i. Yorkshire †11. April 1998 London; brit. Schriftsteller, Theater-, Hörspiel- u. Drehbuchautor. Aufzeichnungen 66

Dürer, Albrecht d. J., *21. Mai 1471 Nürnberg †6. April 1528 Nürnberg; Kunstmaler, Grafiker, Mathematiker u. Kunsttheoretiker. Alkor 309; Alles Umsonst 83, 91; Heile Welt 284, 325; Im Block 13 (*Hieronymus im Gehäuse*); Kapitel 16 (*Hieronymus im Gehäuse*); Letzte Grüße 203; Sirius 378; Somnia 43, 328

Durian, Wolf (eigent.: Wolfgang Walter Bechtle) *19. Oktober 1892 Stuttgart †8. November 1969 Berlin; Journalist, Übersetzer u. Jugendbuchautor. Sirius 299 (*Kai aus der Kiste*), 300; Tadellöser 12 u. 78 (*Kai aus der Kiste*)

Dürr, Alfred *1918 †2011; Musikwissenschaftler, Herausgeber u. Kantor i. Göttingen. Aufzeichnungen 55

Dürrenmatt, Friedrich *5. Januar 1921 Konolfingen †14. Dezember 1990 Neuenburg; Schweizer Schriftsteller, Dramatiker u. Kunstmaler. Alkor 462; Größen 93; Somnia 15, 483

Durzak, Manfred; Germanist u. Autor. Album 72

Dutschke, Alfred Willi **Rudi** *7. März 1940 Schönefeld b. Luckenwalde †24. Dezember 1979 Aarhus i. Dänemark; marxistischer Soziologe, gilt als Wortführer der westdeutschen Studentenbewegung der 1960er Jahre. Alkor 58; Aufzeichnungen 530f.; Culpa 36; Hamit 214; Sirius 155; Somnia 21, 131, 495

Duve, Freimut *26. November 1936

Würzburg; deutscher Publizist u. SPD-Politiker. Hamit 309; Sirius 482; Somnia 178

Düwel, Dr.; Rechtsanwalt in Rostock, Wallgrabenstraße 4. Tadellöser 234, 242, 294

Duyns, Cherry; niederl. Regisseur, filmte 1990 Ks Wiederbegegnung mit dem Gefängnis in Bauzen. Alkor 519, 533; Hamit 80, 106f., 110, 138f., 153, 160ff., 164, 166, 174, 204, 208f., 228, 282, 354f.; Sirius 104, 115; Somnia 9, 473

Dvorak, Anton Leopold *8. September 1841 Nelahozeves †1. Mai 1904 Prag; österr. Komponist. Alkor 153, 310; Hundstage 20; Sirius 460, 462

Dwinger, Edwin Erich *23. April 1898 Kiel †17. Dezember 1981 Gmund a. Tegernsee; Schriftsteller des Nationalsozialismus. Tadellöser 49 (*Zwischen Rot und Weiß*)

Dylon, Bob (eigentl. Robert Allen Zimmerman) *24. Mai 1941 Duluth i. Minnesota; US-amerikanischer Folk- u. Rockmusiker, Lyriker. Größen 217

Ebel, Martin *1955 Zürich; Romanistik u. Germanist, Kulturredakteur beim Züricher ›Tages-Anzeiger‹. Culpa 346f., 355

Ebeling, Jörn; sendet ein Manuskript ein, das K *Spaß gemacht hat*, versucht ihm einmal in literarischen Dingen zu helfen, erhielt 1988 den Nicolas-Born-Preis für Literatur. Sirius 493 [hier *Jörg*]; Alkor 45

Eberle, Josef *8. September 1901 Rottenburg a. Neckar †20. September 1986 Samedan i. Graubünden; Schriftsteller, Verleger der ›Stuttgarter Zeitung‹ u. Philanthrop. Im Block 119 (*So hoch war nicht der Lagerzaun*)

Ebert, Friedrich *4. Februar 1871 Heidelberg †28. Februar 1925 Berlin; SPD-Politiker, ab 1913 Vorsitzender seiner Partei u. 1919–25 erster Reichspräsident der Weimarer Republik. Aussicht 511; Gold 93; Heile Welt 205; Letzte Grüße 210 (*Präsidenten, die Sattler, gewesen waren*)

Ebert, Wolfgang *1940; Dr. phil., ZDF-Redakteur, Filmautor u. Filmemacher. Hamit 139

Ebner-Eschenbach, Marie Freifrau (eigentl. Ebner von Eschenbach) *13. September 1830 Schloss Zdislawitz i. Mähren †12. März 1916 Wien; österr. Schriftstellerin. Kapitel 107

Eccard, Johannes *1553 Mühlhausen i. Thüringen † 1611 Berlin; Komponist u. Kapellmeister. Heile Welt 160 (*Der heilige Geist vom Himmel kam*); Willkommen 322 (*Übers Gebirg' Maria geht*)

Echtermeyer, Ernst Theodor *12.

August 1805 Liebenwerda †6. Mai 1844 Dresden; Schriftsteller, Literaturhistoriker u. Philosoph. ALLES UMSONST 146

Eckart, Dietrich *23. März 1868 Neumarkt i.d. Oberpfalz †26. Dezember 1923 Berchtesgaden; Publizist, Verleger, Ideengeber Adolf →Hitlers. ALLES UMSONST 43

Eckermann, Johann Peter *21. September 1792 Winsen a.d. Luhe †3. Dezember 1854 Weimar; Dichter u. enger Vertrauter Johann Wolfgang von →Goethe. ALKOR 93; AUSSICHT 255; SIRIUS 597

Eckes, Christa; Terroristin der ›Rote Armee Fraktion‹. ALKOR 176

Eckhoff siehe unter Detlef →Nahmmacher

Eckmann, Heinrich *18. August 1893 Hohenwestedt i. Holstein †2. Mai 1940 Hohenwestedt i. Holstein; Schriftsteller. HEILE WELT 253 (*Eira und der Gefangene*)

Eco, Umberto *5. Januar 1932 Alessandria i. Piemont; italienischer Schriftsteller, Kolumnist u. Philosoph. SOMNIA 168

Edel, Alfred *12. März 1932 Abensberg †17. Juni 1993 Frankfurt a.m.; Schauspieler. SIRIUS 337

Eduard od. **Edward III.** *13. November 1312 Windsor †21. Juni 1377 in Sheen Palace b. London; König von England u. Wales 1327–1377. ZEIT 213

Effi Briest; Teilnehmerin am Literaturseminar. SIRIUS 353

Eggebrecht, Axel Constantin August *10. Januar 1899 Leipzig †14. Juli

1991 Hamburg; Journalist u. Schriftsteller. SOMNIA 266

Eggers, Hans *9. Juli 1907 Hamburg †31. Mai 1988 Saarbrücken; Sprachwissenschaftler. HUNDSTAGE 143 (*Wehrle-Eggers*)

Ehlers, Otto Ehrenfried *31. Januar 1855 Hamburg †3. Oktober 1895 Kaiser-Wilhelms-Land Deutsch-Neuguinea; Forschungsreisender i. Ostafrika u. Neuguinea, Autor. HEILE WELT 289 u. 295 (*Im Sattel durch Indochina*)

Ehlers, Schorsch; Kamerad Ks. SIRIUS 77

Ehlers, Ursula †1999; Tagebuchschreiberin als BDM-Mädchen aus Ellwangen. ALKOR 49, 68, 144, 190, 199, 423, 483; CULPA 123

Ehre, Ida *9. Juli 1900 Prerau i. Mähren †16. Februar 1989 Hamburg; österr.-deutsche Schauspielerin, Regisseurin u. Theaterleiterin. ALKOR 90

Ehrenreich, Georg; Rumäne, wird von seinem Brüder über den Suchdienst ausgerufen. CULPA 107

Eichel, Hans *24. Dezember 1941 Kassel; SPD-Politiker, 1991–1999 Ministerpräsident des Landes Hessen, 1999–2005 Bundesminister der Finanzen. SOMNIA 251

Eichel, Manfred *9. Juli 1938 Schwelm; Journalist, Filmemacher u. Hochschullehrer. SOMNIA 243

Eichenberg, Fritz *24. Oktober 1901 Köln †30. November 1990 Peace Dale a. Rhode Island; deutsch-amerikanischer Holzschnitt-Illustrator. SIRIUS 300

Eichendorff, Joseph Karl Benedikt Frhr. von *10. März 1788 Schloß Lubowitz b. Ratibor †26. November 1857 Neiße; Schriftsteller u. Lyriker. ALKOR 23; AUSSICHT 291 (*In einem kühlen Grunde*), 292 (*Ich möcht als Reiter fliegen* u. *Hör ich das Mühlrad gehn*), 350 (*O Täler weit, o Höhen*); HUNDSTAGE 58 (*Durch Feld und Buchenhallen*), 392; HEILE WELT 156 (*Wem Gott will rechte Gunst erweisen*), 379 (*Durch Feld und Buchenhallen*); WELTSCHMERZ 96 (*Wem Gott will rechte Gunst erweisen, den schickt er in die weite Welt*); WILLKOMMEN 220 (*O Thäler weit, O Höhen*); ZEIT 57 (*Wem Gott will rechte Gunst erweisen, den schickt er in die weite Welt*), 60 (*Die Bächlein von den Bergen springen*)

Eichhorn, Manfred *1951 Ulm; Autor, Lyriker u. schwäbischer Mundart-Dichter. SIRIUS 568

Einhorn, Werinhard; Pater, schrieb 1975 seine Doktorarbeit über das Einhorn. HAMIT 197f.

Einsiedel, Heinrich Graf von *26. Juli 1921 Potsdam †18. Juli 2007 München; Ur-Enkel Bismarcks, Mitbegründer des ›Nationalkomitees Freies Deutschland‹. ALKOR 400, 411f.; CULPA 217; SOMNIA 263f.

Einstein, Albert *14. März 1879 Ulm †18. April 1955 Princeton i. New Jersey; Physiker. ALBUM 101; ALKOR 559; AUSSICHT 385; CULPA 117; GRÖßEN 201; SIRIUS 61

Eipper, Paul *10. Juli 1891 Stuttgart †22. Juli 1964 München; Schriftsteller. SIRIUS 215; TADELLÖSER 348

Eisenbach, Georg; *? †? Komponist. TADELLÖSER 111

Eisenbarth, Johann Andreas (auch Eisenbart, Eysenbarth, Eysenparth) *27. März 1663 Oberviechtach †11. November 1727 Hannoversch Münden; Arzt. WILLKOMMEN 238, 283

Eisenhart, Willy *? York i. Pennsylvania †25. Juni 1995 New York. US-amerikanischer Schriftsteller über Kunst. GRÖßEN 44 (*The World of Donald Evans*)

Eisenhower, Dwight D[avid]. *14. Oktober 1890 Denison i. Texas †28. März 1969 Washington D.C.; Oberbefehlshaber der alliierten Streitkräfte in Europa während des Zweiten Weltkrieges, 34. Präsident der Vereinigten Staaten 1953–61. SIRIUS 55, 88

Eisenstein, Sergej Michailowitsch *22. Januar 1898 Riga †11. Februar 1948 Moskau; russ. Regisseur. SOMNIA 55, 410

El Greco (eigentl. Domínikos Theotokópoulos) *~1541 Kreta i. Candia od. Fodele †7. April 1614 Toledo; Kunstmaler, Bildhauer u. Architekt. ALKOR 583; SIRIUS 158

Eliot, T[homas]. **S**[tearns]. *26. September 1888 St. Louis i. Missouri †4. Januar 1965 London; Lyriker, Dramatiker u. Kritiker. LETZTE GRÜßE 196

Elisabeth II. *21. April 1926 Mayfair i. London; Königin des Vereinigten Königreichs Großbritannien u. Nordirland sowie Staatsoberhaupt der Commonwealth-Königreiche. ALKOR 450; IM BLOCK 243; SOMNIA 89

Elisabeth Charlotte Prinzessin **von der Pfalz** (Liselotte von der Pfalz) *27. Mai 1652 Heidelberg †8. Dezember 1722 Saint-Cloud b. Paris; Herzogin von Orléans, Schilderin des franz. Hoflebens. Tadellöser 89

Elitz, Ernst *24. Juli 1941 Berlin; Journalist, Hochschullehrer, Intendant des Deutschlandradios. Somnia 48

Elkan, Sophie (geb. Salomon) *3. Januar 1853 Göteborg †5. April 1921 Göteborg; schwedische Schriftstellerin. 1872 heiratete sie Nathan Elkan. Größen 150

Ellington, Edward Kennedy »Duke« *29. April 1899 Washington D.C. †24. Mai 1974 New York City; US-amerikanischer Jazzmusiker. Alkor 192, 241; Aufzeichnungen 177; Sirius 420; Somnia 390; Tadellöser 152, 158

Elser, Johann Georg *4. Januar 1903 Hermaringen i. Württemberg †9. April 1945 KZ-Dachau; Widerstandskämpfer gegen den Nationalsozialismus. Alkor 137f., 346

Elsner, Gisela *2. Mai 1937 Nürnberg †13. Mai 1992 München; Schriftstellerin. Alkor 269, 280f.; Hamit 269; Sirius 269

Emmerich, Klaus *10. August 1943 Freital i. Sachsen; Fernseh- u. Theaterregisseur, Drehbuchautor u. Schauspieler. Hamit 146 (*Rote Erde*)

Empedokles *~495 v. Chr. Akragas a. Sizilien †~435 v. Chr. ~Peloponnes; griechischer Philosoph, Politiker, Redner u. Dichter. Alkor 558

Engel, Erich Gustav Otto *14. Februar 1891 Hamburg †10. Mai 1966 Berlin; Film- u. Theaterregisseur. Tadellöser 454 (*Unser Fräulein Doktor*)

Engel, Eva; folgte ihrem Mann ins KZ. Alkor 131

Engel, Hermann; Kamerad Ks. Culpa 192 (*1943 das war meine Spielscharzeit*)

Engelmann, Bernt *20. Januar 1921 Berlin †14. April 1994 München; Autor u. Journalist. Album 27, 159; Alkor 120; Hamit 287; Sirius 485

Engels, Friedrich *28. November 1820 Barmen †5. August 1895 London; Philosoph, Gesellschaftstheoretiker, Historiker, Journalist u. kommunistischer Revolutionär. Größen 69; Somnia 433

Engert, Jürgen *17. Januar 1936 Dresden; Journalist, Chefredakteur des SFB-Fernsehen u. Gründungsdirektor des ARD-Hauptstadtstudios Berlin. Alkor 404, 512, 515, 592; Sirius 535

Engholm, Björn *9. November 1939 Lübeck; SPD-Politiker, 1981–82 Bundesminister für Bildung und Wissenschaft, 1982 Bundesminister für Ernährung, Landwirtschaft u. Forsten, 1988–93 Ministerpräsident des Landes Schleswig-Holstein. Alkor 124, 517; Hamit 404; Somnia 185, 197f., 256, 318

Enslin, Karl Wilhelm Ferdinand *21. September 1819 Frankfurt a.M. †14. Oktober 1875 Frankfurt a.M.; Schullehrer u. Dichter. Kapitel 127 (*Kling Glöckchen klingelingeling*); Tadellöser 275 (*Kling Glöckchen klinge-*

lingeling); WILLKOMMEN 337 (*Kling, Glöckchen, klingelingeling!*)

Ensslin, Gudrun *15. August 1940 Bartholomä †18. Oktober 1977 Stuttgart-Stammheim; Terroristin, Mitbegründerin der Terrororganisation ›Rote Armee Fraktion‹. ALKOR 436; HAMIT 311

Enzensberger, Hans Magnus *11. November 1929 Kaufbeuren; Dichter, Schriftsteller, Herausgeber, Übersetzer u. Redakteur. ALKOR 69, 238, 322; AUFZEICHNUNGEN 343ff., 348ff., 377ff., 403, 474, 516; CULPA 152, 303; HAMIT 202; SOMNIA 61, 82

Epp, Franz Xaver *16. Oktober 1868 München †31. Dezember 1946 München; Offizier, war am Boxeraufstandes in China u. der Niederschlagung des Hereroaufstandes beteiligt. TADELLÖSER 42

Eppelmann, Rainer *12. Februar 1943 Berlin; ev. Pfarrer, CDU-Politiker, Minister für Abrüstung u. Verteidigungsminister der letzten DDR-Regierung, Vorstandsvorsitzender der Bundesstiftung zur Aufarbeitung der SED-Diktatur. HAMIT 221, 304

Erasmus (Desiderius) **von Rotterdam** *27. Oktober 1466 od. 1467 od. 1469 ~Rotterdam †11. od. 12. Juli 1536 Basel; niederländischer Theologe, Philosoph, Philologe u. Autor. KAPITEL 16, 382

Erdheim, Claudia *6. Oktober 1945 Wien; Autorin. ALBUM 190f.

Erdmann, Brigitte; Einlieferin v. Archivmaterial. CULPA 261, 265, 282, 294

Erdmann, Eduard *5. März 1896

Wenden i. Livland †21. Juni 1958 Hamburg; Pianist u. Komponist. ALKOR 287

Erenz, Benedikt; Feuilleton-Redakteur der Zeitschrift ›Die Zeit‹. ALKOR 510f.; HAMIT 210, 353

Erhard, Ludwig *4. Februar 1897 Fürth †5. Mai 1977 Bonn; CDU-Politiker, 1949–63 Bundesminister für Wirtschaft u. 1963–66 zweiter Bundeskanzler der Bundesrepublik Deutschland. HAMIT 240; SOMNIA 423

Erhardt, Gero *17. Februar 1943 Berlin; Regisseur, Drehbuchautor, Kameramann u. Produzent, Sohn des Schauspielers Heinz Erhardt. SIRIUS 34

Erné, Nino *31. Oktober 1921 Berlin †11. Dezember 1994 Mainz; Journalist, Schriftsteller u. Übersetzer. SIRIUS 82, 404, 582

Erpf, Hans *16.4.1947 Bern; Schweizer Publizist, Verleger, Schriftsteller u. Lyrike. HAMIT 262

Esch, Arno *6. Februar 1928 Memel †24. Juli 1951 Moskau; Jugendreferent der LDP in der Sowjetischen Besatzungszone i. Mecklenburg. JOHNSON 65; SIRIUS 145, 156

Eschenburg, Hartwig *22. Januar 1934 Rostock-Warnemünde; Kantor der St.-Johannis-Kirche in Rostock; Gründer des Rostocker Motettenchors, den er bis 2000 leitete. HAMIT 223

Eschenburg, Theodor Rudolf Georg *24. Oktober 1904 Kiel †10. Juli 1999 Tübingen; Politikwissenschaftler, Publizist, Staatsrechtler u. Autor. ALBUM 22f.; SIRIUS 37

Eschenröder, Christof T.; Psychologe u. Autor,Teilnehmer am Literaturseminar. Sirius 347 (*Hier irrte Freud* [Buchtitel])

Escherig, Ursula *1954; Literaturredakteurin, Journalistin u. Literaturkritikerin u. a. für ›Deutschlandradio‹. Alkor 408

Eser, Ruprecht *6. Januar 1943 Wittenberg; Fernsehjournalist. Somnia 516

Eskens, Margot *12. August 1936 od. 1939 Düren; Schlagersängerin. Willkommen 340 (*Cindy, oh Cindy*)

Esser, Wolfram *8. Januar 1934 Düsseldorf † 18. Juni 1993 Taunusstein; Journalist u. Moderator. Somnia 346f.

Eulenberg, Herbert *25. Januar 1876 Köln-Mülheim †4. September 1949 Düsseldorf-Kaiserswerth; Dichter u. Schriftsteller. Kapitel 176

Eulenburg, Ernst Emil Alexander *30. November 1847 Berlin †11. September 1926 Leipzig; Musikverleger od. **Kurt Albert Max Eulenburg** *22. Februar 1879 Leipzig †10. April 1982 London; Sohn von Ernst Eulenburg, Musikverleger. Hundstage 169; Sirius 287

Euler, G.; Kommilitone Ks i. Göttingen. Aufzeichnungen 133

Euler, K.-H.; Kommilitone Ks i. Göttingen. Aufzeichnungen 133

Euringer, Richard *4. April 1891 Augsburg †29. August 1953 Essen; Schriftsteller. Tadellöser 56

Evans, Richard J. *1947 London; britischer Historiker. Somnia 165

Ewald, Johannes *18. November 1743 Kopenhagen †17. März 1781 Kopenhagen; dänischer Dichter. Größen 35

Ewers, Anke; stammt aus Maschen, treue Besucherin bei Ks Hamburger Lesungen. Culpa 194, 214; Sirius 611

Ewers, Hans Heinrich »**Heinz**« *3. November 1871 Düsseldorf †12. Juni 1943 Berlin; Schriftsteller, Filmemacher, Globetrotter u. Kabarettist. Gold 146

Exler, Georg (gen. »Schorsch«); hilft K bei Vorbereitungen zu den Literaturseminaren, klebt u.a. Plakate. Culpa 139, 147, 166; Sirius 200, 211, 347, 353, 548, 550, 553

Faber du Faur, Moriz von *1886 †1971; Offizier, Generalleutnant u. Diplomat, Militärattachée in Belgrad 1936–39. ALKOR 535

Fabian, Erich (*Matthes* in *Tadellöser*); Studienrat, erteilt K 1941 für kurze Zeit Nachhilfeunterricht, war wegen seiner jüdischen Frau vom Dienst suspendiert. TADELLÖSER 161, 205, 468

Fagott; kommt mit ihrer Schwester 1983 mehrere Tage zu früh zum Literaturseminar u. bleibt dann gleich als Gast. SIRIUS 329ff., 334, 340–357

Falk, Johannes Daniel *28. Oktober 1768 Danzig †14. Februar 1826 Weimar; Laientheologe, Schriftsteller u. Kirchenlieddichter, gilt als Begründer der Jugendsozialarbeit. IM BLOCK 214 (*Wie mit grimm'gem Unverstand Wellen sich bewegen*)

Falk, Peter *16. September 1927 New York †23. Juni 2011 Beverly Hills; US-amerikanischer Schauspieler u. Filmproduzent. SIRIUS 373 (*Inspektor Colombo*)

Fallada, Hans (eigentl. Rudolf Wilhelm Friedrich Ditzen) *21. Juli 1893 Greifswald †5. Februar 1947 Berlin; Schriftsteller. ALKOR 161; CULPA 182, 185f., 293, 310, 340; SOMNIA 378, 384, 441, 453

Fallersleben, Hofmann von (eigentl.: August Heinrich Hoffmann) *2. April 1798 Fallersleben †19. Januar 1874 Corvey; Hochschullehrer für Germanistik, Dichter, Sammler u. Herausgeber, schrieb die spätere deutsche Nationalhymne, das »Lied der Deutschen«. AUSSICHT 57, 347 (*Ein Leben war's im Ährenfeld*); HAMIT 299; HUNDSTAGE 398 (*Deutschlandlied*); KAPITEL 294; TADELLÖSER 124 (*Von der Maas bis an die Memel*), 139 (*Kuk-kuck-Kuckuck*), 253 (*Deutschlandlied*); WILLKOMMEN 75 (*Von der Etsch bis an den Belt*)

Faß, Luise; Autorin. SIRIUS 554

Fassbinder, Rainer Werner *31. Mai 1945 Bad Wörishofen †10. Juni 1982 München; Regisseur, Filmproduzent, Schauspieler u. Autor. ALBUM 101; GRÖSSEN 30; T+K 23

Fath Jang Nawwab Mir Osman Ali Khan Asif Jah VII. *1911 †1949; Nizam von Hyderabad. TADELLÖSER 62

Faulhaber, Michael von *5. März 1869 Klosterheidenfeld †12. Juni 1952 München; Erzbischof von München u. Freising, Kardinal. UNSER HERR BÖCKELMANN 76

Faulkner, William (eigentl. William Cuthbert Falkner) *25. September 1897 New Albany i. Mississippi †6. Juli 1962 Byhalia i. Mississippi; US-amerikanischer Schriftsteller. AUFZEICHNUNGEN 408; GRÖSSEN 81ff., 206

Fechner, Eberhard *21. Oktober 1926 Liegnitz †7. August 1992 Hamburg; Schauspieler u. Regisseur. ALBUM 102f.; ALKOR 49, 55, 57, 62, 71, 73, 83, 85f., 130f. 138, 196, 202, 243, 262, 317, 357, 580; AUFZEICHNUNGEN 182; CULPA 13, 38, 65, 100, 237; HAMIT 29, 54, 63, 125, 135, 146, 160, 178, 189, 244, 279, 288, 309, 314, 368, 385, 407; JOHNSON 72; SIRIUS 96f., 178, 227, 241, 244, 339ff., 409, 428, 608;

Somnia 71 f., 119, 121, 158, 169, 238, 319, 425, 454, 474f., 541

Fechner, Jannet (geb. Geffken); Ehefrau Eberhard →Fechners. Album 103

Feddersen, Helga *14. März 1930 Hamburg †24. November 1990 Hamburg; Schauspielerin, Autorin u. Sängerin. Alkor 71; Hamit 371

Feldmann, Rötger Werner Friedrich Wilhelm (Pseud. Brösel) *17. März 1950 Lübeck-Travemünde; Comiczeichner. Hundstage (*Werner-Comics*) 286, 356

Felixmüller, Conrad *21. Mai 1897 Dresden †24. März 1977 Berlin-Zehlendorf; Kunstmaler des Expressionismus u.d. Neuen Sachlichkeit. Alkor 178

Feller, Wolf *1. September 1930 München; Rundfunk- u. Fernsehjournalist. Opplawur 38

Felske, Herr; *Gewerkschaftsmensch*. Sirius 256

Fendel, Rosemarie *25. April 1927 Metternich; Schauspielerin, Synchron- u. Hörspielsprecherin, Drehbuchautorin, Theaterregisseurin u. Schauspiellehrerin. Hamit 343

Fesca, Friedrich Ernst *15. Februar 1789 Magdeburg †24. Mai 1826 Karlsruhe; Komponist u. Violinist. Mark und Bein 156 (*An der Saale hellem Strande*)

Fest, Joachim Clemens *8. Dezember 1926 Berlin-Karlshorst †11. September 2006 Kronberg i. Taunus; Historiker u. Autor. Alkor 126, 157, 249; Culpa 95, 97; Größen 252; Hamit 386; Mark und Bein 212; Somnia 317

Feuchtwanger, Lion *7. Juli 1884 München †21. Dezember 1958 Los Angeles; Schriftsteller. Alkor 390; Größen 23, 84, 163; Hamit 409; Sirius 42, 615; Somnia 337f.

Feuerbach, Anselm *12. September 1829 Speyer †4. Januar 1880 Venedig; Kunstmaler. Alles Umsonst 91, 95

Fibich, Zdenek *21. Dezember 1850 Scheborschitz †15. Oktober 1900 Prag; tschechischer Komponist. Alkor 129

Fichte, Hubert *21. März 1935 Perleberg †8. März 1986 Hamburg; Schriftsteller. Album 36; Alkor 31, 242; Hamit 53, 331; Sirius 180, 244; Somnia 136, 260f.

Fiebig, Kurt *29. Februar 1908 Berlin †12. Oktober 1988 Hamburg; Komponist, Kirchenmusiker u. Professor. Alkor 228; Aufzeichnungen 30; Im Block 241; Somnia 402; Zeit 222

Filip, Ota *9. März 1930 Schlesisch Ostrau; deutsch- u. tschechischsprachiger Schriftsteller. Hamit 202; Somnia 402, 472

Finch Haton, Denys George *24. April 1887 †14. Mai 1931; britischer Adliger, Großwildjäger. Größen 34

Fink, Heinrich *31. März 1935 Korntal i.d. Ukraine; ev. Theologe, Hochschullehrer, inoffizieller Mitarbeiter der DDR-Staatssicherheit u. PDS-Bundestagsabgeordneter. Somnia 283, 495, 500

Fischer, Edwin *6. Oktober 1886 Basel †24. Januar 1960 Zürich; Schweizer Pianist, Dirigent u. Musikpädagoge. Alkor 287

Fischer, Friedrich Wilhelm Heinrich *27. März 1879 Elbing †19. Juni 1944 Hannover; Architekt u. Hochschullehrer. Sɪʀɪᴜs 317

Fischer, Herr; übersendet aus Berlin Material für Ks Archiv. Cᴜʟᴘᴀ 324

Fischer, Johann Carl Christian *1752 † 1807; Komponist. Zᴇɪᴛ 14 (*Der Einsiedler an der Warnow*)

Fischer, Kaspar *19. Mai 1938 Zürich †23. Januar 2000 Männedorf; Schweizer Schauspieler, Kabarettist, Schriftsteller u. Zeichner. Sɪʀɪᴜs 289

Fischer, Manfred *19. Juni 1933 Finnentrop †13. April 2002 München; Verlagsmanager im Bertelsmann-Konzern. Sɪʀɪᴜs 186

Fischer, O[tto]. W[ilhelm]. *1. April 1915 Klosterneuburg i. Niederösterreich †29. Januar 2004 Lugano; österr. Schauspieler. Gʀößᴇɴ 219

Fischer-Appelt, Peter *28. Oktober 1932 Berlin ev. Theologe; Präsident der Universität Hamburg 1970–91. Sɪʀɪᴜs 610

Fischer-Fabian, Siegfried *22. September 1922 Bad Elmen b. Magdeburg; Historiker, Journalist u. Autor Aʟʙᴜᴍ 110f.; Hᴀᴍɪᴛ 45

Fischer-Friesenhausen, Friedrich *16. November 1886 Detmold †31. März 1960 Soltau; Kaufmann, Soldat, Schriftsteller u. Verleger. Iᴍ Bʟᴏᴄᴋ 114 (*Wo die Nordseewellen trecken an den Strand*)

Fitzgerald, Ella *25. April 1917 Newport News i. Virginia †15. Juni 1996 Beverly Hills; US-amerikanische Jazz-Sängerin. Aʟᴋᴏʀ 192; Hᴀᴍɪᴛ 11; Sɪʀɪᴜs 421

Flaischlen, Cäsar Otto Hugo *12. Mai 1864 Stuttgart †16. Oktober 1920 Sanatorium Horneck i. Gundelsheim; Lyriker u. Mundartdichter. Aᴜssɪᴄʜᴛ 31; Iᴍ Bʟᴏᴄᴋ 71 (*Hab Sonne im Herzen*); Zᴇɪᴛ 81, 252–254

Flaubert, Gustave *12. Dezember 1821 Rouen i.d. Haute-Normandie †8. Mai 1880 Canteleu i.d. Haute-Normandie; französischer Schriftsteller. Gʀößᴇɴ 87ff., 257f.; Hᴀᴍɪᴛ 198

Flechtner, Hans Joachim *1902 Stettin †1980 Marburg; Naturwissenschaftler, Feulleitonist u. Sachbuchautor. Tᴀᴅᴇʟʟösᴇʀ 436 (*Die Welt in der Retorte*)

Fleischer, Victor *1882 †1951; Autor u. Herausgeber. Wɪʟʟᴋᴏᴍᴍᴇɴ 278 (*Das süße Gift der Sünde*)

Fleuron, Svend *4. Januar 1874 Gut Katrinedal †5. April 1966 Humlebæk; dänischer Autor. Tᴀᴅᴇʟʟösᴇʀ 115 (*Schnipp Fidelius Adelzahn*)

Flex, Walter *6. Juli 1887 Eisenach †16. Oktober 1917 b. Pöide a.d. Insel Saaremaa; Schriftsteller u. Lyriker. Aʟʟᴇs Uᴍsᴏɴsᴛ 72 (*Fahrt ihr nach Süden übers Meer, Was ist aus uns geworden*); Sᴏᴍɴɪᴀ 339; Tᴀᴅᴇʟʟösᴇʀ 56 (*Wildgänse rauschen durch die Nacht*)

Flickenschildt, Elisabeth Ida Marie *16. März 1905 Blankenese b. Hamburg †26. Oktober 1977 Stade; Bühnen- und Filmschauspielerin. Aʟᴋᴏʀ 91

Flimm, Jürgen *17. Juli 1941 Gießen; Regisseur, Schauspieler, Intendant u. Hochschullehrer. Sᴏᴍɴɪᴀ 243

Florath, Albert Peter Adam *7. Dezember 1888 Bielefeld †11. März 1957 Gaildorf; Schauspieler. TADEL-LÖSER 336

Flörke, Gustav *4. August 1846 Rostock †15. Oktober 1898 Rostock; Kunsthistoriker u. Novellist. GOLD 237 (*Die vier Parochialkirchen*)

Flotow, Friedrich Adolf Ferdinand **von** *27. April 1812 Teutendorf †24. Januar 1883 Darmstadt; Opernkomponist. AUSSICHT 475 (*Martha, Martha, du entschwandest*)

Flowers, Professor; siehe unter Allan E. →Keele

Flüsser, Gisela; siehe unter Ingeborg →Bachmann

Flynn, Errol Leslie Thomson *20. Juni 1909 Hobart a. Tasmanien †14. Oktober 1959 Vancouver i. Kanada; australisch-US-amerikanischer Filmschauspieler. GRÖßEN 48

Follen od. Follenius, **Adolf Ludwig** *21. Januar 1794 Gießen †26. Dezember 1855 Bern; Schriftsteller u. Verleger des Vormärz. GRÖßEN 143

Fontane, Heinrich **Theodor** *30. Dezember 1819 Neuruppin †20. September 1898 Berlin; approbierter Apotheker, Journalist u. Schriftsteller. ALKOR 161, 493, 558; AUFZEICHNUNGEN 539; HEILE WELT 86 u. 360 u. 477 (jeweils: *Herr von Ribbeck auf Ribbeck*); CULPA 127; GOLD 64 (*man hat kein Dorf nenne können, da es nicht gebrannt*); GRÖßEN 90, 108, 119, 125, 257; KAPITEL 16 (*Ich hab es getragen sieben Jahr*); SIRIUS 9 (*Herr von Ribbeck*), 487; TADELLÖSER 137 (*2 Minuten'rum* [John Maynard]); ZEIT 147

Ford, Gerald Rudolph jr. (geb. Leslie Lynch King jr.) *14. Juli 1913 Omaha i. Nebraska †26. Dezember 2006 Rancho Mirage i. Kalifornien; 38. Präsident der USA 1974–77. SOMNIA 453

Förster; Bekannte der Eltern Ks in Rostock, gemeinsam wurde Hausmusik gemacht. AUFZEICHNUNGEN 42, 313

Forster, Albert Maria *26. Juli 1902 Fürth †28. Februar 1952 Warschau; Gauleiter u. Reichsstatthalter. MARK UND BEIN 115

Förster, Fredy; Kamerad Ks. CULPA 192 (*1943 das war meine Spielscharzeit*)

Förster, Max Theodor Wilhelm *8. März 1869 Danzig †10. November 1954 Wasserburg a. Inn; Anglist u. Herausgeber. TADELLÖSER 253 (*Britisch Classical Authors*)

Fortner, Wolfgang *12. Oktober 1907 Leipzig †5. September 1987 Heidelberg; Komponist, Kompositionslehrer u. Dirigent. ALBUM 36; ALKOR 342

Foss, Christopher »**Chris**« F. *16. März 1946 Devon i. England; britischer Illustrator, Kunstmaler u. Grafiker. HUNDSTAGE 373

Fougett, Christa; siehe unter Hildegard →Kempowski.

Fouqué, Friedrich Heinrich Karl Baron **de la Motte** (Pseud. Pellegrin u. A.L.T. Frank) *12. Februar 1777 Brandenburg a.d. Havel †23. Januar 1843 Berlin; Dichter. GRÖßEN 122, 213

Franck, César Auguste Jean Guillaume Hubert *10. Dezember

1822 Lüttich †8. November. Somnia 26; Tadellöser 132

Francke, August Hermann *22. März 1663 Lübeck †8. Juni 1727 Halle a.d. Saale; ev. Theologe, Pädagoge u. Kirchenlieddichter. Willkommen 211

François-Poncet, Jean *8. Dezember 1928 Paris; franz. Diplomat u. Politiker. Hamit 114

Frank, Annelies »Anne« Marie *12. Juni 1929 Frankfurt a.M. †~März 1945 KZ-Bergen-Belsen; jüdisches deutsches Mädchen, das sich mit ihrer Familie während des Holocausts in Amsterdam versteckte, hielt ihre Erlebnisse u. Gedanken in einem Tagebuch fest. Hamit 155, 248

Frank, Hans Michael *23. Mai 1900 Karlsruhe †16. Oktober 1946 Nürnberg; NSDAP-Politiker, Rechtsanwalt Adolf →Hitlers, höchster Jurist im ›Dritten Reich, Generalgouverneur des besetzten Polen, allgemein bekannt als »Schlächter von Polen« bzw. »Judenschlächter von Krakau«. Alkor 452

Franklin, Sir John *15. April 1786 Spilsby i. Lincolnshire †11. Juni 1847 vor der King-William-Insel i. kanad. Arktis; brit. Konteradmiral u. Polarforscher. Alkor 165; Sirius 50

Frantz, Justus *18. Mai 1944 Hohensalza; Pianist, Dirigent, Gründer des Schleswig-Holstein Musik Festival. Alkor 141; Somnia 314

Franz II. *12. Februar 1768 Florenz †2. März 1835 Wien; letzter Kaiser des Heiligen Römischen Reiches Deutscher Nation. Alkor 362

Franz Joseph I. *18. August 1830 Wien-Schönbrunn †21. November 1916 Wien-Schönbrunn; Kaiser von Österreich 1848–1916 u. König von Ungarn u. Kroatien. Tadellöser 308

Franz von Assisi (eigentl. Giovanni Battista Bernardone) *1181 od. 1182 Assisi †3. Oktober 1226 Assisi; Ordensgründer. Alkor 146, 448; Aufzeichnungen 351; Hamit 336

Franz, Ignaz *12. Oktober 1719 Protzan b. Frankenstein i. Schlesien †19. August 1790 Breslau; Priester, Theologe u. Kirchenliederdichter. Im Block 72 (*Großer Gott wir loben dich*)

Franzen, Günter *17. Januar 1947 Hann. Münden; Gruppenanalytiker u. Schriftsteller. Hamit 366

Frase, Herr; Schmuckspezialist, Teilnehmer der Wahlparty 1983 zusammen mit Manfred →Dierks u. →Hinrichsen. Sirius 90, 202

Freeman, Thomas; Autor des Werkes ›Hans Henny Jahnn. Eine Biographie‹. Alkor 28; Somnia 12f.

Frei, Anita; K trifft sie in London, gemeinsam spazieren sie durch die Innenstadt. Culpa 13

Freiligrath, Hermann Ferdinand *17. Juni 1810 Detmold †18. März 1876 Cannstatt; Lyriker, Dichter u. Übersetzer. Größen 143

Freisler, Roland *30. Oktober 1893 Celle †3. Februar 1945 Berlin; Jurist, Präsident des Volksgerichtshofs, des höchsten Gerichts des NS-Staates für politische Strafsachen, verantwortlich für tausende Todesurteile. Alkor 271; Aufzeichnungen 530; Gold 277; Hamit 307, 398

Frenssen, Gustav *19. Oktober 1863
Barlt i. Dithmarschen †11. April 1945
Barlt i. Dithmarschen; Pastor, bis in
die 1920er Jahre Schriftsteller von
Weltgeltung, ab 1932 Anhänger des
Nationalsozialismus u. zunehmend
deren Propagandist. Culpa 231; Kapitel 318

Fresnay, Marie du *4. Juni 1834
Sartrouville †1930; Tochter Honoré
→Balzacs. Größen 20

Freud, Sigmund Schlomo *6. Mai
1856 Freiberg i. †23. September 1939
London; österr. Arzt, Tiefenpsychologe, Religionskritiker, Begründer
der Psychoanalyse. Aufzeichnungen
254; Größen 283; Hamit 168; Sirius
221, 347

Freumbichler, Johannes *1881
†1949; Großvater von Thomas
→Bernhard. Größen 30

Freytag, Gustav *13. Juli 1816
Kreuzburg i. Oberschlesien †30.
April 1895 Wiesbaden; Herausgeber
u. Schriftsteller. Alkor 161; Größen
258

Fric, Martin *29. März 1902 Prag
†26. August 1968 Prag; Filmregisseur.
Tadellöser 454 (*Dir zuliebe*)

Frick, Wilhelm *12. März 1877
Alsenz †16. Oktober 1946 Nürnberg;
NSDAP-Politiker u.a. Innenminister.
Sirius 598

Fried, Erich *6. Mai 1921 Wien †22.
November 1988 Baden-Baden; Lyriker, Übersetzer u. Autor. Album 146f.

Friedenthal, Richard *9. Juni 1896
München †19. Oktober 1979 Kiel;
deutsch-britischer Schriftsteller,
Herausgeber u. Lyriker. Alkor 338

Friederich, Johann Konrad
(Pseud. u.a. Karl Strahlheim, K. F.
Fröhlich) *5. Dezember 1789 Frankfurt a.M. †1. Mai 1858 Le Havre;
Abenteurer u. Schriftsteller. Kapitel
116 (*Vierzig Jahre aus dem Leben
eines Todten*)

Friederike; Lieblingsnichte Ks aus
Heidelberg, war 1983 zusammen mit
ihrer Schwester →Ulrike für mehrere Tag im Hause K zu Besuch. Sirius
121, 323, 325, 327, 332, 334, 340,
357

Friedrich August I. (gen. August
der Starke) *12. Mai 1670 Dresden
†1. Februar 1733 Warschau; albertinische Linie der Wettiner, Kurfürst
von Sachsen, später König von Polen
u. Großherzog von Litauen (als August II.). Hundstage 399

Friedrich Franz III. (eigentl. Friedrich Franz Paul Nikolaus Ernst Heinrich) *19. März 1851 Ludwigslust
†10. April 1897 Cannes i. Frankreich;
Großherzog von Mecklenburg. Aussicht 77; Gold 84f., 311; Tadellöser 24,
435

Friedrich Franz IV. *9. April 1882
in Palermo †17. November 1945
Flensburg; letzter Großherzog des
Landesteils Mecklenburg-Schwerin.
Hamit 247; Aussicht 418; Zeit 41, 131,
133, 416

Friedrich Franz von Mecklenburg *22. April 1910 Schwerin †31.
Juli 2001 Hamburg; letzter Erbgroßherzog von Mecklenburg. Sirius
581

Friedrich I. Großherzog von Baden *9. September 1826 Karlsruhe

†28. September 1907 Insel Mainau; 1852–56 Regent u. 1856–1907 Großherzog von Baden. LETZTE GRÜßE 316

Friedrich II. (Friedrich der Große od. »Der Alte Fritz«) *24. Januar 1712 Berlin †17. August 1786 Potsdam; Kurfürst u. Markgraf von Brandenburg, König von Preußen. ALKOR 81; AUSSICHT 148, 319, 540; GOLD 157, 167, 282; IM BLOCK 103; KAPITEL 25, 82, 173; SIRIUS 630; SOMNIA 270, 285, 289, 294, 311, 320, 325ff., 329f., 379; ZEIT 127, 346; TADELLÖSER 289, 442; WILLKOMMEN 282

Friedrich III. (gen. »Barbarossa«) *~1122, evtl. i. Kloster Weingarten b. Altdorf †10. Juni 1190 i. Fluss Saleph b. Seleucia; Staufer, 1147–52 Herzog von Schwaben, 1152–90 römischdeutscher König u. 1155–90 Kaiser des Heiligen Römischen Reiches Deutscher Nation. TADELLÖSER 308

Friedrich III. von Preußen *18. Oktober 1831 Potsdam †15. Juni 1888 Potsdam; Sohn Kaiser Wilhelms I., ging als »99-Tage-Kaiser« in die deutsche Geschichte ein. GOLD 180

Friedrich VI. *28. Januar 1768 Kopenhagen †3. Dezember 1839 Kopenhagen; ab 1808 König von Dänemark u. Norwegen. GRÖßEN 16

Friedrich Wilhelm I. (gen. »Soldatenkönig«) *14. August 1688 Berlin †31. Mai 1740 Potsdam; König in Preußen ab 1713 u. Markgraf von Brandenburg, Erzkämmerer des Heiligen Römischen Reiches Deutscher Nation. SOMNIA 285, 325ff. 493

Friedrich, Caspar David *5. September 1774 Greifswald †7. Mai 1840

Dresden; Kunstmaler u. Graphiker der deutschen Früh-Romantik. HAMIT 278, 332, 362; LETZTE GRÜßE 390; SIRIUS 364; TADELLÖSER 416; WILLKOMMEN 59

Friedrich, Jörg *17. August 1944 Essen; Sachbuchautor. CULPA 376

Friedrichs, Hanns Joachim *15. März 1927 Hamm †28. März 1995 Hamburg; Journalist, Rundfunk u. Fernsehkorrespondent, Moderator. HAMIT 54, 372f.; SOMNIA 235f.

Friedrichsen, Gisela *2. September 1945 München; Gerichtsreporterin. HAMIT 318

Friesel, Uwe (Pseud. Urs Wiefele) *10. Februar 1939 Braunschweig; Schriftsteller. HAMIT 130

Frisch, Max *15. Mai 1911 Zürich †4. April 1991 Zürich; Architekt u. Schriftsteller. ALKOR 93; HAMIT 168; JOHNSON 108; SOMNIA 15, 133, 135, 139; SIRIUS 180

Frisé, Adolf *29. Mai 1910 Euskirchen †2. Mai 2003 Frankfurt a.M.; Journalist u. Schriftsteller. GRÖßEN 194

Fritsch, Wilhelm »**Willy**« Egon Fritz *27. Januar 1901 Kattowitz †13. Juli 1973 Hamburg; Schauspieler. HAMIT 246; HEILE WELT 387 (*Ich tanze mit Dir in den Himmel hinein*)

Fröbe, Karl Gerhart »**Gerd**« *25. Februar 1913 Oberplanitz i. Sachsen †5. September 1988 München; Schauspieler. SIRIUS 252

Fröbel, Friedrich Wilhelm August *21. April 1782 Oberweißbach †21. Juni 1852 Marienthal; Pädagoge, entwickelte spezielle Lern- u. Spielmaterialien, die noch heute Gültigkeit besitzen. AUSSICHT 151, 160, 161 (*Häschen in der Grube*); WILLKOMMEN 206

Froboess, Cornelia »Conny« *28. Oktober 1943 Wriezen; Schlagersängerin u. Schauspielerin. SIRIUS 428

Fröhlich, Hans Jürgen *4. August 1932 Hannover †22. November 1986 Dannenberg; Schriftsteller. ALBUM 11, 36f., 177; ALKOR 31, 321, 342, 408, 417; CULPA 86; SIRIUS 194, 203, 551, 552

Frohriep, Monika *1961 Kiel; Mitarbeit am Buchprojekt ECHOLOT über den Januar u. Februar 1943, wissenschaftl. Mitarbeiterin an mehreren Museen. CULPA 179, 181, 183f., 241, 243ff., 252f., 258, 261, 266, 269, 278, 284ff., 325, 336; SOMNIA 232, 250, 384, 388

Fromme, Friedrich Karl *10. Juni 1930 Dresden †14. Januar 2007 Bernkastel-Kues; Journalist. ALKOR 413

Frühsorge, Gotthard *1936 Hannover; Prof., übernahm 1979 die Leitung der Abteilung zur Erforschung des 18. Jahrhunderts in der Herzog August Bibliothek in Wolfenbüttel. SIRIUS 371

Fry, Varian Mackey *15. Oktober 1907 New York †13. September 1967 Redding i. Connecticut; US-amerik. Journalist u. Freiheitskämpfer im II. Weltkrieg in Frankreich SIRIUS 86

Fuchs, Gerd *14. September 1932 Nonnweiler i. Saarland; Schriftsteller. ALKOR 31

Fuchs, Helmut; Autor des Werkes ›Wer spricht von Siegen. Ein Bericht über den Rußlandkrieg und 56 Monate Kriegsgefangenschaft‹. ALBUM 175; ALKOR 102, 460; CULPA 78, 80, 83, 85f., 89, 99, 103, 255, 258, 302

Fuchs, Jürgen *19. Dezember 1950 Reichenbach i. Vogtland †9. Mai 1999 Berlin; DDR-Bürgerrechtler u. Schriftsteller. SIRIUS 173; SOMNIA 480

Fuchs, Renate; siehe unter Christa →Wolf

Fuchsberger, Joachim (gen. »Blacky«) *11. März 1927 Stuttgart; Schauspieler, Entertainer u. Showmaster. ALKOR 42; SIRIUS 88

Fuentes Macías, Carlos *11. November 1928 Panama-Stadt †15. Mai 2012 Mexiko-Stadt; mexikanischer Schriftsteller. GRÖSSEN 98

Fühmann, Franz *15. Januar 1922 Rochlitz a.d. Iser †8. Juli 1984 Ost-Berlin; Schriftsteller. SIRIUS 266

Fürholzer, Edmund; Geschäftsmann u. Sachbuchautor. SIRIUS 215 (*Arro Arro*)

Fürnberg, Louis *24. Mai 1909 Iglau †23. Juni 1957 Weimar; tschechoslowakisch-deutscher Schriftsteller, Dichter, Journalist, Komponist u. Diplomat. HAMIT 242, 334

Furtwängler, Wilhelm *25. Januar 1886 Berlin-Schöneberg †30. November 1954 Ebersteinburg b. Baden-Baden; Dirigent u. Komponist. ALBUM 48f.; HUNDSTAGE 284; SIRIUS 31

Fussenegger, Gertrud (auch Gertrud Dietz bzw. Dorn, Pseud. Anna Egger) *8. Mai 1912 Pilsen i. Böhmen †19. März 2009 Linz; österr. Schriftstellerin. SIRIUS 390

Füssli, Johann Heinrich *7. Februar 1741 Zürich †16. April 1825 Putney b. London; schweizerisch-brit. Kunstmaler u. Publizist. WILLKOMMEN 114

G., Wilhelm; aus Ks Biografien-Archiv. SIRIUS 538

Gabin, Jean (eigentl. Jean-Alexis Moncorgé) *17. Mai 1904 Paris †15. November 1976 Neuilly-sur-Seine; franz. Chansonnier u. Schauspieler. CULPA 69; GRÖßEN 216

Gable, William *1. Februar 1901 Cadiz i. Ohio †16. November 1960 Los Angeles; US-amerikanischer Schauspieler. GOLD 146, 274; GRÖßEN 82, 185; KAPITEL 250

Gabrieli, Giovanni *1557 Venedig †12. August 1612 Venedig; ital. Komponist. WILLKOMMEN 19

Gaddafi, Muammar al *19. Juni 1942 Sirte od Qasr Abu Hadi b. Sirte †20. Oktober 2011 Sirte; 1969–2011 Staatsoberhaupt von Libyen als Diktator. HAMIT 152f.

Galinski, Heinz *28. November 1912 Marienburg i. Westpreußen †19. Juli 1992 Berlin; erster u. vierter Präsident des Zentralrates der Juden in Deutschland. SOMNIA 33, 350

Gall, Cecil; trägt auf einem Autorentreffen ein *Gedicht in Schweizer Mundart* vor. SIRIUS 445f.

Gallas, Matthias (eigentl. Matthias di Gallasso) *17. Oktober 1588 Trient i. Italien †25. April 1647 Wien; kaiserlicher Generalleutnant u. Feldzeugmeister im Dreißigjährigen Krieg. GOLD 64

Gallus, Jacobus (eigentl. Jacob Handl) *31. Juli 1550 ~Ribnica i. Unterkrain †18. Juli 1591 Prag; Komponist. IM BLOCK 294

Gallwitz, Klaus *14. September 1930 Pillnitz b. Dresden; Kunsthistoriker

u. Kurator, Direktor des Städelschen Kunstinstituts in Frankfurt a.M. 1974–94. Sɪʀɪᴜꜱ 338

Galsworthy, John *14. August 1867 Kingston Hill †31. Januar 1933 London; bitischer Schriftsteller u. Dramatiker. Aᴜꜰᴢᴇɪᴄʜɴᴜɴɢᴇɴ 76, 78, 125, 160, 216; Gʀößᴇɴ 95ff., 257; Wɪʟʟᴋᴏᴍᴍᴇɴ 277

Ganghofer, Ludwig *7. Juli 1855 Kaufbeuren †24. Juli 1920 Tegernsee; Schriftsteller. Aᴜssɪᴄʜᴛ 298, 307; Hᴀᴍɪᴛ 331

Ganz, Bruno *22. März 1941 Zürich; Schweizer Schauspieler. Sᴏᴍɴɪᴀ 112

Garbo, Greta (eigentl. Greta Lovisa Gustafsson) *18. September 1905 Stockholm †15. April 1990 New York; schwedische Filmschauspielerin. Hᴀᴍɪᴛ 366

Gardner, Ava *24. Dezember 1922 Grabtown i. North Carolina †25. Januar 1990 London; US-amerikanische Filmschauspielerin. Gʀößᴇɴ 117

Gauck, Joachim *24. Januar 1940 Rostock; ev. Pastor u. Kirchenfunktionär, Volkskammerabgeordneter für Bündnis 90, erster Bundesbeauftragter für die Unterlagen der Staatssicherheit der DDR, 2012–2017 elfter Bundespräsident der Bundesrepublik Deutschland. Aʟᴋᴏʀ 568; Hᴀᴍɪᴛ 42; Sᴏᴍɴɪᴀ 144, 234, 317, 458, 498

Gauguin, Eugène Henri **Paul** *7. Juni 1848 Paris †8. Mai 1903 Atuona a. Hiva Oa; franz. Kunstmaler u. Holzschnitzer. Aᴜssɪᴄʜᴛ 255; Sᴏᴍɴɪᴀ 130

Gaulle, Charles André Joseph Marie **de** *22. November 1890 Lille †9. November 1970 Colombey-les-Deux-Églises; franz. General und Staatspräsident. Aᴜꜰᴢᴇɪᴄʜɴᴜɴɢᴇɴ 376, 419

Gaus, Günter *23. November 1929 Braunschweig †14. Mai 2004 Hamburg-Altona; Journalist, Autor, Diplomat u. Politiker. Aʟʙᴜᴍ 173; Aʟᴋᴏʀ 120, 167, 379, 452, 473, 566; Hᴀᴍɪᴛ 116, 251, 262f., 308, 336, 351

Gauweiler, Peter *22. Juni 1949 München; CSU-Politiker, 1990–94 Bayerischer Staatsminister für Landesentwicklung u. Umweltfragen. Sᴏᴍɴɪᴀ 184

Gay, Noel (eigentl. Reginald Moxon Armitage) *15. Juli 1898 Wakefield †4. März 1954; brit. Komponist. Tᴀᴅᴇʟʟöꜱᴇʀ 201 u. 361 (*Lambeth-Walk*)

Gebühr, Otto *29. Mai 1877 Kettwig a.d. Ruhr †13. März 1954 Wiesbaden; Schauspieler. Aᴜssɪᴄʜᴛ 319; Sᴏᴍɴɪᴀ 329, Tᴀᴅᴇʟʟöꜱᴇʀ 405

Geheeb, Paul *10. Oktober 1870 Geisa i.d. Rhön †1. Mai 1961 Hasliberg-Goldern i.d. Schweiz; Reformpädagoge, Gründer der Odenwaldschule u. der Ecole d'Humanité. Sᴏᴍɴɪᴀ 245

Gehl, Walther *1895 †1941; Historiker. Sɪʀɪᴜꜱ 413; Tᴀᴅᴇʟʟöꜱᴇʀ 126 (*Geschichtsbuch*)

Gehlen, Arnold Karl Franz *29. Januar 1904 Leipzig †30. Januar 1976 Hamburg; Philosoph u. Soziologe. Aʟᴋᴏʀ 570; Sᴏᴍɴɪᴀ 493

Geibel, Franz **Emanuel** August *17. Oktober 1815 Lübeck †6. April 1884 Lübeck; Lyriker. Gʀößᴇɴ 238; Hᴀᴍɪᴛ 236; Iᴍ Bʟᴏᴄᴋ 167; Sᴏᴍɴɪᴀ 312

Geilfus, Heinz *25. November 1890 Gießen †25. Januar 1956 Bad Nauheim; Werbegrafiker, Cartoonist u. Kunstmaler. Tadellöser 112

Geißler, Heinrichjosef »Heiner« Georg *3. März 1930 Oberndorf a. Neckar; CDU-Politiker, Bundesminister für Jugend, Familie u. Gesundheit 1982–85, Generalsekretär der CDU 1977–89. Hamit 303; Somnia 155

Gelberg, Herr; Mitarbeiter des Beltz Verlags. Culpa 28

Gellert, Christian Fürchtegott *4. Juli 1715 Hainichen †13. Dezember 1769 Leipzig; Dichter u. Moralphilosoph. Im Block 179, 238 (*Wer führt die Sonn' aus ihrem Zelt?*)

Gennerich; Offizier u. Fabrikbesitzer i. Rostock. Aufzeichnungen 89, 136

Genovés, Juan *31. Mai 1930 Valencia; spanischer Kunstmaler u. Grafiker. Culpa 309, 323

Genscher, Hans-Dietrich *21. März 1927 Reideburg b. Halle a.d. Saale †31. März 2016 Wachtberg-Pech; FDP-Politiker, 1969–74 Bundesminister des Innern, 1974–92 mit Unterbrechung Bundesaußenminister u. Stellvertreter des Bundeskanzlers Deutschlands. Alkor 132, 442, 484, 506, 516; Hamit 114, 145, 363, 390; Somnia 46, 145, 221, 289, 344, 348, 539

Gent, Alloynus v. siehe unter Heiliger → Bavo

George, Götz *23. Juli 1938 Berlin; Sohn von Heinrich →George, Schauspieler. Album 89

George, Heinrich (eigentl. Georg August Friedrich Hermann Schulz)

*9. Oktober 1893 Stettin †25. September 1946 Sachsenhausen; Vater von Götz →George, Schauspieler. Album 89; Aufzeichnungen 148, 204; Tadellöser 464

George, Stefan Anton *12. Juli 1868 Büdesheim b. Bingen †4. Dezember 1933 Minusio b. Locarno; Lyriker. Größen 84, 188; Letzte Grüße 122; Sirius 94

Gerhardt, Paul *12. März 1607 Gräfenhainichen †27. Mai 1676 Lübben; ev. Theologe u. Kirchenlieddichter. Alkor 8, 584; Heile Welt 141 (*Geh aus mein Herz und suche Freud*), 341 (*Wenn ich einmal soll scheiden*); Tadellöser 35 (*Befiehl du deine Wege*); Zeit 224f. (*Breit aus, die Flügel beide*)

Gerlach, Jens *30. Januar 1926 Hamburg †19. November 1990 Hamburg; Lyriker, Publizist, Herausgeber, Film- u. Fernsehspielautor. Hamit 23

Gerling, Hans *6. Juni 1915 Köln †14. August 1991 Köln; Versicherungsunternehmer. Somnia 330

Germer, Richard *4. November 1900 Hamburg †12. September 1993 Hamburg; Volkssänger u. Komponist. Im Block 132 (*An de Eck von de Steenstraat, dor steit ne Fru mit Stint*)

Germitz, von; Familie, besteht aus Großvater, Mutter, zwei Tanten, zwei Töchter u. einem Sohn, Besitzer des Gutes Wendhof b. Gören-Lebbin am Kölpinsee. Culpa 156; Hamit 279; Somnia 169 (*Wendhof*); Tadellöser 347, 352

Gershwin, George *26. September 1898 New York City †11. Juli 1937 Hollywood; US-amerikanischer Komponist, Pianist u. Dirigent. WILL-KOMMEN 331 (*Rhapsodie in Blue*)

Gerstäcker, Friedrich *10. Mai 1816 Hamburg †31. Mai 1872 Braunschweig; Schriftsteller, der vor allem durch seine Werke über Amerika bekannt wurde. LETZTE GRÜßE 274

Gerstenmaier, Eugen Karl Albrecht *25. August 1906 Kirchheim u. Teck †13. März 1986 Oberwinter b. Remagen; ev. Theologe u. Politiker, Mitglied des ›Kreisauer Kreises‹. HAMIT 178, 351

Ghandi, Mahatma *2. Oktober 1869 Porbandar †30. Januar 1948 Neu-Delhi; indischer Rechtsanwalt, Publizist, Morallehrer, Asket u. Pazifist. SIRIUS 255

Gide, André Paul Guillaume *22. November 1869 Paris †19. Februar 1951 Paris; franz. Schriftsteller. ALKOR 93; CULPA 208, 214, 219, 234, 338, 340, 367; GRÖßEN 139, 200, 214, 222; SIRIUS 599

Gide, Victor; Sohn von André →Gide. CULPA 214

Gildo, Rex (eigentl. Ludwig Franz Hirtreiter) *2. Juli 1936 Straubing †26. Oktober 1999 München; Schauspieler u. Schlagersänger. CULPA 15

Gillinger, Fernandez; siehe unter Walter →Görlitz

Gilly, Friedrich David *16. Februar 1772 Altdamm b. Stettin †3. August 1800 Karlsbad; Baumeister u. Wiederbeleber des norddeutschen Backsteinbaus. MARK UND BEIN 162

Giordano, Ralph *20. März 1923 Hamburg; Journalist, Publizist, Schriftsteller u. Regisseur. ALKOR 564

Glahé, Gustav Adolf Wilhelm »**Will**« *12. Februar 1902 Elberfeld †21. November 1989 Rheinbreitbach; Akkordeonist, Komponist u. Bandleader. ALKOR 532; SIRIUS 203; TADEL-LÖSER 66 (*Im Gänsemarsch*)

Glas, Helga Ursula »**Uschi**« *2. März 1944 Landau a.d. Isar; Schauspielerin. ALKOR 113; SIRIUS 564

Glasenapp, Patrik v.; Bekannter Ks aus dem Gefängnis Bautzen. AUFZEICHNUNGEN 34

Gläser, Manfred; Archäologe, 1991–94 Direktor des Kulturhistorische Museum i. Rostock. SOMNIA 300f., 304, 311f., 414, 417, 438, 443ff.

Glinka, Michael Iwanowitsch 1. Juni 1804 Nowospasskoje b. Smolensk †15. Februar 1857 Berlin; russ. Komponist. SOMNIA 512

Globke, Hans Josef Maria *10. September 1898 Düsseldorf †13. Februar 1973 Bonn; Verwaltungsjurist im preußischen u. im Reichsinnenministerium, Kommentator der Nürnberger Rassegesetze, unter Bundeskanzler Konrad →Adenauer ab 1953 Chef des Bundeskanzleramts. ALKOR 525

Gluck, Christoph Willibald Ritter von *2. Juli 1714 Erasbach b. Berching †15. November 1787 Wien; Komponist. AUFZEICHNUNGEN 84

Glück, Kurt; lebte mit seiner indianischen Frau vom Verkauf selbstgefertigter indianischer Gegenstände, Sachbuchautor. CULPA 78

Glücksmann, Abraham Mayer *12. März 1895 Przemysl i. Polen †?; Altwarenhändler, Rostocker Synagogendiener u. Gemeindebote. Wurde Ende Oktober 1938 mit Frau u. den beiden Kindern an die polnische Grenze deportiert u. dort ausgesetzt. Hamit 27; Tadellöser 37

Gneist, Werner *10. März 1898 Ulm † 19. August 1980 Kirchheim u. Teck; Komponist u. Lieddichter. Im Block 228 (*Mich juckt das Blut, mein Hab und Gut zu tragen auf dem Rücken*)

Goar, Heilige *~495 †575; Priester u. Missionar aus Aquitanien, der sich am Rhein an der Stelle der späteren Stadt Sankt Goar. Alkor 323

Goddard, Jean Luc *3. Dezember 1930 Paris; franz. Filmregisseur. Hundstage 14

Goddard, Paulette (geb.: Pauline Marion Levy) *3. Juni 1910 Whitestone Landing i. New York †23. April 1990 Ronco i.d. Schweiz; US-amerikanische Schauspielerin. Somnia 215

Goebbels, Dr. Paul Joseph *29. Oktober 1897 in Rheydt bei Mönchengladbach †1. Mai 1945 in Berlin; Reichspropagandaministers. Album 71; Alles Umsonst 189; Alkor 160, 253, 256, 425; Aussicht 481; Culpa 114, 139, 147 166, 171, 190, 215, 225, 229, 269, 271, 279, 301, 325, 333, 345, 367; Gold 109 (*Nun Volk steh auf*), 168; Größen 115; Hamit 189, 217; Im Block 133; Sirius 37; Somnia 22, 120, 126, 302, 317, 504; Tadellöser 290, 367 (*Gobiles*), 464; T+K 13, 21; Weltschmerz 137; Zeit 153

Goebbels, Magda (verh. Quant) *11.

November 1901 in Berlin als Johanna Maria Magdalena Behrend †1. Mai 1945 Berlin, Frau des Reichspropagandaministers Dr. Joseph Goebbels. Weltschmerz 137

Goedel-Dreising, Emmi; Leiterin des Kinderchores im Deutschlandsender in den 1940er Jahren u. Herausgeberin von Kinderliederanthologien. Tadellöser 371

Goeller, Frau; *Wie die Goeller sich darüber amüsierte, daß die Ossis nach Südfrüchten anstehen, [...]*. Alkor 538

Goethe, Johann Wolfgang von (geadelt 1782) *28. August 1749 Frankfurt a.M. †22. März 1832 Weimar; Schriftsteller u. Minister. Album 57; Alles Umsonst 43, 78 (*Wo man's packt, da ist es interessant*), 84, 108, 147 (*Wo Finsternis aus dem Gesträuch, Mit hundert schwarzen Augen sah*), 217 (*Hermann und Dorothea*), 223, 231 (*Ihr glücklichen Augen, Was je ihr gesehn*), 360, 361 (*Ihr naht euch wieder schwankende Gestalten*), 363, 377 (*Weh! Du hast sie zerstört, Die schöne Welt*); Alkor 93, 99, 184f., 198, 208, 268, 291, 300, 338, 412, 426, 514; Aufzeichnungen 19, 197, 368; Aussicht 35, 148 (*Fausts Gretchen*), 174f., 255, 257 (*Die Trommel gerühret, das Pfeifchen gespielet*), 318, 320, 358 (*Zu neuen Ufern lockt ein junger Tag*), 360; Culpa 15, 25, 129 (*Süßer Friede, komm, ach komm, in meine Brust*), 179, 255, 271, 343 (*Überall regt sich Bildung und Streben*); Gold 18 (*Sei ruhig, bleibe ruhig mein Kind*), 190,

Gogol, Nikolai *1. April 1809 Welyki Sorotschynzi †4. März 1852 Moskau; russ. Schriftsteller. GOLD 125; GRÖßEN 103f., 123; KAPITEL 118; TADELLÖSER 466

Gogolin, Peter Hermann *3. Januar 1950 Holstendorf; Schriftsteller. ALBUM 184f.; HAMIT 157

Goldmann, Albert Harry *15. April 1927 28. März 1994; US-amerikanischer Prof. u. Autor. ALKOR 333

Goldmann, Emma *27. Juni 1869 Kowno i. Litauen †14. Mai 1940 Toronto; US-amerikanische Anarchistin u. Friedensaktivistin. GRÖßEN 180

Goldschmidt, Berthold *18. Januar 1903 Hamburg †17. Oktober 1996 London; Komponist. ALKOR 117; T+K 3, 8

Goldstein, Bernhard *1889 Siedlce b. Warschau †7. Dezember 1959 New York City; polnischer Politiker u. führendes Mitglied des ›Allgemeinen jüdischen Arbeiterbundes‹. SIRIUS 95

Goldstücker, Eduard *30. Mai 1913 Podbiel (Tvrdošín) †23. Oktober 2000 Prag; tschechoslowakischer Literaturhistoriker, Publizist, Germanist u. Diplomat. ALKOR 528

Gollwitzer, Helmut *29. Dezember 1908 Pappenheim †17. Oktober 1993 Berlin; ev. Theologe, Schriftsteller u. Sozialist. HUNDSTAGE 376; KAPITEL 334

Gombrowicz, Witold Marian *4. August 1904 Maloszyce i. Kongreßpolen †25. Juli 1969 Vence i. Frankreich; polnischen Schriftsteller. ALKOR 93, 156; GRÖßEN 105ff.; HAMIT 184; SIRIUS 130

Gomringer, Eugen *20. Januar 1925 Cachuela Esperanza i. Bolivien; Prof. der Kunst a.d. Universität Düsseldorf, Gründer des Instituts für Konstruktive Kunst und Konkrete Poesie. SIRIUS 632

Goncourt, Edmond de *26 Mai 1822 Nancy †16. Juli 1896 Champrosay; franz. Schriftsteller, Kritiker, Herausgeber u. Gründer der Akademie Goncourt. ALKOR 445; GRÖßEN 258

Gonella, Nathaniel »Nat« Charles *7. März 1908 London †6. August 1998 London; britischer Jazz-Trompeter, Mellophonist, Sänger u. Bandleader. ALKOR 192; HAMIT 11, 193; SIRIUS 421; TADELLÖSER 66, 360, 402

Goodmann, Benjamin »Benny« David *30. Mai 1909 Chicago †13. Juni 1986 New York City; US-amerikanischer Jazzmusiker u. Bandleader. SIRIUS 421

Gorbatschow, Michail Sergejewitsch *2. März 1931 Priwolnoje; russ. Politiker, 1985–91 Generalsekretar des Zentralkomitees der Kommunistischen Partei der Sowjetunion, 1990–91 Präsident der Sowjetunion. ALKOR 28, 147, 258, 271, 273, 277, 279f., 292, 314, 324, 340, 347, 406, 454, 471, 529, 540, 546, 548ff., 553ff., 561, 563, 569; CULPA 179, 202, 204, 223; HAMIT 53, 86, 95, 97f., 101, 103f., 143, 148, 152, 242, 268, 294, 314, 353f.; LETZTE GRÜßE 210; SIRIUS 94, 473, 540; SOMNIA 26, 38, 67f., 89f., 100, 148, 150, 266, 334ff., 338ff., 365ff., 502f., 511, 513, 516ff., 541f.

Gorch Fock (eigentl. Johann Wilhelm Kinau; Pseud. Jakob Holst, Giorgio Focco) *22. August 1880

Finkenwerder †31. Mai 1916 i.d. See-
schlacht a. Skagerrak; Schriftsteller.
TADELLÖSER 262 (*Seefahrt tut not*)
Göring, Hermann Wilhelm *12.
Januar 1893 Rosenheim †15. Oktober 1946 Nürnberg; Kampfflieger im
1. Weltkrieg, NSDAP-Politiker, Oberbefehlshaber der deutschen Luftwaffe im 2. Weltkrieg u. Kunsträuber in
den besetzten Gebieten. ALKOR 118,
453, 553, 587; AUSSICHT 481, 497f.;
CULPA 71, 205, 271, 301, 315, 345; GOLD
26f., 232, 277; GRÖSSEN 77, 281; HAMIT
394; MARK UND BEIN 208, 212, 214;
SIRIUS 24, 41, 561; SOLDATEN 41; SOMNIA
188, 301; TADELLÖSER 173, 447
(*Scharnhorst der deutschen Luftwaffe*); T+K 11; ZEIT 290
Gorki, Maxim (eigentl. Alexei
Maximowitsch Peschkow) *28. März
1868 in Nischni Nowgorod †18. Juni
1936 Gorki b. Moskau; russ. Schriftsteller. GOLD 239; GRÖSSEN 77, 248,
256, 283; HAMIT 408; IM BLOCK 243
Görlitz, Walter (*Wirlitz* in TADELLÖSER
u. WILLKOMMEN u. *Gillinger* in WELT-
SCHMERZ) *24. Februar 1913 Frauen-
dorf †4. Oktober 1991 Hamburg;
Historiker u. Autor. ALKOR 72; AUF-
ZEICHNUNGEN 49, 89, 312ff., 391, 414,
565; AUSSICHT 279, 280, 290, 339–
342, 360, 399, 471–474, 483, 503f.,
534; CULPA 331 (*Griff in die Geschichte* [Rubrik in der ›Welt‹]); GOLD 154;
WELTSCHMERZ 119ff.; WILLKOMMEN 76
Görres, Johann Joseph *25. Januar
1776 Koblenz †29. Januar 1848
München; Gymnasial- u. Hochschullehrer, Publizist. SIRIUS 117
Görtz, Franz Joseph; Journalist u.

Herausgeber. HAMIT 169; SIRIUS 543;
SOMNIA 426f., 474f., 494
Göschen, Georg Joachim *22.
April 1752 Bremen †5. April 1828
Grimma; Verleger. GRÖSSEN 275
Gosselck, Claus; Neffe seines ehe-
maligen Lehrers Johannes →Gos-
selck, mit dem K während seiner
Haft in Bautzen zusammentraf und
in der Bundesrepublik wieder in
Kontakt kam. AUFZEICHNUNGEN 525,
538, 543, 560f., 565; SOMNIA 423
Gosselck, Johannes (*Hannes* in
TADELLÖSER); Lehrer Ks in Rostock.
AUFZEICHNUNGEN 89, 180, 284, 353;
CULPA 275; HAMIT 25; SIRIUS 28, 273f.,
319; SOMNIA 45, 245, 293, 378
Gottschalk, Thomas Johannes *18.
Mai 1950 Bamberg; Radio- u. Fern-
sehmoderator u. Schauspieler. CULPA
252 (*Wetten daß*); OPPLAWUR 36;
SOMNIA 99
Gottsched, Johann Christoph *2.
Februar 1700 Juditten †12. Dezem-
ber 1766 Leipzig; Schriftsteller, Dra-
maturg u. Literaturtheoretiker KAPI-
TEL 264
Götz, Robert *1892 †1978; Kompo-
nist. ALLES UMSONST 72 (*Fahrt ihr nach
Süden übers Meer, Was ist aus uns
geworden*)
Gould, Glenn Herbert *25. Septem-
ber 1932 Toronto †4. Oktober 1982
Toronto; kanadischer Pianist, Kom-
ponist, Organist u. Musikautor. ALKOR
33, 281, 568; SIRIUS 184, 407
Gounod, Charles François *17. Juni
1818 Paris †18. Oktober 1893 Saint-
Cloud; franz. Komponist. ALKOR 33;
TADELLÖSER 217 (*Bach-Gounod*)

Goya y Lucientes, **Francisco** José de
*30. März 1746 Fuendetodos †16.
April 1828 Bordeaux; spanischer
Kunstmaler u. Graphiker. Mark und
Bein 16

Grabbe, Christian Dietrich *11.
Dezember 1801 Detmold †12. September 1836 Detmold; Dramatiker.
Im Block 167

Graf, Oskar Maria (eigentl. Oskar
Graf) *22. Juli 1894 Berg †28. Juni
1967 New York City; Schriftsteller.
Alkor 400

Graf, Robert *18. November 1923
Witten †4. Februar 1966 München;
Schauspieler. Willkommen 259

Graf, Stefanie Maria *14. Juni 1969
Mannheim; erfolgreichste deutsche
Tennisspielerin. Alkor 50, 265, 316,
346, 414f., 496; Hamit 134; Opplawur
27; Somnia 138, 197, 255

Graf, Willi *2. Januar 1918
Euskirchen-Kuchenheim †12. Oktober 1943 München-Stadelheim; Mitglied der Widerstandsgruppe ›Weiße
Rose‹. Culpa 162, 190, 192; Somnia 90,
504, 540

Grahl, Klaus; sandt K Unterlagen für
sein Archiv. Sirius 463

Grant, Cary (eigentl. Archibald Alexander Leach) *18. Januar 1904 Bristol i. Großbritanien †29. November
1986 Davenport i. Iowa; britisch-US-amerikanischer Schauspieler. Somnia
284

Grant, Ulysses S.[impson] (eigentl.
Hiram Ulysses Grant) *27. April
1822 Point Pleasant i. Ohio †23. Juli
1885 Mount McGregor i. New York;
Oberbefehlshaber der United States

Army im Bürgerkrieg u. 1869–77 18.
Präsident USA. Größen 261

Grappelli, Stéphane *26. Januar
1908 Paris †1. Dezember 1997 Paris;
franz. Jazz-Violinist. Alkor 192; Sirius
397; Somnia 390

Grass, Günter (*Prack* in Letzte Grüße) *16. Oktober 1927 Danzig-Langfuhr; Schriftsteller, Lyriker, Bildhauer, Kunstmaler u. Grafiker. Album
86, 119, 128f.; Alkor 89, 123, 156, 179,
276f., 297, 358, 388f., 426, 432, 548,
582; Aufzeichnungen 477, 498; Culpa 8,
39, 78, 376; Größen 23, 106, 108ff.,
121, 131, 146, 156, 269; Hamit 85, 103,
131f., 183f., 240, 268f., 357, 377, 387;
Johnson 86; Letzte Grüße 24, 387, 391;
Mark und Bein 137; Opplawur 37
(*Hans-Joachim Grass*); Sirius 26, 69,
141, 155, 166, 180, 203, 349, 515,
533, 559; Somnia 70, 82, 90, 112, 136,
368, 393, 498, 529, 530

Grässe, Wolfgang *1930; Kunstmaler u. Graphiker. Somnia 62, 183, 192,
219, 224, 311

Grassmann, Herr; Teilnehmer an
einem Literturseminar bei K 1983.
Sirius 17

Greco, Juliette *7. Februar 1927
Montpellier i. Languedoc-Roussillon;
franz. Chansonsängerin u. Schauspielerin. Willkommen 50

Green, Julien (eigentl. Julian
Hartridge Green) *6. September
1900 Paris †13. August 1998 Paris;
französisch-US-amerikanischer
Schriftsteller. Culpa 214f., 218, 258,
281; Größen 111ff.

Greene, Henry **Graham** *2. Oktober
1904 Berkhamsted i. Großbritannien

†3. April 1991 Vevey i.d. Schweiz; britischer Schriftsteller. Alkor 42; Somnia 139

Gregor, Gerhard *17. September 1906 Ruß i. Memelland †28. Oktober 1981 Hamburg; Organist u. Pianist, spielte zw. 1931 bis in die 1960er Jahre im Rundfunk sakrale u. weltliche Musik auf der Funkorgel. Tadellöser 216

Gregor-Dellin, Martin (eigentl. Martin Gustav Schmidt, Pseud. Martin Gregor) *3. Juni 1926 Naumburg a.d. Saale †23. Juni 1988 Gröbenzell; Schriftsteller. Culpa 111

Greiner, Ulrich *19. September 1945 Offenbach; Journalist u. Literaturkritiker. Somnia 374

Grewe, Wilhelm Georg *16. Oktober 1911 Hamburg †11. Januar 2000 Bonn; Prof. des Völkerrechts u. Diplomat, gilt als Vater der Hallstein-Doktrin. Heile Welt 245

Grieg, Edvard Hagerup *15. Juni 1843 Bergen †4. September 1907 Bergen; norw. Komponist. Hamit 65; Tadellöser 339 (*in der Halle des Bergkönigs*); Willkommen 331 (*Solvejgs Lied*)

Grieg, Johan **Nordahl** Brun *1. November 1902 Bergen †2. Dezember 1943 Kleinmachnow b. Berlin; norwegischer Schriftsteller u. Journalist. Gold 136

Grieshaber, HAP (eigentl. Helmut Andreas Paul Grieshaber) *15. Februar 1909 Rot a.d. Rot †12. Mai 1981 Eningen u. Achalm; Kunstmaler u. Grafiker. Alkor 438; Sirius 620

Grill, Bartholomäus *24. August 1954 Oberaudorf a. Inn; Journalist, Buchautor u. Afrika-Experte. Somnia 316

Grillparzer, Franz *15. Januar 1791 Wien †21. Januar 1872 Wien; österr. Schriftsteller u. Dramatiker. Gold 311; Größen 15, 72; Kapitel 44; Sirius 222

Grimm, Gebrüder d.i. Jacob *4. Januar 1785 Hanau †20. September 1863 Berlin u. Wilhelm Grimm *24. Februar 1786 Hanau †16. Dezember 1859 Berlin; Sprachwissenschaftler u. Volkskundler, gelten als wesentliche »Gründungsväter« der Deutschen Germanistik. Alkor 162, 193, 332, 382, 423; Aussicht 450 (*Schöne Hühnchen, schöne Hähnchen*); Culpa 123; Hamit 58f.; Heile Welt 27, 87 (*Von einem der auszog das Gruseln zu lernen*), 333; Hundstage 292; Letzte Grüße (*Bremer Stadtmusikanten*); Sirius 13 (*Grimms Märchen*), 14 (*Fitchers Vogel, Blaubart, Wichtelmänner*), 25, 34, 38, 137 (*Jorinde und Joringel*), 240, 415 (*Der Jud im Dorn*), 617 (*Grimms Märchen*), 625 (*Grimms Märchen*), 633 (*Grimms Märchen*); Somnia 124; Weltschmerz 15 (*Hänsel und Gretel*), 132 (*Das tapfere Schneiderlein; Pechmarie; Frau Holle; Hänsel und Gretel*); Willkommen 176, 315 (*Märchen vom Süßen Brei*), 350

Grimm, Hans *22. März 1875 Wiesbaden †27. September 1959 Lippoldsberg a.d. Weser; Schriftsteller u. Publizist. Alkor 194, 246, 535; Culpa 169, 337; Sirius 479 (*Volk ohne Raum*); Somnia 175; Tadellöser 382 u.

443 (*Der Ölsucher von Duala*); Will-
kommen 283f.
Grimm, Ludwig Emil *14. März
1790 Hanau †4. April 1863 Kassel;
Bruder von Jacob u. Wilhelm
→Grimm, Kunstmaler, Radierer u.
Kupferstecher. Alkor 57, 62; Sirius
242
**Grimmelshausen, Hans Jacob
Christoph von** *~1622 Gelnhausen
†17. August 1676 Renchen; Schrift-
steller. Hamit 293
Grohn, Christian *1953; 1986–89
wissenschaftlicher Mitarbeiter im
Sprengel Museum Hannover, freier
Künstler. Culpa 208; Sirius 68f.
Gröner, Walter *25. November
1950 Heubach; Schriftsteller. Album
138f.
Gross, Johannes *6. Mai 1932
Neunkhausen †29. September 1999
Köln; Publizist, Aphoristiker u. Jour-
nalist. Hamit 85
Grosschopff, Carl; Urgroßonkel von
K. Aufzeichnungen 241, 260, 410, 424;
Hamit 36f., 279
Grosschopff, Elisabeth;
Urgroßtante von K, Schwester von
Carl →Grosschopff. Aufzeichnungen
241
Grosser, Alfred *1. Februar 1925
Frankfurt a.M.; deutsch-französi-
scher Publizist, Soziologe u. Politik-
wissenschaftler. Alkor 452; Hamit 237
Grotewohl, Otto *11. März 1894
Braunschweig †21. September 1964
Berlin; ehem. SPD- ab 1946 SED-
Politiker, 1949–64 Ministerpräsi-
dent der DDR. Gold 296
Groth, Klaus *24. April 1819 Heide

†1. Juni 1899 Kiel; niederdeutscher
Lyriker u. Schriftsteller. Aussicht 116
(*Lütt Matten, de Haas*); Größen 238;
Im Block 30 (*Lütt Matten, de Haas*)
Grothe, Franz Johannes August *17.
September 1908 Berlin †12. Septem-
ber 1982 Köln; Komponist u. Diri-
gent. Alles Umsonst 98 (*Ball paré*);
Gold 284 (*Walzer aus »Illusion«*);
Sirius 594; Tadellöser 342 (*Aller-
schönste aller Frauen*)
Gruber, Conrad Franz Xaver *25.
November 1787 Unterweitzberg †7.
Juni 1863 Hallein; österr. Kompo-
nist. Im Block 182 (*Christ der Retter
ist da*); Kapitel 332 (*Stille Nacht,
heilige Nacht*); Willkommen 324 (*Stille
Nacht, heilige Nacht*)
Grün, Max von der *25. Mai 1926
Bayreuth †7. April 2005 Dortmund;
Schriftsteller. Album 139, 166f.; Alkor
351; Culpa 24; Hamit 270, 386ff.
Gründel; Student i. Göttingen. Auf-
zeichnungen 32
Gründer, Angelika; Bekannte Ks in
Narthum. Aufzeichnungen 576
Gründgens, Gustaf (Gustav) Hein-
rich Arnold *22. Dezember 1899
Düsseldorf †7. Oktober 1963 Manila;
Schauspieler, Regisseur u. Inten-
dant. Album 171; Alkor 263; Somnia
535; Tadellöser 344 (*Zwei Welten*)
Grünewald, Matthias (gen. Mat-
thias von Aschaffenburg) * u. †16.
Jh.; Kunstmaler u. Grafiker. Somnia
328
Guardini, Romano *17. Februar
1885 Verona †1. Oktober 1968 München; kath. Priester, Religionsphilosoph u. Theologe. Sirius 87 (*Hei-

73

lige Zeichen); AUFZEICHNUNGEN 214; WILLKOMMEN 295

Guderian, Heinz Wilhelm *17. Juni 1888 Kulm i. Westpreußen †14. Mai 1954 Schwangau b. Füssen; Heeresoffizier, ab 1940 Generaloberst, Kommandeur großer Panzerverbände, zeitweilig Chef des Generalstabes des Heeres. ALKOR 430

Gueffroy, Chris *21. Juni 1968 Pasewalk †5. od. 6. Februar 1989 Berlin; das letzte Opfer, das auf seiner Flucht aus der DDR durch den Einsatz von Schusswaffen an der innerdeutschen Grenze ums Leben kam. SOMNIA 366

Guevara de la Serna, Ernesto (gen. Che Guevara) *14. Juni 1928 Rosario i. Argentinien †9. Oktober 1967 La Higuera i. Bolivien; marxistischer Politiker, Guerillaführer u. Autor. HAMIT 71

Gulda, Friedrich *16. Mai 1930 Wien †27. Januar 2000 Weißenbach a. Attersee; österr. Pianist u. Komponist. CULPA 51; HAMIT 355; SIRIUS 184

Güll, Friedrich Wilhelm *1. April 1812 Ansbach †24. Dezember 1879 München; Dichter. AUSSICHT 161 (*Wer will unter die Soldaten*); TADELLÖSER 469 (*Wer will unter die Soldaten*)

Gumkowski, Janusz; polnischer Autor, Mitherausgeber der ›Briefe aus Litzmanstadt‹. CULPA 302

Gundmann, Frau. Besucht K und nimmt dessen ironisches Schimpfen auf Ausländer ernst. SIRIUS 161

Günsche, Otto *24. September 1917 Jena †2. Oktober 2003 Lohmar; SS-Sturmbannführer, persönlicher Adjutant Adolf →Hitlers. AUFZEICHNUNGEN 34

Günther, Anton *5. Juni 1876 Gottesgab i. Böhmen †29. April 1937 Gottesgab i. Böhmen; Heimatdichter u. Sänger. IM BLOCK 262 (*Feierabendlied*), 307 (*Deitsch un frei wolln mer sei*)

Günther, Hans F[riedrich]. K[arl]. *16. Februar 1891 Freiburg i. Breisgau †25. September 1968 Freiburg i. Breisgau; Eugeniker, gilt als einer der Urheber der nationalsozialistischen Rassenideologie. HEILE WELT 28 (*Die Haut der nordischen Rasse ist rosig-hell*), 33 (*Für den nordischen Kopf ist kennzeichnend*), 43 (*Der Gesichtsschnitt der nordischen Rasse wirkt eigentümlich kühn*)

Gurney, Ivor Bertie *28. August 1890 Gloucester †26. Dezember 1937 Dartford; britischer Komponist u. Dichter. ALKOR 451

Gustav II. Adolf *19. Dezember 1594 Stockholm †16. November 1632 b. Lützen; König von Schweden 1611–32. GRÖSSEN 150; WILLKOMMEN 212

Gustloff, Wilhelm *30. Januar 1895 Schwerin †4. Februar 1936 Davos; Landesgruppenleiter der NSDAP-Auslandsorganisation in der Schweiz. CULPA 315 (*mit der ›Gustloff‹ nach Norwegen*); WELTSCHMERZ 133

Gutenberg, Johannes (eigentl. Johannes Gensfleisch) *~1400 Mainz †3. Februar 1468 Mainz; Erfinder des Buchdrucks mit beweglichen Metallettern u. der Druckerpresse in Europa. HAMIT 215

Guterman, Simcha; schrieb während seiner Flucht vor den Nazis seine Erlebnisse im Ghetto der polnischen Stadt Plock auf. Alkor 101

Gütt, Dieter *24. Februar 1924 Kwidzyn †24. Januar 1990 Hamburg; Rundfunkredakteur. Album 5, 66f.

Gutzen, Dieter *1937; Prof. Dr. der Neueren deutschen Literatur a.d. Universität Bonn. Culpa 76, 348

Gutzkow, Karl Ferdinand *17. März 1811 Berlin †16. Dezember 1878 Frankfurt; Schriftsteller, Dramatiker u. Journalist. Hamit 168

Gysi, Gregor Florian *16. Januar 1948 Berlin; Rechtsanwalt u. PDS-Politiker. Alkor 549, 572; Hamit 172, 216, 237, 404; Sirius 247; Somnia 43, 231, 349

Haack; Kamerad Ks. Culpa 192 (*1943 das war meine Spielscharzeit*)

Haak, Käte »**Käthe**« Lisbeth Minna Sophie Isolde *11. August 1897 Berlin †5. Mai 1986 Berlin; Schauspielerin. Culpa 12

Haarmann, Friedrich »**Fritz**« Heinrich Karl *25. Oktober 1879 Hannover †15. April 1925 Hannover; berüchtigster deutscher Serienmörder des 20. Jh. Im Block 20

Haase, Hanne; Frau von Ulli →Haase. Aufzeichnungen 27

Haase, Otto: *8. Oktober 1893 Köln †19. März 1961 Hannover; ev. Theologe, Pädagoge, Offizier, Begründer der Pädagogischen Hochschuleni. Hannover, Ministerialdirigent. Somnia 46, 245

Haase, Ulli; Bekannter Ks aus Rostock u. dem Gefängnis Bautzen. Aufzeichnungen 26ff., 114, 116, 181; Sirius 34; Somnia 183

Habakuk; * u. †~7. Jh. v. Chr.; Prophet u. levitischen Sänger im judischen Tempel. Gold 28

Haber, Heinz *15. Mai 1913 Mannheim †13. Februar 1990 Hamburg; Physiker, Raumfahrtmediziner, Schriftsteller u. Fernsehmoderator. Sirius 161

Habsburg, Otto von *20. November 1912 Reichenau a.d. Rax †4. Juli 2011 Pöcking; österr.-deutscher Schriftsteller, Publizist u. Politiker. Größen 204

Hacks, Peter *21. März 1928 Breslau †28. August 2003 b. Groß Machnow; Dramatiker, Lyriker, Erzähler u. Essayist. Größen 39; Hamit 286

Hädrich, Rolf *24. April 1931 Zwikkau †29. Oktober 2000 Hamburg; Regisseur. ALKOR 487; GRÖßEN 154; SOMNIA 74

Haffner, Sebastian (eigentl. Raimund Pretzel) *27. Dezember 1907 Berlin †2. Januar 1999 Berlin; Publizist, Historiker, Schriftsteller u. Journalist. ALKOR 187; SIRIUS 580; SOMNIA 330

Hafis *1326 †1389; persischer Dichter. AUFZEICHNUNGEN 48

Hafner, Jochen; Studienrat, Bekannter Ks aus dem Bautzener Gefängnis. AUFZEICHNUNGEN 18f., 48, 100, 161, 274f., 319, 323; SOMNIA 45, 560

Hage, Volker *9. September 1949 Hamburg; Journalist, Literaturkritiker u. Autor. ALKOR 422; CULPA 144, 234, 237, 240f., 246ff., 252f., 274, 298, 371f.; HAMIT 57, 263, 288, 301, 303, 306f., 318, 325, 328, 330, 338, 355, 377; SOMNIA 374

Hagedorn, Friedrich von *23. April 1708 Hamburg †28. Oktober 1754 Hamburg; Dichter. KAPITEL 132 (*Johann, der muntere Seifensieder*)

Hagelstange, Rudolf *14. Januar 1912 Nordhausen †5. August 1984 Hanau; Schriftsteller. ALKOR 490; SIRIUS 390

Hagenau, Herr; Dr. aus Hanover, besucht K wegen seines Manuskriptarchivs. CULPA 106, 114

Hager, Kurt *24. Juli 1912 Bietigheim †18. September 1998 Berlin; Mitglied des Zentralkomitees u. des Politbüros des ZK der SED, galt als Chefideologe der SED. ALKOR

74, 462, 482, 529, 553; HAMIT 86, 227, 345; SOMNIA 188

Haggai; jüdischer Prophet, wirkte 520 v. Chr. GOLD 28

Hahn, Grete; Pädagogin u. Herausgeberin des Bandes ›Lied und Spiel für die ersten Schuljahre‹. WILLKOMMEN 219

Hahn, Otto *8. März 1879 Frankfurt a.M. †28. Juli 1968 Göttingen; Chemiker, Pionier der Radiochemie, Entdecker der Kernisomerie u. der Kernspaltung des Urans. WILLKOMMEN 305

Hahn, Ulla *30. April 1946 Brachthausen; Schriftstellerin. ALBUM 32f.; ALKOR 122, 136, 202, 231, 388, 528, 570; CULPA 112; HAMIT 157, 270; SOMNIA 12f., 24, 99, 136, 467f., 470, 473, 487

Hain, Magda *19. Dezember 1920 in Gleiwitz i. Schlesien †13. März 1998 Regensburg; Schlagersängerin. KAPITEL 145 (*Möwe, du fliegst in die Heimat*)

Halbe, Max *4. Oktober 1865 Güttland b. Danzig †30. November 1944 Neuötting; Schriftsteller. CULPA 239f., 345

Haley jr., William »**Bill**« John Cliffton *6. Juli 1925 Highland Park i. Michigan †9. Februar 1981 Harlingen i. Texas; US-amerikanischer Rock-n-Roll-Musiker. WILLKOMMEN 124f.

Hall, Henry *2. Mai 1898 †28. Oktober 1989; britischer Musiker u. Bandleader. KAPITEL 203; SIRIUS 421

Hallstein, Walter Peter *17. November 1901 Mainz †29. März 1982 Stuttgart; Jurist, Hochschullehrer

u. CDU-Politiker, erster Vorsitzender der Kommission der europäischen Wirtschaftsgemeinschaft. HEILE WELT 245

Hals, Frans *zw. 1580 u. 1585 Antwerpen †10. August 1666 Haarlem; niederländischer Kunstmaler. HAMIT 53

Hälssen, Hermann; OnkelKs, Bruder der Großmutter, Sohn von Hermann und Emma →Hälssen aus Cuxhaven, verheiratet mit →Madeleine Hälssen. AUFZEICHNUNGEN 191, 289, 366, 522

Hälssen, Hermann und **Emma**; Urgroßeltern Ks, Hermann war Arzt i. Cuxhaven. ALKOR 92, 387

Hälssen, Madeleine; Frau von Hermann Hälssen, dem Onkel Ks. AUFZEICHNUNGEN 191

Hamelberg, Herr; Geschäftsführer des gleichnahmigen Computerausrüsters i. Rothenburg, *brachte einen Schreibcomputer.* CULPA 106

Hamer, Detlef *942; Publizist, Autor u. Herausgeber. SOMNIA 16, 312

Hamm, Peter *27. Februar 1937 München; Lyriker u. Autor. ALBUM 139, 156f.; ALKOR 64; CULPA 65, 95; JOHNSON 105; SIRIUS 183f., 440f., 443, 446, 449

Hamm-Brücher, Hildegard (geb. Brücher) *11. Mai 1921 Essen; FDP-Politikerin. SOMNIA 217

Hammen, Ernst; *1902 †1984; Soldat u. Bauer, Autor des Werkes ›Glückliche Heimkehr. Die Geschichte des Kriegsendes 1945 und einer glücklichen Heimkehr zum Hunsrück‹. HAMIT 292

Hamsun, Knut (geb. Knud Pedersen) *4. August 1859 Vågå †19. Februar 1952 Nørholm b. Grimstad; norwegischen Schriftsteller. ALKOR 209; GRÖßEN 23, 114f., 180; SIRIUS 19

Händel, Georg Friedrich *23. Februar 1685 Halle a.d. Saale †14. April 1759 London; Komponist. ALKOR 121; ALLES UMSONST 49; AUFZEICHNUNGEN 35, 63, 76, 382; AUSSICHT 154; IM BLOCK 136; SOMNIA 33, 477, 525; WILLKOMMEN 19, 166, 251, 281, 305

Handke, Peter *6. Dezember 1942 Griffen i. Kärnten; Schriftsteller u. Übersetzer. ALBUM 59; ALKOR 265, 462; GRÖßEN 216; HAMIT 179f., 328, 377; SIRIUS 486, 559, 601, 604, 608; SOMNIA 483

Handrick, Karl Hermann Gotthard(t) *25. Oktober 1908 Zittau †30. Mai 1978 Ahrensburg; Sportler u. Jagdflieger. TADELLÖSER 53 [in späteren Auflagen ersetzt durch Konrad Freiherr von Wangenheim]

Hanfstaengel, Ernst Franz Sedgwick (gen.»Putzi«) *2. Februar 1887 München †6. November 1975 München; politischer Aktivist u. Politiker, finanzieller Unterstützer u. Freund Adolf →Hitlers i.d. 1920er Jahren, Zeitweiliger Pressechef der NSDAP in den 1930er Jahren. IM BLOCK 70

Hannes siehe unter Johannes →Gosselck

Hannsmann, Margarete Dorothea *10. Februar 1921 Heidenheim †29. März 2007 Stuttgart; Schriftstellerin. ALKOR 438; SIRIUS 620

Hans-Adam II., (eigentl. Johannes Adam Ferdinand Alois Josef Maria

Marko d'Aviano Pius von und zu Liechtenstein) *14. Februar 1945 Zürich; Fürst u. Staatsoberhaupt Liechtensteins. HAMIT 256

Hansen, Rolf *12. Dezember 1904 Ilmenau †3. Dezember 1990 München; Filmregisseur, Drehbuchautor u. Schauspieler. TADELLÖSER 241 (*Die große Liebe*)

Hansen, Wilhelm; Psychologe u. Pädagoge. WILLKOMMEN 214

Hanser, Carl *30. Dezember 1901 Rastatt †10. Mai 1985 München; Verleger. ALKOR 274f.

Hanska, Eweline (geb.: Eveline Rzewuska) *6. Januar 1801 Pohrebyschtsche †10. April 1882 Paris; ukrainische Adlige, bekannt durch ihre Beziehung zu Honoré de →Balzac. GRÖSSIN 20

Harbich, Emilio »**Milo**« *12. August 1900 Porto Alegre †13. September 1988 Nova Petrópolis; deutscher Filmregisseur. TADELLÖSER 221

Harburg, E.[dgar] Y.[ip] (eigentl. Isidore Hochberg) *8. April 1896 New York City †4. März 1981 Los Angeles; US-amerikanischer Liedtexter oft zusammen mit Harold →Arlen zusammen. KAPITEL 59 (*It's only a Papermoon*)

Harder, Frau; Bekannte aus Rostock, nannte K immer *Walting*. AUFZEICHNUNGEN 49; SIRIUS 276 (*wenn ich noch an die krossen Grieben von Frau Harder denke*)

Hardy, Oliver; ein Teil des amerik. Komikerduos →Laurel & Hardy.

Harich, Wolfgang *9. Dezember 1923 Königsberg †15. März 1995

Berlin Philosoph u. Journalist ALBUM 107; HAMIT 308

Harig, Frau; Ehefrau von Ludwig →Harig. ALBUM 152

Harig, Günter *25. März 1940; Pastor von St. Petri in Lübeck, sorgte 1997 mit einem Kirchenasyl für eine algerische Familie für Aufsehen. CULPA 233; HAMIT 261f.

Harig, Ludwig (gen.»Luckel«) *18. Juli 1927 Sulzbach; Schriftsteller u. Übersetzer. ALBUM 152f.; ALKOR 161, 254; SIRIUS 229, 486, 552; SOMNIA 62, 530f.

Harlan, Veit *22. September 1899 Berlin †13. April 1964 Capri; Schauspieler u. Regisseur. ALBUM 71; CULPA 250; TADELLÖSER 358 u. 453 (*Immensee*), 405 (*Der große König*)

Harmssen, Gustav Wilhelm *26. März 1890 Bremen †19. Mai 1970 Bremen; Industriekaufmann, Senator u. Lieddichter. HEILE WELT 425 (*Die blauen Dragoner sie reiten*)

Harnack, Arnold (ab 1914 von Harnack) *7. Mai 1851 Dorpat †10. Juni 1930 Heidelberg; ev. Theologe u. Kirchenhistoriker. IM BLOCK 151; KAPITEL 350; SIRIUS 87 (*Die Genesis*)

Harries, Heinrich *9. September 1762 Flensburg †28. September 1802 Brügge; Pfarrer, Verfasser der preußischen National u. Kaiserhymne. TADELLÖSER 257 (*Heil dir im Siegeskranz*)

Hartl, Karl *10. Mai 1899 Wien †29. August 1978 Wien; österr. Filmregisseur. TADELLÖSER 405 (*Wen die Götter lieben*)

Hartlaub, Felix *17. Juni 1913 Bremen †Anfang Mai 1945 Berlin; Schriftsteller, Bruder von Geno →Hartlaub; ALBUM 99

Hartlaub, Genoveva »Geno« *7. Juni 1915 Mannheim †25. März 2007 Hamburg; Schriftstellerin. ALBUM 98f.; CULPA 100; SIRIUS 65, 199f., 552

Härtling, Peter *13. November 1933 Chemnitz; Schriftsteller. ALBUM 64; ALKOR 179, 263, 322; HAMIT 177, 286; SIRIUS 132, 180, 211, 349; SOMNIA 530

Hartung, Rudolf *9. Dezember 1914 München †19. Februar 1985 Berlin; Dichter, Schriftsteller u. Literaturkritiker. SIRIUS 28, 31, 58

Harvey, Lilian (eigentl. Lilian Helen Muriel Pape) *19. Januar 1906 London †27. Juli 1968 Juan-les-Pins i. Frankreich; britisch-deutsche Schauspielerin, Sängerin u. Tänzerin. HAMIT 246; HEILE WELT 387 (*Ich tanze mit Dir in den Himmel hinein*)

Hasse, O[tto]. E[duard]. *11. Juli 1903 Obersitzko i. Posen †12. September 1978 Berlin; Schauspieler, Regisseur u. Synchronsprecher. GRÖSSEN 147; TADELLÖSER 452

Haucke, Gert *13. März 1929 Berlin †30. Mai 2008 Lüneburg; Schauspieler u. Autor. SOMNIA 425f.

Hauff, Wilhelm *29. November 1802 Stuttgart †18. November 1827 Stuttgart; Schriftsteller u. Dichter. AUSSICHT 315 (*Gestern noch auf stolzen Rossen*), 490 (*Morgenrot, Morgenrot, leuchtet mir zum frühen Tod*)

Haufs, Rolf *31. Dezember 1935 Düsseldorf; Redakteur u. Lyriker. ALBUM 54f.; SIRIUS 350

Haulot, Arthur *15. November 1913 Angleur b. Lüttich †24. Mai 2005 Brüssel; belgischer Baron, Journalist, Humanist u. Dichter. CULPA 304, 336

Hauptmann, Gerhard Johann Robert *15. November 1862 Ober Salzbrunn i. Schlesien †6. Juni 1946 Agnetendorf i. Schlesien; Dramatiker u. Schriftsteller. ALBUM 121 (Albrecht →Knaus); ALKOR 397; AUSSICHT 251; CULPA 227, 239, 253, 310, 338, 345; GRÖSSEN 180; HAMIT 112, 238; HUNDSTAGE 387; SOMNIA 142; TADELLÖSER 409 (*Die versunkene Glocke*); WILLKOMMEN 263 (*Die versunkene Glocke*), 263, 267 (*Die versunkene Glocke*)

Hauptmann, Margarete (geb.: Marschalk) *7. Januar 1875 †17. Januar 1957 Schäftlarn; friedenspolitisch engagierte Schauspielerin, zweite Ehefrau Gerhart →Hauptmanns. CULPA 173; SOMNIA 205

Hausenstein, Wilhelm *17. Juni 1882 Hornberg †3. Juni 1957 München; Schriftsteller, Kunstkritiker u. Kulturhistoriker. ALKOR 466; CULPA 146, 163, 225; SIRIUS 469; SOMNIA 106

Hauser, Heinrich *27. August 1901 Berlin †25. März 1955 Dießen a. Ammersee; Schriftsteller, Seemann, Weltenbummler, Farmer u. Fotograf. ALKOR 118

Hauser, Jochen *23. November 1941 Chemnitz; Schriftsteller u. Drehbuchautor. HAMIT 227, 265, 300; SOMNIA 72f., 76f., 81

Hauser, Kaspar *~30. April 1812

†17. Dezember 1833 Ansbach; rätselhaftes Findelkind, das erstmals 1828 auftauchte. Kapitel 276

Hausmann, Julie Katharina von *7. März 1826 Mitau †15. August 1901 Võsu i. Estland; Dichterin. Alles Umsonst 336 (*So nimm denn meine Hände und führe mich*); Heile Welt 339 (*So nimm denn meine Hände und führe mich*)

Hausmann, Manfred Georg Andreas *10. September 1898 Kassel †6. August 1986 Bremen; Schriftsteller, Journalist u. Laienprediger. Alkor 490; Aufzeichnungen 121; Culpa 216, 228; Sirius 227

Haustein, Hans; Bekannter Ks aus dem Gefängnis Bautzen. Aufzeichnungen 18, 268

Havekost, Hermann *1936 †13. März 2012; Gründungsdirektor u. Leiter der Universitätsbibliothek Oldenburg i. O. Culpa 72

Havemann, Herr; Prokurist. Aufzeichnungen 264, 270, 410

Havemann, Robert *11. März 1910 München †9. April 1982 Grünheide; Chemiker, Kommunist, Widerstandskämpfer gegen den Nationalsozialismus (u.a. Mitglied der ›Roten Kapelle‹), Mitglied der Volkskammer der DDR u. späterer Regimekritiker in der DDR. Somnia 437

Hawkins, Coleman »Hawk« *21. November 1904 St. Joseph i. Missouri †19. Mai 1969 New York; US-amerikanischer Jazzmusiker. Aufzeichnungen 184

Hay, Gerhard *1939; Philologe, Dr. u. Akademischer Oberrat für Neuere

deutsche Literatur a.d. Universität München. Alkor 397

Haydn, Franz **Joseph** *31. März od. 1. April 1732 Rohrau i. Niederösterreich †31. Mai 1809 Wien; deutschösterr. Komponist. Alkor 18, 348; Aussicht 354 (*Außen blank und innen rein*); Größen 229; Hamit 256; Hundstage 398 (*Deutschlandlied*); Sirius 539; Somnia 33, 352; Tadellöser 256, 260; Willkommen 281

Hearn, Patricio **Lafcadio** Tessima Carlos *27. Juli 1850 a. Lefkas i. Griechenland †26. September 1904 Tokio; irisch-griechischer Schriftsteller. Alkor 333; Hamit 29; Tadellöser 100

Hebbel, Christian **Friedrich** *18. März 1813 Wesselburen i. Dithmarschen †13. Dezember 1863 Wien; Dramatiker u. Lyriker. Alkor 46, 224, 412; Aussicht 174, 352 (*O stört sie nicht, die Feier der Natur*), 353 (*Dies ist die Lese, die sie selber hält*); Größen 235; Hundstage 252, 260, 295; Letzte Grüße 201, 214, 230, 369 (*Hebbel-Preis*)

Hebel, Johann Peter *10. Mai 1760 Basel †22. September 1826 Schwetzingen; Dichter. Aussicht 478

Heck, Dieter-Tomas (eigentl. Carl-Dieter Heckscher) *29. Dezember 1937 Flensburg; Schlagersänger, Moderator, Schauspieler, Showmaster u. Produzent. Alkor 55; Hundstage 397 (*Unterhaltungs-Show, in der sich ... Menschen einander in die Arme sanken*)

Heck, Ludwig **»Lutz«** Georg Heinrich *23. April 1892 Berlin †6. April

1983 Wiesbaden Zoologe, Tierforscher, Tierbuchautor u. Zoodirektor Sɪʀɪᴜs 215 (*Auf Tiersuche in Afrika*)
Hedberg, Sara Stina sieh unter → Zarah Leander
Hedin, Sven Anders *19. Februar 1865 Stockholm †26. November 1952 Stockholm; schwedischer Geograph, Topograph, Entdeckungsreisender, Fotograf u. Reiseschriftsteller. Aʟᴋᴏʀ 246; Cᴜʟᴘᴀ 188, 208, 212, 324, 338f.; Sᴏᴍɴɪᴀ 481
Heesters, Johannes (eigentl. Johan Marius Nicolaas Heesters, gen. »Jopi«) *5. Dezember 1903 Amersfoort i.d. Niederlande †24. Dezember 2011 Starnberg; Schauspieler u. Sänger. Aʟʟᴇs Uᴍsᴏɴsᴛ 64, 106 (*Wenn ich wüßt', wen ich geküsst!*); Gᴏʟᴅ 294; Sɪʀɪᴜs 502; Tᴀᴅᴇʟʟössᴇʀ 340
Hegewald, Wolfgang (evtl. Vorbild für den DDR-Schriftsteller in *Letzte Grüße*) *26. März 1952 Dresden; Schriftsteller. Sɪʀɪᴜs 531f.
Hegewisch, Helga *1931; Mitherausgeberin der Zeitschrift ›Der Monat‹, Schriftstellerin. Cᴜʟᴘᴀ 13, 26
Heiber, Helmut *22. Februar 1924 Leipzig †1. November 2003 München; Historiker. Aʟᴋᴏʀ 401
Heichen, Erich Walter *22. Juni 1876 Stuttgart †24. März 1970 Berlin; Leiter des Verlages A. Weichert, Schriftsteller, Übersetzer u. Redakteur. Aᴜssɪᴄʜᴛ 368 (*Der U-Boot-Pirat*)
Heidenreich, Elke Helene (geb.: Rieger) *15. Februar 1943 Korbach; Schriftstellerin, Literaturkritikerin, Kabarettistin u. Moderatorin. Sᴏᴍɴɪᴀ 155

Heiller, Anton *15. September 1923 Wien †25. März 1979 Wien; österr. Komponist, Organist u. Musikpädagoge. Sᴏᴍɴɪᴀ 304
Heimpel, Hermann *19. September 1901 München †23. Dezember 1988 Göttingen; Historiker. Hᴀᴍɪᴛ 136
Hein, Christoph *8. April 1944 Heinzendorf i. Schlesien; Schriftsteller, Übersetzer u. Essayist. Aʟᴋᴏʀ 474f.
Hein, Franz *30. November 1863 Altona, †21. Oktober 1927 Leipzig; Kunstmaler u. Dichter. Sɪʀɪᴜs 554
Heine, Christian Johann **Heinrich** (eigentl. Harry Heine) *13. Dezember 1797 Düsseldorf †17. Februar 1856 Paris; Dichter, Schriftsteller u. Journalist. Aʟᴋᴏʀ 546; Aʟʟᴇs Uᴍsᴏɴsᴛ 182, 207; Aᴜssɪᴄʜᴛ 385; Gᴏʟᴅ 23 (*Ich weiß nicht, was soll es bedeuten*); Gʀössᴇɴ 121; Hᴀᴍɪᴛ 193; Lᴇᴛᴢᴛᴇ Gʀüssᴇ 13; Sᴏᴍɴɪᴀ 167; Wɪʟʟᴋᴏᴍᴍᴇɴ 140 (*Ich weiß nicht, was soll es bedeuten*)
Heino (eigentl. Heinz Georg Kramm) *13. Dezember 1938 Düsseldorf; Volkslied- u. Schlagersänger. Hᴀᴍɪᴛ 95; Oᴘᴘʟᴀᴡᴜʀ 38; Sᴏᴍɴɪᴀ 390
Heinold, Herr; rät K zu Zeitsprüngen beim *Echolot*. Cᴜʟᴘᴀ 309
Heinrich Burwin (od. Borwin) **II.** *1170 †5. Dezember 1226; Fürst zu Mecklenburg 1219–26 u. Herr von Rostock 1225–26. Aᴜssɪᴄʜᴛ 11
Heinrich IV. (eigentl. Heinrich von Bourbon) *13. Dezember 1553 Pau †14. Mai 1610 Paris; König von Frankreich u. ab 1572 als Heinrich III. König von Navarra. Sᴏᴍɴɪᴀ 336
Heinrich IV. *11. November 1050

~Goslar †7. August 1106 Lüttich; Kaiser des Heiligen Römischen Reiches Deutscher Nation. ZEIT 124

Heinritz, Charlotte; Prof. für empirische Sozialforschung a.d. privaten Alanus Hochschule b. Bonn. HAMIT 299

Heinytz, Benno von *22. Dezember 1924 Dresden; Lehrer, Mitglied der LDP in der DDR, wird 1947 beim Kleben von Flugblättern in Bautzen verhaftet. SOMNIA 111, 140

Heinze, Edwin Paul Achilles; Sachbuchautor. TADELLÖSER 436 (*Du und der Motor*)

Heise, Heinrich (*Prof. Wunderlich* in WILLKOMMEN); Direktor der Pädagogischen Hochschule in Göttingen, K besuchte einige seiner Vorlesungen. AUFZEICHNUNGEN 157, 186, 220, 236, 270, 277, 281, 282, 287, 575; WILLKOMMEN 193, 212f.

Heißenbüttel, Helmut *21. Juni 1921 Rüstringen †19. September 1996 Glückstadt; Schriftsteller, Kritiker u. Essayist. CULPA 32; SIRIUS 229

Helbig, Gerd *4. März 1939 Innien; Journalist. SOMNIA 339

Held, Martin Erich Fritz *11. November 1908 Berlin †31. Januar 1992 Berlin; Schauspieler. ALKOR 159

Heller, André * (eigentl. Francis Charles Georges Jean André Heller-Hueart *22. März 1947 Wien; österr. Chansonnier, Aktionskünstler, Kulturmanager, Autor u. Schauspieler. SIRIUS 245

Helmbold, Ludwig *21. Januar 1532 Mühlhausen †8. April 1598 Mühlhausen; Kirchenlieddichter. HEILE

WELT 215 (*Von Gott will ich nicht lassen*)

Helmers, Herr; Kamerad Ks. CULPA 192 (*1943 das war meine Spielscharzeit*)

Helms, Hans G. *8. Juni 1932 Teterow †11. März 2012 Berlin; Schriftsteller, Komponist, Sozial- u. Wirtschaftshistoriker. AUFZEICHNUNGEN 361

Hemingway, Ernest Miller *21. Juli 1899 Oak Park i. Illinois †2. Juli 1961 Ketchum i. Idaho; US-amerikanischer Schriftsteller. AUFZEICHNUNGEN 121; GRÖSSEN 33, 116, 214, 256f., 262; HUNDSTAGE 376

Hempel, Dirk; nach der Promotion 1995–2005 wissenschaftlicher Redakteur des Albrecht Knaus Verlags München für Ks ECHOLOT-Projekt, 2006–07 wissenschaftlicher Kurator der Ausstellung »Kempowskis Lebensläufe« in der Akademie der Künste Berlin. SOMNIA 329f.

Henckels, Paul *9. September 1885 Hürth i. Rheinland † 27. Mai 1967 Kettwig b. Essen; Schauspieler. TADELLÖSER 339

Henderson, James **Fletcher** »Smack« *18. Dezember 1897 Cuthbert †28. Dezember 1952 New York; US-amerikanischer Jazz-Pianist, Komponist u. Bandleader. TADELLÖSER 255 (*Grand Terrace Rhythm*)

Hendrix, James »**Jimi**« Marshall *27. November 1942 Seattle i. Washington †18. September 1970 London; US-amerikanischer Gitarrist u. Sänger. GRÖSSEN 29

Hengstler, Wilhelm *3. Januar

1944 Graz; österr. Schriftsteller, Drehbuchautor u. Regisseur. Sirius 630

Henkel, Gabriele (geb.: Hünermann) *1934; Kunstsammlerin, Kunstmäzenin, Autorin u. Künstlerin. Somnia 361

Henkel, Heike (geb. Redetzky) *5. Mai 1964 Kiel; Hochspringerin. Somnia 362

Henrichs, Benjamin *1946 Stuttgart; Essayist, Theater- u. Literaturkritiker. Alkor 538

Henscheid, Eckhard *14. September 1941 Amberg; Schriftsteller. Alkor 284; Hamit 319; Somnia 315

Hensel, Georg *13. Juli 1923 Darmstadt †17. Mai 1996 Darmstadt; Theaterkritiker. Größen 31

Hensel, Luise *30. März 1798 Linum i. Brandenburg †18. Dezember 1876 Paderborn; Dichterin. Aussicht 230 (*Alle, die mir sind verwandt*);

Hensel, Walther (eigentl. Julius Janiczek) *8. September 1887 Mährisch Trübau †5. September 1956 München; Musikerzieher, -forscher u. Lieddichter. Tadellöser 11 (*Müde bin ich, geh' zur Ruh'*), 19 (*von Jungen Trutz und Art* sowie *Spinnerin Lobunddank* und *Der Morgen hat geschlagen*)

Hentig, Hartmut von *23. September 1925 Posen; Erziehungswissenschaftler u. Publizist. Alkor 277

Henze, Hans Werner *1. Juli 1926 Gütersloh; Komponist. Alkor 117; Hamit 23, 196f.

Hepburne, Audrey (eigentl. Andrey Kathleen Hepburn-Ruston) *4. Mai

1929 Ixelles i. Belgien †20. Januar 1993 Tolochenaz i.d. Schweiz; Schauspielerin britisch-niederländischer Herkunft. Größen 49

Herbart, Johann Friedrich *4. Mai 1776 Oldenburg i. Oldenburg †14. August 1841 Göttingen; Philosoph, Psychologe u. Pädagoge. Aussicht 405

Herber, Maxie *8. Oktober 1920 München †20. Oktober 2006 Garmisch-Partenkirchen; Eiskunstläuferin zusammen mit Ernst →Baier. Sirius 61

Herbst, Hans-Joachim; Regisseur des Dokumentarfilms über K »Ein Dorf wie jedes andere«. Sirius 477f.

Herburger, Günter *6. April 1932 Isny i. Allgäu; Schriftsteller. Alkor 253; Culpa 26; Hamit 53, 58, 286; Sirius 131; Somnia 269, 276

Herdan-Zuckmayer, Alice (eigentl. Alice Henriette Alberta Herdan-Harris von Valbonne und Belmont) *4. April 1901 Wien †11. März 1991 Visp; Schriftstellerin u. Carl →Zuckmayers zweite Ehefrau. Alkor 349

Herder, Johann Gottfried von *25. August 1744 Mohrungen i. Ostpreußen †18. Dezember 1803 Weimar; Dichter, Übersetzer, Theologe, Geschichts- u. Kultur-Philosoph. Alkor 396, 581; Alles Umsonst 352, 354, 359ff., 364, 360 (*Der Cid*); Größen 276; Heile Welt 433; Hundstage 94; Im Block 180; Letzte Grüße 230 (*Herder-Preis*), 299; Somnia 15, 245; Tadellöser 106 (*Wer ausharret wird gekrönt*)

Herder, Karoline von *1750 †1809;

Ehefrau von Johann Gottfried
→Herder; SOMNIA 15
Hering, Herr u. Frau; Sylvester-
gäste 2000 im Hause K. T+K 3, 12
Herles, Helmut *1940 Komotau i.
Böhmen; Dr. phil., Korrespondent u.
Redakteur für mehrere Zeitungen
u.a. ›Süddeutsche Zeitung‹, ›Frank-
furter Allgemeinen Zeitung‹. HAMIT
391
Hermlin, Stefan (eigentl. Rudolf
Leder) *13. April 1915 Chemnitz †6.
April 1997 Berlin; Schriftsteller u.
Übersetzer. ALBUM 5, 115 (Erich
→Loest), 159 (Ingeborg →Drewitz);
ALKOR 74, 123, 419, 462, 483, 528;
HAMIT 319, 328, 334, 338, 353, 374;
SIRIUS 88, 168, 529, 615; SOMNIA 155,
487
Herms, Uwe *9. September 1937
Salzwedel; Schriftsteller. ALBUM 11;
AUFZEICHNUNGEN 588, 592
Herrhausen, Alfred *30. Januar
1930 Essen †30. November 1989 Bad
Homburg; Bankmanager, Vorstands-
sprecher der Deutschen Bank. ALKOR
544
Herrig, Friedrich Christian Ludwig
*12. Mai 1816 Braunschweig †17.
Januar 1889 Berlin; Lehrer, Philolo-
ge u. Herausgeber. TADELLÖSER 253
(*Britisch Classical Authors*)
Hershey, June *27. Juni 1909 Los
Angeles †26. Juli 2000; US-amerika-
nische Lieddichterin. TADELLÖSER 196
(*Deep in the heart of Texas*)
Herwegh, Georg Friedrich Rudolph
Theodor *31. Mai 1817 Stuttgart †7.
April 1875 Lichtental; sozialistisch-
revolutionärer Dichter. GRÖSSEN 143;

IM BLOCK 229 (*Es flammt mein Herz,
es schwillt mein Mut*)
Herzfelde, Wieland (eigentl. Herz-
feld) *11. April 1896 Weggis i. d.
Schweiz †23. November 1988 Ost-
Berlin; Publizist, Autor u. Verleger.
HAMIT 338
Herzog Stipetic, **Werner** *5. Sep-
tember 1942 München; Film- u.
Opernregisseur, Filmproduzent,
Schauspieler u. Autor. HAMIT 15
Heß, Rudolf Walter Richard *26.
April 1894 Alexandria i. Ägypten †17.
August 1987 Berlin; NSDAP-Politi-
ker, ab 1933 Reichsminister ohne
Geschäftsbereich. CULPA 110; ALKOR
535; GOLD 278, 327; HAMIT 244
Hesse, Eva *2. März 1925 Berlin;
Autorin, Essayistin, Herausgeberin
u. Übersetzerin. ALKOR 431
Hesse, Hermann Karl *2. Juli 1877
Calw †9. August 1962 Montagnola
i.d. Schweiz; Schriftsteller u. Kunst-
maler. ALKOR 355, 424; AUFZEICHNUNGEN
178f.; AUSSICHT 511f.; CULPA 140, 367;
GOLD 117 (*Gleichnis will mir alles
scheinen*); GRÖSSEN 112, 119f., 212,
234; HAMIT 383; HEILE WELT 121 (*Vom
Baum des Lebens fällt mir Blatt um
Blatt*), 122, 250; HUNDSTAGE 388; IM
BLOCK 29 (*Seltsam im Nebel zu wan-
dern*), 78, 103 (*Glasperlenspiel*),
104, 142 (*Es muß das Herz bei jedem
Lebensberufe bereit zum Abschied
sein*), 273 (*Voll von Freunden war
mir die Welt*), 285 (*Es muß das Herz
bei jedem Lebensberufe bereit zum
Abschied sein*); KAPITEL 43 (*Solange
du nach dem Glücke jagst, bist du
nicht reif zum Glücklichsein*), 298

(*Vom Baum des Lebens fällt mir Blatt um Blatt*); LETZTE GRÜßE 289 (*Wie jede Blüte welkt*), 300; SIRIUS 19, 136, 557, 597; TADELLÖSER 20 (*Wie haben sie dich, Baum, verschnitten*), 30, 173; WILLKOMMEN 282, 301
Hessel, Gerhard *1912 †1991; K wertete seine Tagebuchaufzeichnungen für das ECHOLOT-Projekt aus. ALKOR 131
Heuss, Theodor *31. Januar 1884 Brackenheim †12. Dezember 1963 Stuttgart; Politikwissenschaftler, Journalist u. 1949–1959 erster Bundespräsident der Bundesrepublik Deutschland. ALKOR 239; AUFZEICHNUNGEN 114, 137, 276; HAMIT 248, 338; SOMNIA 201; WILLKOMMEN 146, 247
Hey, Johann **Wilhelm** *26. März 1789 Leina †19. Mai 1854 Ichtershausen; Pfarrer, Lied- und Fabeldichter. AUSSICHT 141 (*Weißt du, wieviel Sternlein stehen*); HEILE WELT 84 (*Wie fröhlich bin ich aufgewachsen*)
Heyden, Sebald *8. Dezember 1499 Bruck b. Erlangen †9. Juli 1561 Nürnberg; Kantor, Schulleiter u. geistlicher Dichter. SIRIUS 74 (*O Mensch, bewein dein Sünde groß*)
Heydenreich, Fritz; Onkel Ks väterlicherseits. AUFZEICHNUNGEN 294, 410
Heyder, Rolf; Bekannter Ks aus dem Bautzener Gefängnis. AUFZEICHNUNGEN 20, 38, 100, 143, 421; SIRIUS 279
Heyerdahl, Thor *6. Oktober 1914 Larvik i. Norwegen †18. April 2002 Colla Micheri i. Italien; norwegischer Anthropologe, Zoologe, Geologe, Ethnologe, Botaniker u. Abenteurer.

HEILE WELT 380; SIRIUS 301f. (*Kon-Tiki*)
Heykens, Jonny *24. September 1884 Groningen †1945 in Hilversum; niederländischer Komponist. MARK UND BEIN 49; TADELLÖSER 216
Heym, Stefan (eigentl. Helmut Flieg) *10. April 1913 Chemnitz †16. Dezember 2001 En Bokek i. Israel; Schriftsteller. ALBUM 92f., 137 (Wolfgang →Leonhard); ALKOR 280, 494, 561, 567; CULPA 55, 110; HAMIT 53, 131, 138, 140, 169, 220, 320, 351, 373; SIRIUS 61, 168, 483; SOMNIA 155, 282, 329, 394, 469, 509, 529f.
Heymann, Werner Richard *14. Februar 1896 Königsberg †30. Mai 1961 München; Komponist u. Dirigent. AUSSICHT 396 (*Das ist die Liebe der Matrosen*)
Heyne, Moritz *8. Juni 1837 Weißenfels; †1. März 1906 Göttingen; germanistischer Mediävist u. Lexikograph. SIRIUS 84
Heyse, Paul Johann Ludwig *15. März 1830 Berlin †2. April 1914 München; Schriftsteller. AUSSICHT 298; GRÖßEN 38, 144, 238, 258; ZEIT 147
Hientzsch, J.G. *1787 †1856; Lieddichter. IM BLOCK 233 (*Brüder reicht die Hand zum Bunde!*)
Hilberg, Raul *2. Juni 1926 Wien †4. August 2007 Williston i. Vermont; amerikanischer Historiker. ALKOR 341
Hildebrandt, Dieter *23. Mai 1927 Bunzlau i. Niederschlesien; Kabarettist, Schauspieler u. Buchautor. ALKOR 388, 523; SOMNIA 317

Hildebrandt, Emma Minna **Hilde** *10. September 1897 Hannover †27. April 1976 Berlin; Schauspielerin. ALKOR 572

Hildebrandt, Friedrich Karl Heinrich August *19. September Kiekindemark †5. November 1948 Landsberg a. Lech; Gauleiter der NSDAP u. Reichsstadthalter v. Mecklenburg, SS-Obergruppenführer. JOHNSON 72, TADELLÖSER 230

Hildesheimer, Frau; Ehefrau von Wolfgang →Hildesheimer. SIRIUS 123

Hildesheimer, Wolfgang *9. Dezember 1916 Hamburg †21. August 1991 Poschiavo i.d. Schweiz; Schriftsteller u. Kunstmaler. SOMNIA 336

Hill, Mildred J. *27. Juni 1859 Louisville †5. Juni 1916 Chicago; Erzieherin u. Komponistin. MARK UND BEIN 95 (*Happy birthday to you*)

Hilm, Harry siehe unter Siegfried →Tisch

Hilsenrath, Edgar *2. April 1926 Leipzig; Schriftsteller. ALBUM 75

Himmler, Heinrich Luitpold *7. Oktober 1900 München †23. Mai 1945 Lüneburg; NSDAP-Politiker u. Reichsführer-SS. ALKOR 401; AUFZEICHNUNGEN 458; CULPA 129, 271, 300ff., 304, 307f., 324, 338, 345; GOLD 27, 232; KAPITEL 82 (*Reichsheini*); MARK UND BEIN 212; SIRIUS 273, 576; SOMNIA 494

Hindemith, Paul *16. November 1895 Hanau †28. Dezember 1963 Frankfurt a.M.; Komponist. AUFZEICHNUNGEN 137, 139; KAPITEL 208 (*Hindernis*); WILLKOMMEN 123

Hindenburg, Paul Ludwig Hans Anton **von** Beneckendorff und von *2. Oktober 1847 Posen †2. August 1934 Gut Neudeck; Generalfeldmarschall u. deutscher Reichspräsident 1925–34. AUFZEICHNUNGEN 143; AUSSICHT 198, 246, 277; CULPA 91; GRÖßEN 243; HAMIT 394; IM BLOCK 20; LETZTE GRÜßE 236; MARK UND BEIN 52; SIRIUS 84, 576; SOLDATEN 39f.; SOMNIA 273, 277; TADELLÖSER 23

Hinrichs, Herr u. Frau; K nimmt am *Kostümfest bei Hinrichs* in Oldenburg teil. SIRIUS 71

Hinrichsen, Herr; zusammen mit Manfred →Dierks u. →Frase Teilnehmer der Wahlparty 1983. SIRIUS 90

Hinterberger, Norbert; Dichter, erhielt 1991 den Ernst-Robert-Curtius-Förder-Preis. SIRIUS 441f., 447, 449, 483

Hirche, Walter *13. Februar 1941 Leipzig; FDP-Politiker, u.a. 2003–09 Niedersächsischer Minister für Wirtschaft, Arbeit u. Verkehr. ALKOR 196; CULPA 133; HAMIT 269

Hitchcock, Alfred Joseph *13. August 1899 Leytonstone b. London †29. April 1980 Los Angeles; briti. Filmregisseur u. -produzent. ALKOR 49, 162, 231, 372; CULPA 137; HUNDSTAGE 312; SIRIUS 292, 317, 344; SOMNIA 284, 532; WILLKOMMEN 331

Hitler, Adolf *20. April 1889 Braunau, Österreich-Ungarn †30. April 1945 Berlin; Gefreiter u. deutscher Diktator 1933–45. ALBUM 31, 71, 146, 170; ALKOR 66, 83, 115, 130, 137, 154, 157, 160, 168f., 184f., 187, 190, 222f., 225f., 235, 237, 313, 319, 322,

326, 344, 346f., 357, 365, 371, 375f., 398, 415, 418, 431, 441, 447, 451, 484, 498, 535, 546, 558, 579, 588, 593f.; Alles Umsonst 34, 39, 64, 73, 131, 133, 157, 237, 243, 285, 322f., 362; Aufzeichnungen 34, 249, 267, 312, 319, 528; Aussicht 227, 348, 358, 366, 373, 413f., 429, 432, 454, 458, 467, 469 (*diesem Österreicher*), 481, 496–499, 508, 511, 539; Culpa 9, 21, 24, 78, 95–97, 115, 122, 130, 135f., 140, 156, 173, 205, 211, 260, 271, 282, 301, 318, 336, 338, 340, 352, 366; Gold 55, 67, 74, 86, 92f., 96 (*Mein Kampf*), 127, 137f., 149, 156f., 162, 232, 249, 279, 298, 361; Größen 115; Hamit 8, 16, 49, 83, 149, 183, 233, 239, 252, 257, 258f.; Heile Welt 80, 205; Hundstage 109; Im Block 20, 82, 265; Kapitel 32, 136, 173f.; Letzte Grüße 210, 236; Mark und Bein 104, 114, 207f., 210, 213f., 215; Weltschmerz 81 (*Der Mann ... dem die Heimat so vieles verdankt*); Sirius 24, 41, 46, 81, 63, 153f., 171f., 178, 184, 194, 214, 370, 399, 472, 515, 561; Soldaten 39; Somnia 8, 61 78, 82, 197, 231, 273, 326, 366, 397, 438, 440, 458, 460f., 496f., 504, 526f., 536f.; Tadellöser 23, 40, 43, 87, 92, 122, 132, 143, 190, 230, 284ff., 289, 309, 374, 378, 390, 410, 430, 437, 449, 466, 467; Willkommen 26, 80, 201; Zeit 367

Hitler, Alois (geb. Schicklgruber) *7. Juni 1837 Strones i. Bezirk Zwettl †3. Januar 1903 Leonding b. Linz; Zollbeamter; Vater von Adolf →Hitler. Kapitel 220

Hitler, Klara (geb. Pölzl) *12. August Spital †21. Dezember 1907 Linz; Hausfrau u. Mutter von Adolf →Hitler. Kapitel 220

Höcherl, Hermann *31. März 1912 Brennberg b. Regensburg †18. Mai 1989 Regensburg; CSU-Politiker, 1961–65 Bundesminister des Innern u. 1965–69 Bundesminister für Ernährung, Landwirtschaft u. Forsten. Alkor 244

Hochhuth, Rolf *1. April 1931 Eschwege; Dramatiker. Aufzeichnungen 435; Culpa 110; Sirius 180

Hochhuth, Walter †2008 Hamburg; Hamburger Buch- und Kunsthändler. Hamit 235

Hochmuth, Ursel *1931; Historikerin u. Autorin. Alkor 94

Hockney, David *9. Juli 1937 Bradford i. Yorkshire; britischer Kunstmaler, Grafiker, Bühnenbildner u. Fotograf Somnia 275, 471

Hodler, Ferdinand *14. März 1853 Bern †19. Mai 1918 Genf; Schweizer Kunstmaler. Hamit 362

Hodscha, Enver *16. Oktober 1908 Gjirokastra †11. April 1985 Tirana; 1944–85 stalinistischer Diktator Albaniens. Somnia 134

Hoelz, Max *14. Oktober 1889 Moritz b. Riesa †15. September 1933 b. Gorki; kommunistischer Arbeiterführer. Im Block 236

Hofer, Andreas *22. November 1767 b. St. Leonhard i. Tirol †20. Februar 1810 Mantua; Gastwirt u. Viehhändler, Anführer der Tiroler Aufstandsbewegung 1809. Gold 37

Hoffer, Klaus *27. Dezember 1942 Graz; österr. Schriftsteller. Sirius 383

Hoffmann, Angela *1957 Hannover; Schriftstellerin, Übersetzerin, Biographin u. Dozentin für Kreatives Schreiben. HAMIT 206

Hoffmann, Anton *10. April 1863 Bayreuth †26. Januar 1938 Rothenburg o.d. Tauber; Maler, Illustrator u. Lehrer. TADELLÖSER 32 (*Die Eroberung Mexikos*)

Hoffmann, E[rnst]. T[heodor]. A[madeus]. (eigentl. Ernst Theodor Wilhelm Hoffmann) *24. Januar 1776 Königsberg †25. Juni 1822 Berlin; Autor, Jurist, Komponist, Kapellmeister, Musikkritiker, Zeichner u. Karikaturist. 254; GRÖSSEN 121ff., 188; KAPITEL 294; WILLKOMMEN 248

Hoffmann, Heinrich 1) (Pseud. Polykarpus Gastfenger, Heulalius von Heulenburg, Reimerich Kinderlieb u. Peter Struwwel) *13. Juni 1809 Frankfurt a.M. †20. September 1894 Frankfurt a.M.; Psychiater, Lyriker u. Kinderbuchautor. AUSSICHT 295 (*Stuwwelpeter*); LETZTE GRÜSSE 27 (*Struwwelpeter*)

Hoffmann, Heinrich 2) *12. September 1885 Fürth †16. Dezember 1957 München; Leibfotograf Adolf →Hitlers. KAPITEL 173

Hoffmann, Karl-Heinz *28. November 1910 Mannheim †2. Dezember 1985 Strausberg; Armeegeneral, Mitglied des Ministerrats der DDR, Minister für Nationale Verteidigung. HAMIT 118

Hofmannsthal, Christiane von *1902 †1987; Tochter Hugo von →Hofmannsthals. SOMNIA 497

Hofmannsthal, Hugo Laurenz August Hofmann Edler **von** *1. Februar 1874 Wien †15. Juli 1929 Rodaun b. Wien; österr. Schriftsteller, Dramatiker, Lyriker, Librettist, Mitbegründer der Salzburger Festspiele. CULPA 280; GRÖSSEN 283; KAPITEL 294; SOMNIA 497

Hofmanswaldau, Christian Hoffmann *Dezember 1616 Breslau †18. April 1679 Breslau; Lyriker u. Epigrammatiker, Bürgermeister der Stadt Breslau. KAPITEL 294

Högfeldt, Gustav Robert * 13. Februar 1894 Eindhoven †5. Juni 1986 Djursholm; schwedischer Maler u. Karikaturist. TADELLÖSER 73

Hohenberger, Kurt *28. April 1908 Stuttgart †15. Juli 1979 Kernen i. Remstal; Trompeter u. Bandleader. ALKOR 192; KAPITEL 202; TADELLÖSER 66

Hölderlin, Johann Christian **Friedrich** *20. März 1770 Lauffen a. Nekkar †7. Juni 1843 Tübingen; Dichter. ALLES UMSONST 361 (*Da ich ein Knabe war Rettet' ein Gott mich oft*); AUFZEICHNUNGEN 397; AUSSICHT 174, 320; GOLD 210 (*und trunken von Küssen tunkt ihr das Haupt*); HAMIT 15; HUNDSTAGE 388, 393; IM BLOCK 190; SIRIUS 100f., 103

Holland, Dietmar 1949 Bockum-Hövel; Musikwissenschaftler u. -kritiker, Journalist, Autor u. Herausgeber. SIRIUS 259

Hollender, Walter; Dr. phil., Regisseur, Chefdramaturg, Intendant 1983–99. CULPA 229, 241, 252, 257, 273, 282

Höllerer, Walter *19. Dezember 1922 Sulzbach-Rosenberg †20. Mai

2003 Berlin; Schriftsteller, Literaturkritiker u. Literaturwissenschaftler. ALBUM 189

Holm, Hans Axel *1930; schwedischer Journalist von ›Dagens Nyheter‹ u. Autor. SIRIUS 80f.

Holt, Hans (eigentl. Karl Johann Hödl) *22. November 1909 Wien †3. August 2001 Baden b. Wien; österr. Schauspieler. TADELLÖSER 405

Hölty, Ludwig Christoph Heinrich *21. Dezember 1748 Mariensee †1. September 1776 Hannover; Dichter. ALLES UMSONST 196 (*Üb immer Treu und Redlichkeit*); IM BLOCK 243 (*Üb immer Treu und Redlichkeit*); WILLKOMMEN 211, 273

Holz, Arno *26. April 1863 Rastenburg i. Ostpreußen †26. Oktober 1929 Berlin; Dichter u. Dramatiker CULPA 338; AUFZEICHNUNGEN 471; HUNDSTAGE 142, 206; SIRIUS 534

Holz, Frau; aus Ks Biografien-Archiv. SIRIUS 407

Holzhausen, Paul *12. Dezember 1860 Köslin †25. Dezember 1943 Bonn; Lehrer, Historiker u. Schriftsteller. HAMIT 220

Holzmann, Olga »Olly« *31. Oktober 1916 Wien †August 1995 London; österr. Eiskunstläuferin, Tänzerin u. Filmschauspielerin. TADELLÖSER 343

Holzwarth, Georg *28. August 1943 Schwäbisch Gmünd; Schriftsteller u. Hörspielautor. SIRIUS 392

Homer * u. †~1200–850 v. Chr.; Autor der ›Ilias‹ und ›Odyssee‹; GRÖSSEN 60 (*Odyssee*), 178, 213; HEILE WELT 454 (*Odyssee*)

Hondrich, Karl Otto *1. September

1937 Andernach †16. Januar 2007 Frankfurt a.M.; Soziologe. ALKOR 418

Honecker, Erich *25. August 1912 Neunkirchen i. Saarland †29. Mai 1994 Santiago de Chile; KPD-Politiker, 1971–89 Generalsekretär des Zentralkomitees der SED u. ab 1976 auch Vorsitzenden des Staatsrats der DDR. ALBUM 87 (*Er wohnt zeitweilig in Ahrenshoop, [...] einen Steinwurf weit weg von dem wie heißt er noch*); ALKOR 204, 212, 277, 325, 406, 416, 444, 452, 454, 467, 470f., 486, 523, 546f., 559, 566, 581; CULPA 112; LETZTE GRÜSSE 210 (*Präsidenten, die ... Dachdecker [gewesen]*); HAMIT 8, 227, 276, 302, 345, 351, 353, 364, 394; SIRIUS 473, 415; SOMNIA 109, 188, 347, 366, 467, 514, 516f., 520, 526f., 537

Honecker, Margot (geb. Feist) *17. April 1927 Halle a.d. Saale; Ehefrau von Erich →Honecker, 1963–89 Ministerin für Volksbildung der DDR. SOMNIA 366

Honigmann, Barbara *12. Februar 1949 Berlin; Schriftstellerin u. Kunstmalerin. ALBUM 20f.

Höpcke, Klaus *27. November 1933 Cuxhaven; SED u. PDS-Politiker. HAMIT 252, 266

Hoppe, Marianne Stefanie Paula Henni Gertrud *26. April 1909 Rostock †23. Oktober 2002 Siegsdorf i. Oberbayern; Schauspielerin. ALBUM 170f.; SIRIUS 37; SOMNIA 51, 112, 239

Horaz (eigentl. Quintus Horatius Flaccus) *8. Dezember 65 v. Chr. Venusia †27. November 8 v. Chr.; römischer Dichter. ALKOR 299; GRÖSSEN 276

89

Horn, Gyula *5. Juli 1932 Budapest; ungarischer Politiker, 1989–90 Außenminister u. 1994–98 Ministerpräsident Ungarns. Alkor 306; Somnia 369

Horn, Herr; Einlieferer v. Archivmaterial. Culpa 309, 327

Horowitz, Vladimir *1. Oktober 1903 in Berditschew i. Russischen Reich †5. November 1989 New York; US-amerikanischer Pianist. Alkor 234, 496ff.; Hundstage 392

Horváth, Ödön von (eigentl. Edmund Josef von Horváth) *9. Dezember 1901 Sušak b. Rijeka †1. Juni 1938 Paris; österr.-ungarischer Schriftsteller. Alkor 254; Größen 204; Hamit 337

Hossner, Ulrich; Autor. Alkor 362

Hostnig, Heinz; Hörspiel-Redakteur, produzierte Ks Hörspiel *Beethoven Fünfte*. Album 11, 94f.; Culpa 52; Sirius 228f., 454, 525; Somnia 53, 56

Howald, Stefan *1953 Brugg i.d. Schweiz; Journalist u. Redakteur Somnia 150

Huber, Bob E.; Schweizer Trompeter, Komponist u. Textdichter. Alles Umsonst 294 (*Ich pfeif heut Nacht*)

Huber, Lotti (eigentl. Charlotte Goldmann) *16. Oktober 1912 Kiel †31. Mai 1998 Berlin; Schauspielerin, Sängerin u. Tänzerin Hamit 372

Hübner, Helmuth; aus Ks Biografien-Archiv, *kirchlicher Widerstand (Mormone)*. Culpa 103

Hübner, Robert *6. November 1948 Köln; Papyrologe u. Schachgroßmeister. Sirius 161

Hübner, Ulrich *17. Juni 1872 Berlin †29. April 1932 Neubabelsberg; Kunstmaler. Somnia 371

Huch, Ricarda (Pseud. Richard Hugo) *18. Juli 1864 Braunschweig †17. November 1947 Schönberg i. Taunus; Schriftstellerin, Dichterin, Philosophin u. Historikerin. Aussicht 176; Sirius 173, 609

Huelsenbeck, Carl Wilhelm Richard *23. April 1892 Frankenau †20. April 1974 Muralto i.d. Schweiz; Arzt, Schriftsteller, Lyriker, Erzähler, Dramatiker, Mitbegründer des Dadaismus. Aufzeichnungen 426

Huemer, Peter *1941 Linz; österr. Publizist, Journalist u. Historiker. Album 106f.

Huerkamp, Josef; Lehrer, promovierte über Arno →Schmidt. Sirius 204

Huffert, Gustav; aus Ks Biografien-Archiv. Sirius 213, 450

Hugenberg, Alfred Ernst Christian Alexander 19. Juni 1865 Hannover †12. März 1951 Kükenbruch; Montan-, Rüstungs- u. Medienunternehmer, DNVP-Politiker, Minister für Wirtschaft, Landwirtschaft u. Ernährung im ersten Kabinett Adolf →Hitler. Somnia 461

Hughes jr., **Howard** Robard *24. Dezember 1905 in Houston i. Texas †5. April 1976 Houston; US-amerikanischer Unternehmer. Hundstage 354

Hugo, Adèle *28. Juli 1830 Paris †21. April 1915 Suresnes; Tochter von Voctor →Hugo. Größen 125

Hugo, Léopoldine; *28. August

1824 Paris †4. September 1843 Ville-
quier; Tochter von Voctor →Hugo.
Größen 125
Hugo, Victor-Marie *26. Februar
1802 Besançon †22. Mai 1885 Paris;
Schriftsteller. Größen 21, 124ff.; Hamit
181; Im Block 116, 139, 198, 276
(*Glöckner von Notre-Dame*); Letzte
Grüße 428 (*Glöckner von Notre-
Dame*)
Huguet, Alfred Antoine; Kunstma-
ler. Sirius 619
Hüls, Jörg E. *7. Juli 1944; Journa-
list u.a. ab 1989 stellvertretender
Chefredakteur der ›Hörzu‹. Somnia
514
Humboldt, Friedrich Wilhelm
Christian Carl Ferdinand **von** *22.
Juni 1767 Potsdam †8. April 1835
Tegel; Gelehrter, Staatsmann, Mit-
gründer der Berliner Universität.
Alkor 185, 228
**Humboldt, Friedrich Wilhelm Hein-
rich Alexander von** *14. Septem-
ber 1769 Berlin †6. Mai 1859 Berlin;
Naturforscher u. Autor. Alkor 127,
228; Hundstage 296
Humperdinck, Engelbert *1. Sep-
tember 1854 Siegburg †27. Septem-
ber 1921 Neustrelitz; Komponist der
Spätromantik. Aussicht 308, Tadel-
löser 100f.
Hundertwasser, Friedensreich
(eigentl. Friedrich Stowasser) *15.
Dezember 1928 Wien †19. Februar
2000 an Bord der ›Queen Elizabeth
II.‹ b. Neuseeland; österr. Künstler
Hamit 153
Hunke, Sigrid *26. April 1913 Kiel
†15. Juni 1999 Hamburg; Religions-

wissenschaftlerin u. Germanistin.
Somnia 39
Hunter, Frau; K sitzt mit ihr zusammen in einer Gesprächsrunde wäh-
rend einer TV-Aufnahme des österr.
Fernsehens. Album 107
Hussein 1. *14. November 1935 Am-
man, †7. Februar 1999; 1952–99
König von Jordanien. Somnia 63
Hussein, Saddam *28. April 1937
al-Audscha b. Tikrit †30. Dezember
2006 al-Kazimiyya b. Bagdad;
1979–2003 Staatspräsident, 1979–91
u. 1994–2003 Premierminister des
Irak. Culpa 168
Huston, John Marcellus *5. August
1906 Nevada i.Missouri †28. August
1987 Middletown a. Rhode Island;
US-amerikanischer Filmregisseur,
Drehbuchautor u. Schauspieler,
Alkor 20, 435; Größen 134; Somnia 75,
438
Hutten, Ulrich von *21. April 1488
Burg Steckelberg i. Schlüchtern †29.
August 1523 Ufenau i. Zürichsee;
Humanist, Dichter u. Publizist.
Tadellöser 331
Hüttner, Doralis; Redakteurin beim
›Stern‹. Sirius 221
Huxley, Aldous Leonard *26. Juli
1894 Godalming †22. November
1963 Los Angeles; britischer Schrift-
stelle Alkor 11, 340, 393f.; Aufzeich-
nungen 242, 254, 255; Größen 127ff.;
Sirius 19; Somnia 478
Huxley, Julian Sorell *22. Juni 1887
London †14. Februar 1975 London;
britischer Biologe, Philosoph u.
Schriftsteller. Somnia 140
Hylton, Jack (eigentl. John Green-

halgh Hilton) *2. Juli 1892 Bolton †29. Januar 1965 London; britischer Big-Band Leader, Konzert- u. Musicalproduzent. SIRIUS 421; TADELLÖSER 66

Iben; Familie in Rostock. SIRIUS 376

Ibsen, Henrik Johan *20. März 1828 Skien †23. Mai 1906 Kristiania; norwegischer Schriftsteller u. Dramatiker. AUSSICHT 58; IM BLOCK 132; KAPITEL 44, 276

Igelhoff, Peter (eigentl. Rudolf August Ordnung) *22. Juli 1904 Wien †8. April 1978 Bad Reichenhall; österr. Musiker u. Komponist. HUNDSTAGE 126, 406 (*In meiner Badewanne bin ich Kapitän*); KAPITEL 202; TADELLÖSER 43 (*In der himmelbauen kleinen Limousine*), 66, 158 (*Ach verzeihn Sie meine Dame, Gottfried Schulz ist mein Name*)

Ilsemann, Sigurd von *19. Februar 1884 Lüneburg †6. Juni 1952 Doorn; Verbindungsoffizier zwischen Oberste Heeresleitung u. kaiserlichem Quartier, ab 1918 Flügeladjutant Kaiser →Wilhelms II. SIRIUS 297

Inge; *[...] ehem. Freundin mit der ich nur eine Woche ging.* SIRIUS 181

Ingrid (gen. Önönü); Schülerin vom Gymnasium Weilheim, nimmt am Literaturseminar im November 1983 teil. SIRIUS 550

Ingrim, Robert (eigentl. Franz Robert Klein) *30. Juni 1896 Wien †4. März 1964 Chardonne i.d. Schweiz; Publizist, Autor u. Essayist. ALKOR 237

Iona, Andy (eigentl. Andrew Aiona Long) *1. Januar 1902 †9. November 1966; US-amerikanisch-hawaianischer Musiker. SIRIUS 421

Ionesco, Eugène (eigentl. Eugen Ionescu) *26. November 1909 Slatina i. Rumänien †28. März 1994

Paris; franz.-rumänischer Schriftsteller u. Dramatiker. ALKOR 17; AUFZEICHNUNGEN 409, 508; GRÖßEN 106

Irving, David John Cawdell *24. März 1938 Brentwood i.d.Grafschaft Essex; britischer Sachbuchautor, bekannt durch seine Fälschung der Opferzahlen des Luftangriffs auf Dresden 1945, Geschichtsrevisionist u. Leugner des Holocausts. CULPA 345; HAMIT 214

Isenberg, Herr; Pastor. AUFZEICHNUNGEN 49, 90

Ismayr, Rudolf *14. Oktober 1908 Landshut †9. Mai 1998 Marquartstein; Gewichtheber. AUSSICHT 449

Iwan IV. Wassiljewitsch, (gen. »Der Schreckliche«, *25. August 1530 Kolomenskoje †28. März 1584 Moskau; erster gekrönter russ. Zar. HUNDSTAGE 155, 163, 277, 361f.; SIRIUS 158, 346

Jäckel, Eberhard *29. Juni 1929 Wesermünde; Historikeru. Publizist vor allem über die Zeit des Nationalsozialismus. SOMNIA 48, 461

Jackson, Robert H. *13. Februar 1892 Spring Creek Township i. Pennsylvania †9. Oktober 1954 Washington D. C.; Richter am Obersten Gerichtshof der USA und Chefankläger bei dem ersten Nürnberger Prozeß. GOLD 277

Jacobi, Ernst *11. Juli 1933 Berlin; Theater-, Filmschauspieler u. Sprecher. CULPA 12

Jaeger, Wilhelm »Hans« (auch: Jäger) *28. Juli 1888 Neubrandenburg †3. März 1979 Marburg; Bildhauer, Schöpfer der Totenmaske von Engelbert →Humperdinck. TADELLÖSER 100

Jaeger, Karl-Heinz »Henry« *29. Juni 1927 Frankfurt a.M. †4. Februar 2000 Ascona; Schriftsteller. ALBUM 144f.

Jägersberg, Otto *19. Mai 1942 Hiltrup; Schriftsteller u. Filmemacher. SIRIUS 205f.

Jahn, Friedrich Ludwig (gen. »Turnvater Jahn«) *11. August 1778 Lanz †15. Oktober 1852 Freyburg a.d. Unstrut; Initiator der deutschen Turnbewegung. SOMNIA 392; WILLKOMMEN 220

Jahn, Herr; Organist i. Rostock. AUFZEICHNUNGEN 90, 239

Jahnn, Hans Henny (eigentl. Hans Henry Jahn) *17. Dezember 1894 Stellingen †29. November 1959 Hamburg; Schriftsteller, Orgelreformer u. Musikverleger. ALBUM 36;

ALKOR 24, 28, 31, 67; CULPA 96; HAMIT 53; SOMNIA 260, 276

Jakobs, Theodor *19. August 1896 Rostock †29. Oktober 1947 Rostock; Stadtchronist, Archivar u. Autor. GOLD 87; HAMIT 102, 233

James II. *14. Oktober 1633 London †16. September 1701 Saint-Germain-en-Laye; König von England, König von Schottland u. König von Irland. GRÖßEN 65

Jandl, Ernst *1. August 1925 Wien †9. Juni 2000 Wien; Dichter, Schriftsteller u. Übersetzer HAMIT 139; JOHNSON 108

Janka, Walter *29. April 1914 Chemnitz; †17. März 1994 Kleinmachnow; Verleger. SOMNIA 136

Jannasch, H. W.; Pädagoge. SIRIUS 220

Janssen, Christian; Neffe Ks. AUFZEICHNUNGEN 482

Janssen, Christian; Schwager Ks, Bruder seiner Frau Hildegard →Kempowski. AUFZEICHNUNGEN 512

Janssen, Christian; Schwiegervater Ks, Vater v. Hildegard →Kempowski. ALKOR 149, 285; AUFZEICHNUNGEN 84, 119, 145, 167f., 290, 338, 353, 382f., 462, 464, 511, 561, 585, 595; SIRIUS 92, 279

Janssen, Gertrud; Mutter v. Hildegard →Kempowski. ALKOR 144, 148f., 151, 160, 170, 185, 195, 219, 235, 238, 240, 262, 269, 316, 355, 485, 496; AUFZEICHNUNGEN 181f., 229, 338, 353, 382, 503, 511, 561, 595; HAMIT 198; SIRIUS 40; SOMNIA 104, 113, 125, 194, 212, 374, 382, 384

Janssen, Hermann; Schwager Ks, Bruder seiner Frau Hildegard. AUFZEICHNUNGEN 93, 229, 240, 290, 445, 482, 585

Janssen, Hermann; Ks Schwager i. Minden, Bruder seiner Frau Hildegard →Kempowski. ALKOR 149, 262

Janssen, Hildegard siehe Hildegard →Kempowski

Janssen, Horst *14. November 1929 Hamburg †31. August 1995 Hamburg; Zeichner u. Grafiker. ALKOR 92, 373

Janssen, Peter; *hat seinen Hahn mal 15 Meter weit weg geschleudert, weil der ihn attackierte.* ALKOR 209

Janssen, Ute; Schwägerin Ks, Schwester seiner Frau Hildegard →Kempowski. AUFZEICHNUNGEN 119, 597, 600

Jaruzelski, Wojciech Witold *6. Juli 1923 Kurów b. Lublin †25. Mai 2014 Warschau; polnischer General u. Politiker, 1981–90 u.a. Ministerpräsident u. Staatsratsvorsitzender. HAMIT 299

Jary, Maximilian **Michael** Andreas (geb. Jarczyk) *24. September 1906 Laurahütte b. Kattowitz †12. Juli 1988 München; Komponist. ALBUM 154f.; ALLES UMSONST 98 (*Ich weiß, es wird einmal ein Wunder geschehn*); TADELLÖSER 332f. (*Fräulein, Sie dürfen heute nicht allein sein*)

Jary, Frau u. Tochter. ALBUM 154

Jasow, Dimitri Timofejewitsch *8. November 1923 i. Rajon Okoneschnikowo; Marschall der Sowjetunion u. Politiker. SOMNIA 94, 100, 335, 338, 346

Jastram, Joachim »**Jo** «*4. September 1928 Rostock †7. Januar 2011 Ribnitz-Damgarten; Bildhauer. Somnia 214f.

Jauch, Günther *13. Juli 1956 Münster Westfalen; Showmaster, Journalist u. Produzent. T+K 17; Somnia 206

Jazz Victor; Musikgruppe, *von der hatten wir einen sehr schönen Tiger Rag*. Sirius 422

Jean Paul (eigentl. Johann Paul Friedrich Richter) *21. März 1763 Wunsiedel †14. November 1825 Bayreuth; Schriftsteller. Alkor 161, 328; Tadellöser 114 (*Siebenkäs*)

Jefferson, Thomas *13. April 1743 Shadwell i. Virginia †4. Juli 1826 b. Charlottesville i. Virginia; dritter Präsident der USA 1801–09. Letzte Grüße 192

Jelinek, Elfriede *20. Oktober 1946 Mürzzuschlag; österr. Schriftstellerin. Sirius 373

Jelzin, Boris Nikolajewitsch *1. Februar 1931 Butka i. Ural †23. April 2007 Moskau; 1991–99 erster demokratisch gewählter Präsident Rußlands. Hamit 221; Somnia 89, 149, 263, 336, 338, 34-ff., 345ff., 352, 354, 357, 453, 466, 476, 542

Jendis, Hans; *4. April 1913 Schwelm b. Wuppertal †14. Mai 1985 Göttingen; Kantor in Göttingen u. Orgelrevisor. Aufzeichnungen 117

Jenninger, Philipp-Hariolf *10. Juni 1932 Rindelbach; CDU-Politiker, u.a. 1984–88 Präsident des Deutschen Bundestages. Alkor 510; Sirius 256

Jens, Inge (geb. Puttfarcken) *11. Februar 1927 Hamburg; Literatur-

wissenschaftlerin u. Publizistin, Ehefrau von Walter →Jens. Hamit 83

Jens, Walter *8. März 1923 Hamburg; Prof. für Rhetorik, Altphilologe, Literaturhistoriker, Schriftsteller, Kritiker u. Übersetzer. Alkor 120, 187; Aufzeichnungen 384f., 393, 405; Culpa 55; Größen 41; Hamit 220, 222, 237, 251, 351, 374; Sirius 414; Somnia 507

Jensen, Beate *18. Oktober 1958 Kiel; Schauspielerin u. Hörspielsprecherin. Culpa 56; Somnia 398

Jessen, Jens *1955 in Berlin; Journalist. Hamit 253

Jessenin, Sergei Alexandrowitsch *3. Oktober 1895 Konstantinowo †28. Dezember 1925 Leningrad; russ. Lyriker; Im Block 89 (*Kak mnje trudno uchoditj watmu*); Willkommen 78 (*Do swidanja drug moi*)

Jesus ben Eleazar ben Sira *? †?; Verfasser des Weisheitsbuchs Jesus Sirach ~180 v. Chr. Im Block 229 (*Und alles Fleisch vergeht wie Heu*), 236; Sirius 167

Jiang Qing *März 1914 Zhucheng i.d. Provinz Shandong †14. Mai 1991 Peking; vierte Ehefrau →Mao Tze-Tungs. Culpa 36

Jochim, Bertold K. Autor des 1957 erschienene ›Landser‹ Werkes ›Donnerkeil-Cerberus: Der Durchbruch deutscher Schlachtschiffe durch den englischen Kanal‹. Vergl. dazu auch John Dean →Potter.

Jodl, Alfred Josef Ferdinand (geb. Alfred Baumgärtler) *10. Mai 1890 Würzburg †16. Oktober 1946 Nürnberg; Heeresoffizier u. Chef des

Wehrmachtführungsstabes. Alkor 452; Mark und Bein 214
Johannes *? †?; Apostel u. Evangelist. Alkor 588; Hamit 187; Im Block 210; Apostel Sirius 29, 108
Johannes der Täufer *~1 v. Chr Ein Kerem? †35 n. Chr. Jerusalem?; jüdischer Prophet, Heiliger, verkündete am Jordan das Kommen des von den Juden ersehnten Messias. Alkor 73, 301f.; Im Block 242; Sirius 572
Johannes Paul II. (eigentl. Karol Józef Wojty³a) *18. Mai 1920 Wadowice †2. April 2005 Rom; 264. Papst der römisch-katholischen Kirche. Culpa 108
Johansen, Marie *1886 †1975; K verwendete ihre Aufzeichnungen i. Echolot. Culpa 298
Johe, Werner; Historiker. Alkor 94
John, Otto *19. März 1909 Marburg †26. März 1997 Innsbruck; erster Präsident des Bundesamtes für Verfassungsschutz in der Bundesrepublik Deutschland 1950–54. Sirius 256
Johnson, Lyndon B[aines]. *27. August 1908 Stonewall i. Texas †22. Januar 1973 Stonewall i. Texas; 1963–69 36. Präsident USA. Aufzeichnungen 530; Hamit 312
Johnson, Freddie *12. März 1904 New York †23. März 1961 New York ; US-amerikanischer Jazz-Musiker u. Bandleader. Tadellöser 89, 135 u. 360 (Harlem at Saturday night)
Johnson, Uwe *20. Juli 1934 Cammin †~23./24. Februar 1984 Sheerness on Sea i. Großbritannien; Schriftsteller. Album 16, 131; Alkor 93,

238, 292, 297, 322, 376; Aufzeichnungen 182,477; Culpa 26, 33, 66, 237, 348; Größen 93, 106, 108, 130ff., 216; Hamit 33, 103, 129, 183, 265, 279, 303, 377; Sirius 19, 175, 204, 353, 394, 432, 509, 560, 602, 609; Somnia 133, 136, 153, 260, 267, 418, 431, 524
Johst, Hanns *8. Juli 1890 Seerhausen b. Riesa †23. November 1978 Ruhpolding; Schriftsteller, Dramatiker u. Kultur-Funktionär der NSDAP, ab 1935 Präsident der Reichsschrifttumskammer. Aussicht 474
Jolles, André (eigentl. Johannes Andreas *7. August 1874 Den Helder †22. Februar 1946 Leipzig; Kunsthistoriker, Literatur- u. Sprachwissenschaftler. Aufzeichnungen 201
Jolles, Herr; Gestern von Herrn Jolles acht lange Stunden an der nordirischen Küste von Felsen zu Felsen gefahren [...] . Culpa 13, 74; Sirius 138
Jona * u. †~8. Jh. v. Chr.; jüdischer Prophet. Gold 28
Jonas, Anna *8. Juni 1944 Essen; Schriftstellerin. Album 176f.
Jonas, Lehrer siehe unter Hans →Märtin
Jonas-Lichtenwallner, Johanna od. Hedy Frank-Autherid (eigentl. Johanna Jonas) *5. September 1914 Wien †21. Juli 2002; Verlagsangestellte, Literaturkritikerin, Erzählerin, Lyrikerin. Weltschmerz 65 (Das Weidenmännlein vom Aubach)
Joppich, Gerhard; Direktor der

Göttinger PH ab Dezember 1958–61. AUFZEICHNUNGEN 212, 218, 287

Jörgens, Franz Ludwig *16. Januar 1792 Gütersloh †1838 od. 1840 Hermann i. Missouri; ev. Pfarrer u. Kirchenliederdichter. HAMIT 328 (*Wo findet die Seele die Heimat, die Ruh*)

Joyce, James *2. Februar 1882 Dublin †13. Januar 1941 Zürich; irischer Schriftsteller. AUFZEICHNUNGEN 360, 471, 500f., 508; GRÖßEN 81, 134ff., 141, 200, 209, 232, 244, 280, 283; IM BLOCK 167; SOMNIA 20, 438

Joyce, Nora (geb. Barnacle) *am 21. od. 22. März 1884 Galway †10. April 1951 Zürich; Lebensgefährtin u. Ehefrau von James →Joyce. GRÖßEN 136

Jud, Felix siehe unter Wilfried →Weber

Jugo, Jenni (eigentl. Eugenie Jenny Walter) *14. Juni Mürzzuschlag i.d. Steiermark †30. September 2001 Schwaighofen i. Oberbayern; österr. Schauspielerin. TADELLÖSER 454

Juhnke, Harald (eigentl. Harry Heinz Herbert) *10. Juni 1929 Berlin †1. April 2005 Rüdersdorf b. Berlin; Schauspieler, Entertainer u. Sänger. OPPLAWUR 7, 26; SOMNIA 91f., 517

Juliana, Heilige *285 Nikomedia †304 Nikomedia; Heilige u. Märtyrin. ALKOR 88

Jung, Carl Gustav *26. Juli 1875 Kesswil †6. Juni 1961 Küsnacht; Schweizer Psychiater, Begründer der analytischen Psychologie. AUFZEICHNUNGEN 259, 283; ALKOR 359; HAMIT 168

Jünger, Ernst *29. März 1895 Heidelberg †17. Februar 1998 Riedlingen; Offizier, Schriftsteller,

Philosoph u. Insektenkundler. ALKOR 81, 108, 151, 191, 379, 383; CULPA 40, 187, 208, 224, 286ff., 334, 336, 340, 343, 367, 373; GRÖßEN 72, 137ff., 197; HAMIT 259, 412; MARK UND BEIN 104 (*Kniebolo* [Synonym für Adolf →Hitler in Jüngers ›Auf den Marmorklippen‹]); SIRIUS 70, 116, 120, 135, 150, 161ff., 255, 472; SOMNIA 139f., 374, 447, 461, 467; WILLKOMMEN 247

Jungk, Robert (eigentl. Robert Baum) *11. Mai 1913 Berlin †14. Juli 1994 Salzburg; Publizist, Journalist u. Zukunftsforscher. SIRIUS 247, 483f.

Jürgens, Udo (eigentl. Udo Jürgen Bockelmann) *30. September 1934 Klagenfurt; deutsch-österr. Komponist u. Sänger SIRIUS 571

Jussenhoven, Gerhard *30. Januar 1911 Köln †13. Juli 2006 Köln; Komponist u. Musikverleger. MARK UND BEIN 189 (*Kornblumenblau*)

Just, Grete; aus Ks Biografien-Archiv. SIRIUS 512

Justiniano, Gonzalo *20. Dezember 1955 Santiago de Chile; chilenischer Regisseur u. Produzent. ALKOR 195

K., Agnes; unbequemer Besuch im Hause K. Sirius 373, 380

Kabel, Heidi Bertha Auguste (verh. Mahler) *27. August 1914 Hamburg †15. Juni 2010 Hamburg; Volksschauspielerin u. Sängerin. Alkor 141

Kafka, Franz *3. Juli 1883 Prag †3. Juni 1924 Kierling b. Klosterneuburg; Schriftsteller. Alkor 214, 426; Aufzeichnungen 160, 171, 177, 196, 344, 346, 380, 397, 458, 464, 471, 508; Culpa 370; Größen 140ff., 188, 209, 269; Hamit 124, 168, 347; Sirius 50, 349; Somnia 202; Willkommen 277

Kafka, Ottilie »Ottla« *29. Oktober 1892 Prag †1943 KZ-Auschwitz-Birkenau; Schwester von Franz →Kafka. Größen 141

Kaganowitsch, Lasar Moissejewitsch Kaganowitsch (eigentl. Lazar Mossjewitsch Kogan) *22. November 1893 Kabany i. Rußland †25. Juli 1991 Moskau; Politiker. Somnia 285

Kagel, Mauricio Raúl *24. Dezember 1931 Buenos Aires †18. September 2008 Köln; argentinisch-deutscher Komponist, Dirigent, Librettist u. Regisseur. Hamit 183

Kahn, Oliver *15. Juni 1969 Karlsruhe; Fußballtorhüter, dreimal Welttorhüter des Jahres. T+K 10

Kai-Nielsen, Dorthe; Nichte Ks, Tochter seiner Schwester Ursula →Kai-Nielsen. Aufzeichnungen 421, 423, 425, 564

Kai-Nielsen, Ib (*Sven Sörensen* in Tadellöser u. Willkommen) *? †11.7.2008; Schwager Ks, verh. mit Ursula Kempowski. Spediteur; ehe-

maliger Stadtrat für die Sozialdemokratische Partei Dänemarks. Alkor 457; Aufzeichnungen 59, 90, 181, 342, 372, 556, 586; Culpa 347; Sirius 33, 51, 301; Tadellöser 154, 195ff.; Willkommen 67, 73, 341, 351

Kai-Nielsen, Lone; Nichte Ks, Tochter seiner Schwester Ursula →Kai-Nielsen. Aufzeichnungen 145, 490

Kai-Nielsen, Mette; Nichte Ks, Tochter seiner Schwester Ursula →Kai-Nielsen. Aufzeichnungen 56f., 352

Kai-Nielsen, Ursula (gen. »Ulla«; geb. Kempowski) *1922 Rostock; Schwester von K. Alkor 200, 202; Aufzeichnungen 50, 55, 57ff., 62, 89, 100, 145, 159, 210, 226, 230, 232, 234, 257f., 282, 298, 341f., 352, 366, 372, 421, 443, 481, 553ff.; Culpa 145, 347; Hamit 91f., 290; Sirius 51, 126, 176, 295, 362f., 413, 612; Somnia 68, 199, 292, 410f., 413, 446, 505

Kaiser, Jakob *8. Februar 1888 Hammelburg †7. Mai 1961 Berlin; Zentrums- u. CDU-Politiker, Mitglied des Parlamentarischen Rates u. 1949–57 Bundesminister für Gesamtdeutsche Fragen. Culpa 38

Kaiser, Joachim *18. Dezember 1928 Milken i. Ostpreußen; Redakteur der ›Süddeutschen Zeitung‹, 1977–96 Prof. für Musikgeschichte, Musik-, Literatur- u. Theaterkritiker. Alkor 287; Aufzeichnungen 379, 383, 384, 393ff., 400, 403ff., 411; Hamit 306; Somnia 199, 368

Kalikauskas, Josef; K lernte ihn in Bautzen kennen. *Ein Mann von eiserner Festigkeit. Guter Schach-*

spieler, wie alle Leute im Osten.
SIRIUS 81
Kampen, Udo van *4. April 1949
Bad Kreuznach; Journalist u. Aus-
landsreporter. T+K 20
Kamptz-Borken, Walter von;
Sachbuchautor. SIRIUS 491
Kandinsky, Wassily *16. Dezember
1866 Moskau †13. Dezember 1944
Neuilly-sur-Seine; russ. Kunstmaler,
Grafiker u. Kunsttheoretiker. HAMIT
337
Kant, Hermann *14. Juni 1926
Hamburg; Schriftsteller. ALBUM 115;
ALKOR 127, 167, 356, 462, 483, 528;
HAMIT 130f., 263, 335f.; SIRIUS 168;
SOMNIA 393
Kant, Immanuel (eigentl. Emanuel)
*22. April 1724 Königsberg †12. Fe-
bruar 1804 Königsberg; Philosoph.
ALKOR 315; ALLES UMSONST 79; AUSSICHT
360; IM BLOCK 62. u. 281 (*Das morali-
sche Gesetz in mir, der gestirnte
Himmel über mir*), 210
Kantorowicz, Alfred *12. August
1899 Berlin †27. März 1979 Ham-
burg; Schriftsteller, Publizist u.
Literaturwissenschaftler. CULPA 118,
216; HAMIT 155, 328, 334f., 338
Karajan, Herbert von (eigentl.
Heribert Ritter von Karajan) *5.
April 1908 Salzburg †16. Juli 1989
Anif; österr. Dirigent. ALKOR 273, 415;
SIRIUS 31, 537
Karall, Margret; Autorin aus Ks
Biografien-Archiv, *Kindheit in einer
Dorfschule*. ALKOR 304
Karalus, Paul *1928 †2000; Autor u.
Regisseur. SIRIUS 178
Karasek, Hellmuth *4. Januar 1934

Brünn i. Mähren; Journalist, Buchautor, Literaturkritiker u. Prof. für
Theaterwissenschaft. ALKOR 285, 462,
466, 533; HAMIT 49, 56, 66, 84, 306,
343; SIRIUS 82f., 199f., 404, 440f.,
444f., 446, 475; SOMNIA 65, 158, 223,
353, 499
Kardorff, Ursula von *10. Januar
1911 Berlin †25. Januar 1988 Mün-
chen; Journalistin u. Publizistin.
ALKOR 428; CULPA 144, 224, 316; HAMIT
155
Kardorff, Uta von (geb. Huberta
Sophie Viola Edelgarde von Witz-
leben-Normann) *9. Oktober 1921
Hannover; Journalistin u. Schrift-
stellerin. CULPA 352
Karfeld, Kurt Peter; Herausgeber,
Fotograf, Illustrator. TADELLÖSER 448
**Karl August Herzog von Sachsen-
Weimar-Eisenach** *3. September
1757 Weimar †14. Juni 1828 Schloss
Graditz b. Torgau; Herzog u. Groß-
herzog v. Sachsen-Weimar-Eisenach.
GROßEN 102
Karl V. *24. Februar 1500 Gent †21.
September 1558 Kloster San Jeróni-
mo de Yuste; ab 1516 an König Karl
I. von Spanien, 1519 römisch-deut-
scher König, 1520 Kaiser des Heili-
gen Römischen Reiches. CULPA 235
Karl Heinz (*Seppel Fröhlich* in HERZ-
LICH WILLKOMMEN); Bekannter Ks aus
dem Gefängnis Bautzen, den er in
Göttingen wieder trifft. AUFZEICHNUN-
GEN 33ff., 41ff., 47, 70, 82f., 117, 122,
133, 140f., 185, 199, 279
Kaschnitz, Marie Luise (eigentl.
Freifrau von Kaschnitz-Weinberg,
geb. von Holzing-Berstett) *31. Janu-

ar 1901 Karlsruhe †10. Oktober 1974 Rom; Schriftstellerin. Alkor 156; Hamit 51f., 80, 137, 141, 148; Sirius 188

Kasimir II. Jagiello von Polen u. Litauen *30. November 1427 Krakau †7. Juni 1492 Grodno; als Kasimir IV. Großfürst von Litauen u. ab 1447 König von Polen. Mark und Bein 162

Kassenberg, Andrzej; Präsident des Warschauer ›Institute for Sustainable Development‹. Hamit 398

Kässens, Wend *1947 in Hamburg; Redakteur, Publizist u. Moderator. Somnia 58

Kästner, Emil Erich *23. Februar 1899 Dresden †29. Juli 1974 München; Schriftsteller, Drehbuchautor u. Kabarettist. Culpa 41; Hundstage 33 (*Drei Männer im Schnee*), 381 (*Drei Männer im Schnee*), 390f.; Im Block 167; Sirius 84 (*Pünktchen und Anton*)

Kästner, Erhart *13. März 1904 Schweinfurt †3. Februar 1974 Staufen i. Breisgau; Schriftsteller u. Bibliothekar Sirius 182, 192

Katharina II., (gen. Katharina die Große) *2. Mai 1729 Stettin †17. November 1796 St. Petersburg; Zarin des Russischen Reiches u. Herzogin von Schleswig-Holstein-Gottorf. Alles Umsonst 370

Katzberger siehe unter →Okey od. Oky

Käutner, Helmut *25. März 1908 Düsseldorf †20. April 1980 Castellina i. Italien; Regisseur u. Schauspieler, Verfasser u.a. der populärsten Version des Liedes La Paloma. Kapitel 14 (*Weine nicht mein Kind, die Tränen sie sind vergebens*)

Kaye, Danny (eigentl. Daniel David Kaminsky) *18. Januar 1913 New York †3. März 1987 Los Angeles; US-amerikanischer Schauspieler, Komiker u. Sänger. Aufzeichnungen 68

Kayser, Wolfgang *24. Dezember 1906 Berlin †23. Januar 1960 Göttingen; Germanist u. Literaturwissenschaftler. Aufzeichnungen 193f.; Hamit 96

Kayser; Nachwuchsdichter, Seminarteilnehmer im Hause Ks. Sirius 444

Keaton, Joseph Francis »Buster« *4. Oktober 1895 Piqua i. Kansas †1. Februar 1966 Woodland Hills i. Kalifornien; US-amerikanischer Schauspieler, Komiker u. Regisseur. Culpa 47; Somnia 107

Keele, Alan Frank (*Professor Flowers* in Letzte Grüße) Germanist an der Brigham-Young-Universität in Provo USA, erstellte eine Wortkonkordanz zur *Deutschen Chronik*. Alkor 51, 91, 212, 221, 289, 459, 577; Culpa 86, 93, 290, 301f., 343, 356; Hamit 111, 209; Letzte Grüße 303, 305, 310f.; Somnia 62, 483f.

Kehr, Carl *6. April 1830 Goldbach †18. Januar 1885 Erfurt; Volksschulpädagoge u. pädagogischer Schriftsteller. Sirius 266

Keim, Heinrich; Kriegsgefangener in Russland. Culpa 80

Keitel, Wilhelm Bodewin Johann Gustav *22. September 1882 Helmscherode b. Gandersheim †16. Oktober 1946 Nürnberg; Heeresoffizier u. Generalfeldmarschall. Alkor 453; Gold 136, 277; Mark und Bein 208

Kell, Herr; Musiklehrer Ks in Rostock. CULPA 192 (*1943 das war meine Spielscharzeit*)

Keller, Gottfried *19. Juli 1819 Zürich †15. Juli 1890 Zürich; Schweizer Dichter u. Politiker. ALKOR 161; ALLES UMSONST 366; AUFZEICHNUNGEN 86, 93f., 103, 160, 170; AUSSICHT 31, 58; GOLD 45, 97, 217, 311 (*Grüner Heinrich*); GRÖßEN 121, 142ff.; HAMIT 404; HUNDSTAGE 360 (*Pankraz der Schmoller*); IM BLOCK 132, 168; KAPITEL 44, 226, 276, 355; OPPLAWUR 46; SIRIUS 28, 87 (*Das Sinngedicht*), 226; WILLKOMMEN 248, 278, 282

Keller, Sven; erfand die ›Thälmann-Zelle‹ in Bautzen. SIRIUS 193

Kellermann, Bernhard *4. März 1879 Fürth †17. Oktober 1951 Klein Glienicke b. Potsdam; Schriftsteller. AUSSICHT 298; GOLD 45; HAMIT 346; IM BLOCK 121

Kelly, Grace Patricia *12. November 1929 Philadelphia i. Pennsylvania †14. September 1982 Monaco; US-amerikanische Filmschauspielerin, nach Heirat mit dem monegassischen Fürsten als Fürstin Gracia Patricia von Monaco bekannt. LETZTE GRÜßE 256

Kelly, Petra Karin (geb. Lehmann) *29. November 1947 Günzburg †~1. Oktober 1992 Bonn; Friedensaktivistin u. Gründungsmitglied der Partei Die Grünen. ALKOR 345; SIRIUS 82, 404; SOMNIA 24, 542

Kemal, Yasar (eigentl. Kemal Sadýk Gökçeli) *6. Oktober 1923 Hemite; türkischer Schriftsteller. GRÖßEN 109

Kempff, Diana *11. Juni 1945 Thurnau; †13. November 2005 Berlin; Tochter Wilhelm →Kempffs, Schriftstellerin u. Verlegerin. ALKOR 286; SOMNIA 200

Kempff, Wilhelm *25. November 1895 Jüterbog †23. Mai 1991 Positano i. Italien; Pianist, Organist u. Komponist. ALKOR 286; SOMNIA 199f.; TADELLÖSER 473

Kempin, Lely *1878 †1958 Schriftstellerin. SIRIUS 367 (*Die heilige Insel*)

Kempka, Erich *16. September 1910 Oberhausen †24. Januar 1975 Freiberg a. Neckar; SS-Mitglied u. 1932–45 Fahrer Adolf →Hitlers. ALKOR 438

Kempner, Robert Max Wasilii *17. Oktober 1899 Freiburg i. Breisgau †15. August 1993 Königstein i. Taunus; Jurist, stellvertretender Chefankläger bei den Nürnberger Kriegsverbrecherprozessen. CULPA 295

Kempowski, Anita; aus Allenstein, weder verwandt noch verschwägert mit K. SIRIUS 65

Kempowski, Anna Caroline Lisette Wilhelmine (geb. Siebert) *1871 †1927; Großmutter Ks, Frau von Friedrich Wilhelm →Kempowski. ALKOR 529; AUFZEICHNUNGEN 240, 244, 257, 295f., 330; HAMIT 15, 24; SIRIUS 160; SOMNIA 386, 466

Kempowski, Anna Margarethe (geb. Collasius) *1896 Hamburg †1969 Rothenburg a.d. Wümme; Ehefrau von Karl Georg →Kempowski, Mutter von K. ALKOR 71, 92, 135, 149, 161, 195, 202, 214, 223, 235, 249, 302, 367, 383, 395, 555, 573, 581; CULPA 65, 190, 237; AUFZEICHNUNGEN 11, 15, 27ff., 31, 36, 50f., 56,

steller, Theaterkritiker u. Journalist. AUFZEICHNUNGEN 192; GRÖßEN 203; HAMIT 234

Kerschensteiner, Georg Michael *29. Juli 1854 München †15. Januar 1932 München; Pädagoge u. Begründer der Arbeitsschule. HAMIT 207; SIRIUS 288; SOMNIA 37; WILLKOMMEN 212

Kersten, Joachim *1948; Soziologe u. Kriminologe. ALKOR 24, 146, 152, 183, 341, 364; CULPA 85, 98; HAMIT 415; SIRIUS 211, 468; SOMNIA 374

Kersten, Paul *23. Juni 1943 Brakel; e Schriftsteller, Lyriker u. Rundfunkredakteur. ALBUM 14f.; ALKOR 122, 136, 250; CULPA 234, 329, 354f., 358f.; HAMIT 318, 390; SOMNIA 12, 471; T+K 22f.

Kessler, Harry Clemens Ulrich **Graf** *23. Mai 1868 Paris †30. November 1937 Lyon; Kunstsammler, Mäzen, Schriftsteller, Publizist u. Diplomat. ALKOR 35, 40, 107, 246; GRÖßEN 112

Keßler, Heinz *26. Januar 1920 Lauban; Armeegeneral, Mitglied des Ministerrats der DDR, Minister für Nationale Verteidigung der DDR. SOMNIA 188

Kessler, Johannes »Hans« *1865 Bad Köstritz †1944; Hofprediger. TADELLÖSER 395 (*Ich schwöre mir ewige Jugend* [Erinnerungen eines Hofpredigers])

Kesten, Hermann *28. Januar 1900 Podwoloczyska i. Galizien †3. Mai 1996 Basel; Schriftsteller, 1972–76 Präsident des P.E.N.-Zentrums der Bundesrepublik Deutschland. GRÖßEN 202

Kesting, Hanjo *1943 in Wuppertal;

Redakteur u. Publizist. HAMIT 371; SIRIUS 129; SOMNIA 266

Ketèlbey, Albert William *9 August 1875 †26 November 1959; britischer Komponist u. Pianist. TADELLÖSER 82 (*On the Persian market*)

Key, Ellen Karolina Sophie *11. Dezember 1849 Herrenhaus Sundsholm b. Västervik †25. April 1926 Strand a. Vättern; schwedische Reformpädagogin u. Schriftstellerin. SOMNIA 212

Keyserling, Hermann Alexander Graf *20. Juli 1880 Könno i. Livland †26. April 1946 Innsbruck; Philosoph. AUSSICHT 174, 384

Khomeini, Ruhollah Musavi *1902 Chomein †3. Juni 1989 Teheran; schiitischer Ajatollah, politische u. spirituelle Führer der Islamischen Revolution in Iran 1978–79. ALKOR 262, 266

Kiele, Albert; mit K im Gefängnis Bautzen, leitete vor ihm und Detlev →Nahnmacher den Anstaltschor. AUFZEICHNUNGEN 24

Kienzl, Wilhelm *17. Januar 1857 Waizenkirchen i. Oberösterreich †3. Oktober 1941 Wien) österr. Komponist. IM BLOCK 226 (*Selig sind, die Verfolgung leiden um der Gerechtigkeit*)

Kieschke, Hans-Otto *31. März 1923; CDU-Politiker, 1974–91 Bürgermeister der Stadt Helmstedt. CULPA 23

Kieser, Egbert; Autor. ALKOR 411

Kiesinger, Kurt Georg 6. April 1904 Ebingen i. Württemberg †9. März 1988 Tübingen; CDU-Politiker,

1966–69 dritter Bundeskanzler der Bundesrepublik Deutschland. HAMIT 9; SOMNIA 279

Killy, Hans Walter Theodor Maria *26. August 1917 Bonn †28. Dezember 1995 Kampen a. Sylt; Literaturwissenschaftler u. Herausgeber. ALBUM 55, 65, 86, 105, 147, 177 ; CULPA 241; SIRIUS 189

Kinau, Rudolf *23. März 1887 Finkenwerder †19. November 1975; niederdeutscher Schriftsteller. SIRIUS 286

Kind, Johann Friedrich *4. März 1768 Leipzig †24. Juni 1843 Dresden; Schriftsteller u. Dichter. IM BLOCK 159 (*Leise, leise, fromme Weise!*)

Kindler, Helmut *3. Dezember 1912 Berlin †15. September 2008 Küsnacht i.d. Schweiz; Verleger u. Autor SOMNIA 161

Kinkel, Johanna (geb. Mockel) *8. Juli 1810 Bonn †15. November 1858 London; Komponistin, Musikpädagogin, Schriftstellerin u. Salondame. GOLD 69 u. 141 (*Weh, daß wir scheide müssen*)

Kinkel, Klaus *17. Dezember 1936 Metzingen; FDP-Politiker, Jurist, 1979–82 Präsident des BND, 1991–92 Bundesminister der Justiz, 1992–98 Bundesminister des Auswärtigen. SOMNIA 240, 363

Kinski, Klaus (eigentl. Klaus Günter Karl Nakszynski) *18. Oktober 1926 Zoppot, i. Danzig †23. November 1991 Lagunitas i. Kalifornien; Schauspieler. SOMNIA 479

Kipphardt, Heinrich »**Heinar**« Mauritius *8. März 1922 Heiders-

dorf i. Schlesien †18. November 1982 München; deutscher Schriftsteller. SIRIUS 632f.

Kirchhoff, Bodo *6. Juli 1948 Hamburg; deutscher Schriftsteller. HAMIT 319

Kirsch, Rainer *17. Juli 1934 Döbeln; Schriftsteller u. Lyriker HAMIT 232

Kirsch, Sarah (eigentl. Ingrid Hella Irmelinde Kirsch, geb. Bernstein) *16. April 1935 Limlingerode; Schriftstellerin u. Lyrikerin, 1960–68 verheiratet mit Rainer →Kirsch. ALBUM 180f.; HAMIT 252, 309, 374; SIRIUS 180, 441f., 443, 447, 630; SOMNIA 435, 493f.

Kishon, Ephraim (eigentl. Ferenc Hoffmann) *23. August 1924 Budapest i. Ungarn †29. Januar 2005 Meistersrüte i.d. Schweiz; israelischer Satiriker. CULPA 158; HAMIT 270

Kissinger, Heinz »**Henry**« Alfred *27. Mai 1923 Fürth; US-amerikanischer Politikwissenschaftler deutscher Herkunft, 1969–73 Nationaler Sicherheitsberater, 1973–77 Außenminister. T+K 18

Klabund (eigentl. Alfred Henschke) *4. November 1890 Crossen a.d. Oder †14. August 1928 Davos; Schriftsteller. GRÖßEN 138

Klamroth, Jörn *22. Juli 1944 Halberstadt †19. März 2011; Fernsehproduzent. SOMNIA 131f., 134

Klarsfeld, Serge *17. September 1935 Bukarest; französischer Rechtsanwalt u. Historiker. ALKOR 94, 341

Klausener, Erich 25. Januar 1885 Düsseldorf † 30. Juni 1934 Berlin;

Staatsbeamter, Vertreter des politischen Katholizismus, ermordet im Zuge des Röhm-Putsch. Hamit 247

Klee, Ernst *15. März 1942 Frankfurt a.m.; Journalist u. Filmemacher Culpa 354

Klee, Paul Ernst *18. Dezember 1879 Münchenbuchsee i.d. Schweiz †29. Juni 1940 Muralto i.d. Schweiz; deutscher Kunstmaler u. Grafiker. Aufzeichnungen 236; Hamit 261; Sirius 477

Klee, Prof. siehe unter Johannes Albert →Reinmöller

Klein, Bernhard Joseph *6. März 1793 Köln †9. September 1832 Berlin; Komponist. Im Block 218 (*Die ganze Welt ist voll, ist voll des Herren Macht*)

Kleist, Bernd Heinrich Wilhelm **von** *18. Oktober in Frankfurt a.d. Oder †21. November 1811 am Kleinen Wannsee zw. Berlin u. Potsdam; Dramatiker, Erzähler, Lyriker u. Publizist. Alkor 426; Kapitel (*Prinz von Homburg*); Letzte Grüße 13

Klemm, Barbara *27. Dezember 1939 Münster; Fotografin u. Fotojournalistin. Culpa 32; Sirius 395

Klemperer, Victor *9. Oktober 1881 Landsberg a.d. Warthe †11. Februar 1960 Dresden; Literaturwissenschaftler u. Schriftsteller. Culpa 208; Somnia 186

Klepper, Jochen *22. März 1903 Beuthen a.d. Oder †11. Dezember 1942 Berlin; Journalist, Schriftsteller u. geistlicher Liederdichter. Culpa 39, 49, 215; Sirius 598; Somnia 493; Tadellöser 115

Kleßmann, Eckart (*Engelbert von Dornhagen* in Hundstage u. Letzte Grüße) *17. März 1933 Lemgo; Verlagsbuchhändler, Redakteur u. Historiker. Album 10f., 53; Alkor 179, 211, 292; Aufzeichnungen 550, 582, 588; Culpa 132; Hamit 54, 400; Hundstage 23f., 26, 31, 44, 63, 78, 84, 95, 112, 238f., 242, 290, 292ff., 297, 300ff., 309, 323, 335, 336f., 348, 350, 359, 380, 388, 390f., 393, 395; Letzte Grüße 19f., 27, 180, 361; Sirius 583, 593f., 597; Somnia 523ff., 527

Klier, Freya *4. Februar 1950 Dresden; Autorin u. Regisseurin. Alkor 33, 488; Culpa 355; Hamit 267

Klimm, Peter *1939 München; Germanist, Autor u. Journalist. Sirius 110

Klimsch, Fritz *1870 Frankfurt a.M. †13. Februar 1960 Freiburg; Bildhauer. Alles Umsonst 95, 135 (*Die Kauernde* [entstand allerdings erst 1948 bei Rosenthal und nicht wie angegeben bei KPM])

Klippstein, Ernst Vollrath **von** Klipstein *3. Februar 1908 Posen †22. November 1993; Schauspieler u. Synchronsprecher. Alkor 352

Klöss, Erhard; Autor. Sirius 244

Kloss, Erich *9. März 1889 Eichhorst i. Niederbarnim †15. Oktober 1964 Berlin; Autor. Hamit 124; Sirius 31; Tadellöser 348 (*Sommertage im Försterhaus*)

Klostermeier, Karl-Heinz *22. August 1936 b. Hannover †25. Juni 2002 Bremen; Volkswirt u. Rundfunk-Intendant. Somnia 74

Kluge, Alexander Ernst *14. Februar 1932 Halberstadt; Rechtsanwalt, Filmemacher, Fernsehproduzent, Schriftsteller u. Drehbuchautor. ALKOR 297; CULPA 160; HAMIT 347; SIRIUS 337

Kluge, Walter; Bekannter Ks aus dem Gefängnis Bautzen. AUFZEICHNUNGEN 35

Klüßendorf, Karl; Spielkamerad Ks in Rostock. AUFZEICHNUNGEN 51ff.

Knappertsbusch, Hans *12. März 1888 Elberfeld b. Wuppertal †25. Oktober 1965 München; Dirigent. SIRIUS 31

Knauf, Erich *21. Februar 1895 Meerane †2. Mai 1944 Brandenburg a.d. Havel; Journalist, Schriftsteller u. Lieddichter. TADELLÖSER 295 (*Glocken der Heimat*)

Knaus, Albrecht *1913 München †27. November 2007 München; Verleger der Werke Ks. ALBUM 79, 95, 120f.; ALKOR 89f., 109, 118, 187, 201f., 211, 238, 410, 458, 477, 494; CULPA 7, 11, 13, 18, 22f., 26, 28, 35, 40, 63ff., 69, 77ff., 85, 89, 100, 102f., 106, 116, 158, 204, 225, 345, 352; HAMIT 50, 91, 202, 207; SIRIUS 7, 59, 64, 84, 127, 149, 186–188, 195, 266, 298, 392, 447, 483f., 559, 607, 620; SOMNIA 119

Knaus, Janne; Ehefrau von Albrecht →Knaus. ALBUM 28; ALKOR 90; SIRIUS 84, 383, 614

Knauss, Robert (Pseud. Major Helders) *14. Juni 1892 Stuttgart †14. Februar 1955 Ronco sopra Ascona b. Locarno; Offizier u. Schriftsteller. TADELLÖSER 207 (*Die Zertrümmerung Berlins* [recte: Paris])

Knaußt, Harald; Bekannter Ks aus dem Bautzener Gefängnis. AUFZEICHNUNGEN 20, 195; HAMIT 164; SIRIUS 279; SOMNIA 189

Knef, Hildegard Frieda Albertine *28. Dezember 1925 Ulm †1. Februar 2002 Berlin; Schauspielerin, Chansonsängerin u. Autorin. ALBUM 53; ALKOR 74; AUFZEICHNUNGEN 498

Kneipp, Sebastian Anton *17. Mai 1821 Stephansried †17. Juni 1897 Wörishofen; Priester u. Hydrotherapeut. SIRIUS 459

Knobloch, Heinz *3. März 1926 Dresden †24. Juli 2003 Berlin; Schriftsteller, Feuilletonist. HAMIT 266

Knoop, Anna; Wirtin i. Breddorf, bei der K regelmäßig sein Mittagessen einnahm. SIRIUS 493

Knopp, Guido Friedrich *29. Januar 1948 Treysa i. Hessen; Journalist, Publizist u. Moderator. CULPA 344

Knott, Alfred *1892 †1978; Lieddichter. TADELLÖSER 56 (*Drumm, drumm, diri, hei diri diri drumm*)

Kobell, Franz Ritter **von** *19. Juli 1803 München †11. November 1882 München; Mineraloge u. Schriftsteller. HAMIT 329

Kober, Julius *17. August 1894 Suhl †28. Juli 1970 Staffelstein; Heimatforscher, Schriftsteller u. Dichter. TADELLÖSER 124 (*Die Zeit ist hart und wird noch härter werden*)

Koblischka, Hanne; Verlagsangestellte bei Bertelsmann, mit der K die Art u. Weise der Herausgabe des ECHOLOTS bespricht. CULPA 226, 241f., 252, 286, 296f., 301f., 306, 311f., 316,

320, 324, 326f., 329, 331, 355, 373; Hᴀᴍɪᴛ 186, 288; T+K 30

Koch, Fritjof; Spielkamerad Ks i. Rostock. Aᴜꜰᴢᴇɪᴄʜɴᴜɴɢᴇɴ 50

Koch, Heinrich Hermann Robert *11. Dezember 1843 Clausthal †27. Mai 1910 Baden-Baden; Mediziner u. Mikrobiologe. Aʟᴋᴏʀ 125; Hᴇɪʟᴇ Wᴇʟᴛ 264

Koch, Margarete Ilse (geb. Köhler) *22. September 1906 Dresden †2. September 1967 Frauengefängnis Aichach; Frau des Lagerkommandanten des KZ-Buchenwald. Aʟᴋᴏʀ 159; Mᴀʀᴋ ᴜɴᴅ Bᴇɪɴ 86

Koch, Roland *24. März 1958 Frankfurt a.M.; Rechtsanwalt, CDU-Politiker, 1999–2010 Ministerpräsident des Landes Hessen. Sᴏᴍɴɪᴀ 233

Koch, Thilo *20. September 1920 Kanena b.Halle a.d. Saale †12. September 2006 Hausen ob Verena; Fernsehjournalist. Aʟᴋᴏʀ 268

Koeckritz, Franz (Pseud. Praktikus) *1886 †1959; Fachautor. Tᴀᴅᴇʟʟᴏ̈sᴇʀ 353f. (*Praktikus*)

Koeppen, Jens *27. September 1962 Zᴇɪᴛᴢ; CDU-Politiker. Hᴀᴍɪᴛ 104

Koeppen, Wolfgang (eigentl. Wolfgang Arthur Reinhold Köppen,) *23. Juni 1906 Greifswald †15. März 1996 München; Schriftsteller. Aʟʙᴜᴍ 76f.; Aʟᴋᴏʀ 569, 575, 580, 583, 587; Hᴀᴍɪᴛ 202, 215, 320; Sɪʀɪᴜs 37, 180, 189; Sᴏᴍɴɪᴀ 479

Koestler, Arthur *5. September 1905 Budapest †3. März 1983 London; österr.-ungarischer Schriftsteller. Aʟᴋᴏʀ 244; Gʀᴏ̈ssᴇɴ 85, 222; Sɪʀɪᴜs 554; Sᴏᴍɴɪᴀ 174, 257

Kogon, Eugen *2. Februar 1903 München †24. Dezember 1987 Königstein i. Taunus; Publizist, Soziologe u. Politikwissenschaftler. Aᴜꜰᴢᴇɪᴄʜɴᴜɴɢᴇɴ 449; Sᴏᴍɴɪᴀ 216

Kohl, Helmut Josef Michael *3. April 1930 Ludwigshafen †16. Juni 2017 Ludwigshafen; CDU-Politiker, Ministerpräsident von Rheinland-Pfalz, Bundeskanzler 1982–1998. Aʟᴋᴏʀ 132, 255f., 277, 288, 314, 325, 382, 404, 415, 462, 467, 502, 506, 513, 515, 528, 530, 547, 554, 575; Cᴜʟᴘᴀ 113; Hᴀᴍɪᴛ 41, 82, 101, 103f., 109, 120, 122, 127, 133, 137, 145, 166, 231, 239, 242, 250f., 289, 313, 331, 353f., 390, 404f., 414; Mᴀʀᴋ ᴜɴᴅ Bᴇɪɴ 106; Oᴘᴘʟᴀᴡᴜʀ 22 (*Bundeskanzler, der [...] in die Höhe sprang, die Hände in die Höhe riß und rief »Mein Gott!«.*); Sɪʀɪᴜs 90, 113, 467; Sᴏᴍɴɪᴀ 23, 43, 46, 48, 52, 102, 155, 176, 185, 187, 222, 227, 255f., 330, 341, 348, 363, 367, 394, 451, 466, 499, 520

Kohlbrenner, Johann Franz Seraph von *17. Oktober 1728 Traunstein †4. Juni 1783 München; Polyhistor, Herausgeber des Churbaierischen Intelligenzblattes‹, Förderer des Pressewesens u. Kirchenlieddichter. Iᴍ Bʟᴏᴄᴋ 183 (*Hier liegt vor deiner Majestät im Staub die Christenschar*)

Köhnken; Gastwirt in Nartum. Sɪʀɪᴜs 40, 224

Kohout, Pavel *20. Juli 1928 Prag; tschechisch-österr. Schriftsteller u. Politiker. Aʟʙᴜᴍ 192f.; Aʟᴋᴏʀ 200; Cᴜʟᴘᴀ 35; Hᴀᴍɪᴛ 318, 352, 399f.

Kokoschka, Oskar *1. März 1886 Pöchlarn i. Niederösterreich † 22. Februar 1980 Montreux; österr. Kunstmaler, Grafiker u. Schriftsteller ALKOR 460; GRÖSSEN 121; LETZTE GRÜSSE 72, 386

Kolbe, Jürgen *1940 †15.5.2008; Stadtrat u. Mitarbeiter im Hanser Verlag, später Kulturreferent in München. ALKOR 8, 89, 102, 118, 147, 199, 365, 422, 531; AUFZEICHNUNGEN 605; CULPA 8, 40, 65, 78, 130, 178, 243, 366; SIRIUS 428, 430, 452; SOMNIA 315

Kolbe, Uwe *17. Oktober 1957 Ost-Berlin; Lyriker u. Autor. ALBUM 185; HAMIT 287; SOMNIA 287

Kolesnyk, Sonja (geb. Gasiewicz) *26. Juni 1927 †16. Januar 2009 Bochum; pol. Zwangsarbeiterin. CULPA 302, 304, 323

Kollewe, Martin; einer der beiden Walter-Darsteller im Film ›Tadellöser & Wolf‹. SIRIUS 310

Kollo, Willi (geb. Kollodzieyski) *28. April 1904 Königsberg †4. Februar 1988 Berlin; Komponist u. Autor. ALLES UMSONST 112, 117 (*Einmal wirst du wieder bei mir sein*), 169 (*Zwei in einer großen Stadt, die ein Goldner Traum verzaubert hat*); TADELLÖSER 303 (*Zwei in einer großen Stadt*)

Kollwitz, Käthe (geb. Schmidt) *8. Juli 1867 Königsberg †22. April 1945 Moritzburg b. Dresden; bildende Künstlerin mit Lithografien, Radierungen, Kupferstichen u. Holzschnitten. ALKOR 528; AUFZEICHNUNGEN 405; CULPA 346; MARK UND BEIN 164

Kolumbus, Christoph *~1451 Genua †20. Mai 1506 Valladolid; ital. Seefahrer, 1492 Wiederentdecker d. amerikanischen Kontinents. HAMIT 215

Konrad, György *2. April 1933 Debrecen i. Ungarn; ungarischer Autor u. Soziologe. SIRIUS 173

Konsalik, Frau. ALBUM 105, 119

Konsalik, Heinz G. (eigentl. Heinz Günther) *28. Mai 1921 Köln †2. Oktober 1999 Salzburg; Schriftsteller. ALBUM 104f.; CULPA 158; GRÖSSEN 146ff.; HAMIT 377

Konstantin der Große (eigentl. Flavius Valerius Constantinus *27. Februar zw. 270 u. 288 Naissus †22. Mai 337 Anchyrona b. Nikomedia; 306–337 römischer Kaiser. SIRIUS 540

Konzelmann, Gerhard *26. Oktober 1932 Stuttgart †28. Mai 2008 Stuttgart; Journalist u. Autor. HAMIT 372; SOMNIA 56

Kopelew, Lew Sinowjewitsch *9. April 1912 Kiew †18. Juni 1997 Köln; russ. Germanist u. Schriftsteller. ALBUM 26f.; ALKOR 51, 547; CULPA 85; HAMIT 298; SIRIUS 484; SOMNIA 214f., 218

Kopernikus, Nikolaus *19. Februar 1473 Thorn † 24. Mai 1543 Frauenburg; Astronom. MARK UND BEIN 185

Kopetzsky, Wendelin *6 April 1844 Petzka i. Böhmen †18. Mai 1899 Smíchov b. Prag. Komponist, k.u.k. Militärkapellmeister. TADELLÖSER 19 (*Egerländer halt' zusamma*)

Köppe, Edith; Kusine Ks. AUFZEICHNUNGEN 382, 450

Köppe, Herbert; Cousin Ks. AUFZEICHNUNGEN 420

Köppe, Herbert; angeheirateter Onkel Ks. Aufzeichnungen 41, 47
Köppe, Irmgard (geb. Collasius); Tante Ks. Aufzeichnungen 257, 382, 420, 568
Korff, Hermann August *3. April 1882 Bremen †11. Juli 1963 Leipzig; Germanist u. Literaturhistoriker. Aufzeichnungen 377
Körner, Theodor *23. September 1791 Dresden †26. August 1813 b. Gadebusch i. Mecklenburg; Dichter u. Dramatiker. Alkor 396; Alles Umsonst 363; Aussicht 360; Tadellöser 102 (*Lützows wilde, verwegene Jagd*), 223 (*Hohe Lorbeern stehen*); Zeit 370
Körting, Erhardt *22. Juni 1942 Berlin; SPD-Politiker. 1997–99 Justizenator u. 2001–11 Innensenator des Landes Berlin. Alkor 483
Kosch, Alois *1907 †1955; Pflanzenkundler. Tadellöser 122 (*Was blüht denn da*)
Koschate, Franziska; Souffleuse i. Rostocker Theater. Aufzeichnungen 313
Kostede, Norbert *1948; Publizist u. Autor. Somnia 261f.
Krabbe, Katrin *22. November 1969 Neubrandenburg; Leichtathletin. Somnia 356
Kracht, Heiner; Bundesbahnbeamter a.D. u. niederdeutscher Rezitator. Sirius 445
Kraft, Hannes; Lieddichter. Willkommen 220 (*Mag's im Finstern noch so toben*)
Kraft, Herr; Einlieferer v. Archivmaterial aus Berlin. Culpa 327

Krahl, Hilde (eigentl. Hildegard Kolaèný) *10. Jänner 1917 Brod a. d. Save i. Slawonien †28. Juni 1999 Wien; österr. Schauspielerin. Gold 359
Krall; Herr aus Ludwigshafen. Culpa 55
Kramberg, Karl Heinz *15. Februar 1923 Dortmund †18. Januar 2007 München; Schriftsteller u. Journalist. Alkor 12; Somnia 468
Kranich, Hans *1919 †1980; Offizier a.d. Ostfront. Culpa 312
Kranz, Erich; Bekannter Ks aus dem Gefängnis Bautzen. Hamit 317, 325
Krasnow, Pjotr Nikolajewitsch *22. September 1869 St. Petersburg †16. Januar 1947 Moskau; zaristischen Generalleutnant u. Schriftsteller. Aussicht 380 (*Vom Zarenadler zur Roten Fahne*)
Kraus, Karl *28. April 1874 Gitschin i. Böhmen †12. Juni 1936 Wien; österr. Publizist, Satiriker, Lyriker, Aphoristiker u. Dramatiker, Aufzeichnungen 192, 194; Größen 28; Sirius 87
Krause, Günther *13. September 1953 Halle a.d. Saale; Ingenieur, CDU-Politiker, 1990–91 Bundesminister für besondere Aufgaben, 1991–93 Bundesminister für Verkehr. Somnia Somnia 295
Krauss, Christian; Architekt, Freund Ks aus Göttinger Studienzeit, plante u. eweiterte das Anwesen ›Haus Kreienhoop‹. Culpa 16; Sirius 59, 140, 158, 290
Krauss, Werner *7. Juni 1900 Stuttgart †28. August 1976 Berlin; Romanist, Widerstandskämpfer gegen den

Nationalsozialismus; KPD- u. SED-Politiker. ALKOR 258

Krawczyk, Stephan *31. Dezember 1955 Weida; Liedermacher u. Schriftsteller. ALKOR 33; HAMIT 267

Kreis, Wilhelm Heinrich *17. März 1873 Eltville a. Rhein †13. August 1955 Bad Honnef; Architekt u. Hochschullehrer. TADELLÖSER 311

Kremer, Gideon *27. Februar 1947 Riga; russ. Violinist. SIRIUS 290

Krenz, Egon *19. März 1937 Kolberg i. Pommern; SED-Politiker 1989 für sieben Wochen SED-Generalsekretär u. Staatsratsvorsitzender der DDR. ALKOR 467, 470ff., 474, 476, 480f., 487, 489, 492, 523, 546, 549, 552, 556, 561; HAMIT 87, 328; SOMNIA 193, 236f., 323

Kretschmann, Johannes *1896 †1944; Pädagoge. AUFZEICHNUNGEN 262; SOMNIA 46, 245

Kretschmer, Otto *1. Mai 1912 Heidau †5. August 1998 Straubing; Marineoffizier, erfolgreichster U-Boot-Kommandant im II. Weltkrieg, Ritterkreuzträger, Flottillenadmiral der Bundesmarine. GOLD 135; TADELLÖSER 120

Kreuder, Anneliese; Mutter von Ute →Kreuder. ALKOR 474

Kreuder, Peter *18. August 1905 Aachen †28. Juni 1981 Salzburg; Komponist, Pianist u. Dirigent. ALLES UMSONST 51, 55, 201, 302 (*Sag beim Abschied leise »Servus«*), 195 (*Für eine Nacht voll Seligkeit, da geb' ich alles hin*); HUNDSTAGE 126; KAPITEL 202; TADELLÖSER 66

Kreuder, Ute *1923; Studentin aus

Erlangen, K benutzt Briefe von ihr für das *Echolot*. ALKOR 463, 465, 473f.; CULPA 147, 261, 265, 281

Kreutzer, Conradin *22. November 1780 i.d. Thalmühle b. Meßkirch i. Fürstenberg †14. Dezember 1849 Riga; Musiker, Dirigent u. Komponist. GOLD 147 (*Nachtlager zu Granada*)

Kreuzer, Peter; Prof. für Volkskunde u. Literaturwissenschaftler. ALKOR 258

Kreuzhage, Jürgen *19. August 1932; Verleger d. Goldmann- und Econ-Verlags. CULPA 103

Krickeberg, Karl Christian Martin *1. Juli 1867 Wismar †22. September 1944 Rostock; Pädagoge, Theaterschauspieler, niederdeutscher Schriftsteller, Gründer der Niederdeutschen Bühne Rostock. TADELLÖSER 225

Kriebel, Hermann Karl Theodor *20. Januar 1876 Germersheim †16. Februar 1941 München; Offizier, Freikorpsführer, Diplomat u. NSDAP-Politiker. ALKOR 184

Krille, Karl; Optiker; gründete 1894 in Rostock ein Optikergeschäft. TADELLÖSER 328

Krischke, M. siehe unter M. Krischke →Ramaswamy

Kristl, Vlado *24. Januar 1923 Zagreb †7. Juli 2004 München; kroatischer Filmemacher u. Autor. AUFZEICHNUNGEN 591

Kritzinger, Friedrich Wilhelm *24. Januar 1816 Lehnin †12. Juli 1890 Naumburg a.d. Saale; Theologe, Pädagoge u. Lieddichter. HEILE WELT 424 (*Süßer die Glocken nie* *klingen)*; WILLKOMMEN 343 (*Süßer die Glocken nie klingen*)

Krjutschkow, Wladimir Alexandrowitsch *29. Februar 1924 Zarizyn b. Wolgograd †23. November 2007 Moskau; 1988–91 Vorsitzender des sowjetischen Geheimdienstes KGB. SOMNIA 348

Kroetz, Franz Xaver *25. Februar 1946 München; Regisseur, Schriftsteller, Theaterautor u. Schauspieler. SIRIUS 175, 180

Kröger, Theodor *5. Dezember 1891 St. Petersburg †24. Oktober 1958 Kloster Serneus i. Graubünden; Schriftsteller. AUSSICHT 441 (*Das vergessene Dorf*); TADELLÖSER 315 (*Das vergessene Dorf*)

Krogoll, Johannes; Prof. in Hamburg, Litaraturwissenschaflter. ALKOR 179; HAMIT 54; SIRIUS 368, 468

Krolikowski, Werner *12. März 1928 Oels i. Schlesien; Mitglied des Politbüros des Zentralkomitees der SED. ALKOR 185, 204, 207, 238, 341, 418, 465, 513, 550

Krolow, Karl (Pseud. Karol Kröpcke) *11. März 1915 Hannover †21. Juni 1999 Darmstadt; Schriftsteller. ALKOR 490

Kronauer, Brigitte *29. Dezember 1940 Essen; Schriftstellerin. HAMIT 354

Kronika, Jacob *8. Januar 1897 Broager †3. Mai 1982 Kopenhagen; Journalist, Chefredakteur des ›Flensborg Avis‹ 1960–64, Autor. ALKOR 458

Kronzucker, Dieter *22. April 1936 München; Journalist, Fernseh-

moderator u. Hochschuldozent. ALKOR 528; SOMNIA 72; T+K 16

Krug, Manfred *8. Februar 1937 Duisburg †21. Oktober 2016 Berlin; Schauspieler, Sänger u. Schriftsteller. SOMNIA 437

Krüger, Hardy (eigentl. Franz Eberhard August Krüger) *12. April 1928 Berlin; Filmschauspieler u. Schriftsteller. ALKOR 395; HAMIT 371

Krüger, Horst *17. September 1919 Magdeburg †21. Oktober 1999 Frankfurt a.m.; Schriftsteller. SIRIUS 487

Krüger, Michael *9. Dezember 1943 Wittgendorf; Schriftsteller, Dichter, Übersetzer, Lektor u. später Verleger beim Hanser Verlag. ALKOR 43, 89; CULPA 78, 112; HAMIT 124, 202f., 318f.; SIRIUS 452, 470, 486, 607

Krumsiek, Rolf *31. August 1934 Obernkirchen †23. Oktober 2009 Münster; Jurist u. SPD-Politiker. ALKOR 176

Krupp von Bohlen und Halbach, Gustav *7. August 1870 Den Haag †16. Januar 1950 Schloss Blühnbach; Diplomat u. nach Heirat mit Bertha Krupp Aufsichtsratsvorsitzender der Friedrich Krupp AG. AUSSICHT 64

Krusche, Günter *25. Februar 1931 Dresden; ev. Pfarrer, Generalsuperintendent von Ost-Berlin. HAMIT 64

Kruse, Joseph A.; Prof., Leiter des Heinrich Heine Instituts i. Düsseldorf. CULPA 114

Kubrick, Stanley *26. Juli 1928 New York City †7. März 1999 Childwickbury Manor b. London; US-amerikanischer Regisseur, Produzent u. Drehbuchautor. Größen 198; Hamit 67, 233

Kuby, Erich *28. Juni 1910 Baden-Baden †10. September 2005 Venedig; Journalist u. Publizist. Autor Album 107, 116f.; Alkor 83, 89, 116, 130, 133, 403, 405, 473, 482; Culpa 68, 142; Hamit 355; Sirius 255, 285, 532, 602

Kugler, Franz Theodor *18. Januar 1808 Stettin †18. März 1858 Berlin; Historiker u. Autor. Mark und Bein 156 (*An der Saale hellem Strande*); Tadellöser 14 u. 71 (*An der Saale hellem Strande*)

Kuhlwilm; Offizier u. Ritterkreuzträger, mit K 1948–49 gemeinsam in einer Zelle in Bautzen. Aufzeichnungen 12, 19

Kühn, Dieter *1. Februar 1935 Köln; Schriftsteller. Alkor 489; Hamit 181; Sirius 143, 229, 563; Somnia 282, 298

Kujau, Konrad *27. Juni 1938 Löbau †12. September 2000 Stuttgart; Aktionskünstler, Kunstmaler u. Kunstfälscher. Somnia 491

Kuhlau, Friedrich Daniel Rudolph *11. September 1786 Uelzen †12. März 1832 Lyngby b. Kopenhagen; Komponist. Tadellöser 82

Kundera, Milan *1. April 1929 Brünn i.d. Tschechoslowakei; tschechisch-franz. Schriftsteller. Alkor 51, 238

Kunert, Günter *6. März 1929 Berlin; Schriftsteller. Album 60f.; Alkor 122, 136, 253, 485, 488ff., 546; Hamit 177, 252, 266, 286, 320, 374; Sirius 173, 440f., 443, 445, 447, 486, 630; Somnia 90, 513

Kunigunde, Heilige *~978 Luxemburg †3. März 1033 od. 1039 Kaufungen b. Kassel; Deutsche Kaiserin, Nonne. Alkor 109

Kunze, Frau; Autorin aus Ks Biografien-Archiv, *Projekt Halbjüdin*. Culpa 89 131f., 254, 258, 262

Kunze, Heinz Rudolf *30. November 1956 Espelkamp-Mittwald; Schriftsteller, Rocksänger, Musicaltexter- u. -übersetzer, Hochschuldozent. Hundstage 304 (*Du bist mein ganzes Herz, du bist mein Reim auf Schmerz*)

Kunze, Reiner *16. August 1933 in Oelsnitz i. Erzgebirge; Schriftsteller u. Übersetzer. Alkor 132, 374, 500; Hamit 263, 328; Sirius 21, 184; Somnia 25, 27, 441

Kupfer, Markus; Autor aus Ks Biografien-Archiv. Culpa 89, 103, 255, 258; Alkor 469

Kutzop, Michael *24. März 1955 Lubliniec. Fußballspieler. Mark und Bein 93, 102 (*dieser arme Junge, der den Elfmeter verschossen hat*)

Kuzorra, Ernst *16. Oktober 1905 Gelsenkirchen †1. Januar 1990 Gelsenkirchen; Fußballspieler. Gold 35

La Fontaine, Jean de *8. Juli 1621 Château-Thierry †13. April 1695 Paris; Schriftsteller. Im Block 114 u. 198 (»Maitre Corbeau«); Willkommen 304

Lademann, Ehepaar; Bekannte Ks aus Rostock. Aufzeichnungen 89

Ladenthin, Volker *11. Juni 1953 Münster; Prof., Erziehungswissenschaftler. Culpa 294

Laederach, Jürg *20. Dezember 1945 Basel; Schweizer Schriftsteller. Hamit 308; Sirius 230

Lafer, Johann *27. September 1957 St. Stefan i. Rosental i.d. Steiermark; österr. Koch, Unternehmer u. Sachbuchautor. Alkor 264

Lafontaine, Oskar *16. September 1943 Saarlouis-Roden; SPD- u. Die Linken-Politiker, 1985–98 Ministerpräsident des Saarlandes, 1995–99 SPD-Vorsitzender, 1998–99 Bundesminister der Finanzen, 2005–09 zusammen mit Gregor →Gysi Fraktionsvorsitzender der Linken, 2007–10 neben Lothar Bisky Parteivorsitzender der Linken. Alkor 371, 577; Hamit 43, 158, 187, 210f., 222, 225f., 289, 294, 304, 345, 364, 367, 389ff., 404; Somnia 129f., 201, 385 499

Lagarde, Paul de (eigentl. Paul Anton Bötticher) *2. November 1827 Berlin †22. Dezember 1891 Göttingen; Kulturphilosoph u. Orientalist. Aufzeichnungen 238; Zeit 80

Lage, Klaus *16. Juni 1950 Soltau; Musiker. Culpa 157; Hamit 316

Lagerlöf, Selma Ottilia Lovisa *20. November 1858 Gut Mårbacka i. Värmland †16. März 1940 Gut Mårbacka; schwed. Schriftstellerin.

Alkor 302; Größen 23, 149ff.; Sirius 245 (Nils Holgersson); Willkommen 278 (Nils Holgersson)

Lagerwall, Sture *3. Dezember 1908 †1. November 1964; schwed. Regisseur u. Schauspieler. Tadellöser 342

Lahl, Fritz (»Dicker Krahl«); Schulkamerad Ks aus Rostock. Aufzeichnungen 51ff., 89, 253, 285, 520; Gold 40, 75, 152; Hamit 78, 192, 401; Sirius 331; Tadellöser 46f., 264; T+K 24

Lahnstein, Edgar; 1946 durch Russen beim Grenzübertritt verhaftet, vom Suchdienst im Radio ausgerufen. Culpa 107

Lahusen, Christian *12. April 1886 Buenos Aires †18. Mai 1975 Überlingen; Komponist vor allem von Vokalwerken. Sirius 615; Tadellöser 240 (Der Faulenz und der Lüderlie)

Lamb, Herr; Einlieferer v. Archivmaterial. Culpa 309

Lampedusa, Guiseppe di **Tomasidi** *23. Dezember 1896 Palermo †23. Juli 1957 Rom; italienischer Schriftsteller u. Literaturwissenschaftler. Größen 251f.

Lamprecht, Günter *21. Januar 1930 Berlin; Schauspieler. Größen 72 (berlinernder Nichtberliner)

Landauer, Gustav *7. April 1870 Karlsruhe †2. Mai 1919 München-Stadelheim; Pazifist, Theoretiker u. Aktivisten des Anarchismus. Größen 202

Lang, Ernst Maria *8. Dezember 1916 Oberammergau; Architekt, Karikaturist der ›Süddeutschen Zeitung‹. Hamit 317

Lang, Franz; Bekannter Ks aus Rostock. SOLDATEN 56

Lang, Friedrich »Fritz« Christian Anton *5. Dezember 1890 Wien †2. August 1976 Beverly Hills i. Kalifornien; österr.-deutsch-US-amerikanischer Filmregisseur, Drehbuchautor u. Schauspieler. HAMIT 350

Lang, Heini; Kamerad Walter Ks. SIRIUS 77

Lang, Jochen von (eigentl. Joachim von Lang-Piechock) *1925 Altlandsberg b. Berlin; Journalist u. Autor. CULPA 300 (*Bormann-Buch*)

Langbehn, August Julius *26. März 1851 Hadersleben †30. April 1907 Rosenheim; Schriftsteller, Kulturkritiker u. Philosoph. WILLKOMMEN 199

Langbein, Hermann *18. Mai 1912 Wien †24. Oktober 1995 Wien; österr. kommunistischer Widerstandskämpfer gegen den Nationalsozialismus KZ-Häftling, Historiker. Mitbegründer des Internationalen Auschwitz Komitees. ALKOR 430

Lange, Eitel; Autor. CULPA 283, 345

Lange, Helmut *19. Januar 1923 Berlin †13. Januar 2011 Berlin; Schauspieler, Synchronsprecher u. Fernsehmoderator. SIRIUS 167

Lange, Wilhelm; Autor des Werkes ›Cap Arcona. Das tragische Ende einiger Konzentrationslager-Evakuierungstransporte im Raum der Städte Neustadt/Holst. am 3.5.45. Dokumentation‹. ALKOR 341

Langen, Claus-Einar *7. Dezember 1928 Berlin †Januar 2011; 1948 durch ein sowjetisches Militärgericht

wegen angebl. Spionage zu 25 Jahren Haft verurteilt, acht Jahre davon in Bautzen, Torgau u. Waldheim abgesessen, Journalist. HAMIT 131

Langer, Hermann *6. Juli 1819 Höckendorf †8. September 1889 Dresden; Organist u. Musikdirektor. TADELLÖSER 254f. (*Singenden Deutschland*)

Langgässer, Elisabeth *23. Februar 1899 Alzey †25. Juli 1950 Karlsruhe; Schriftstellerin. ALKOR 287, 411

Langhans, Rainer *19. Juni 1940 Oschersleben; Autor, Filmemacher, Mitglied der Kommune I. AUFZEICHNUNGEN 530

Langhoff, Wolfgang *6. Oktober 1901 Berlin † 25. August 1966 Ost-Berlin; Schauspieler u. Regisseur. HAMIT 334

Lanzmann, Claude *27. November 1925 Paris; franz. Regisseur, Produzent u. Herausgeber. CULPA 80; SOMNIA 454

Laotse *? †6. Jh. v. Chr.; chinesischer Philosoph. AUFZEICHNUNGEN 19, 268; HAMIT 42, 141; IM BLOCK 99, 168; KAPITEL 221; SOMNIA 60, 533

Larsson, Carl *28. Mai 1853 Stockholm †22. Januar 1919 Falun; schwed. Kunstmaler. HAMIT 151; SIRIUS 357

Lasker-Schüler, Else (eigentl. Elisabeth Lasker-Schüler) *11. Februar 1869 Elberfeld b. Wuppertal †22. Januar 1945 Jerusalem; Dichterin ALKOR 395; GRÖSSEN 84

Lasso, Orlando di (Orlande od. Roland de Lassus) *1530 od. 1532 Mons i. Hennegau †14. Juni 1594

München; Komponist der Hoch-
renaissance. Im Block 281
Laßwitz, Carl Theodor Victor **Kurd** *
20. April 1848 Breslau †17. Oktober
1910 Gotha; Schriftsteller. Tadellöser
245
Lattmann, Dieter *15. Februar 1926
Potsdam; Schriftsteller, SPD-Politiker, Mitinitiator der Künstlersozial-
versicherung u. Künstlersozialab-
gabe. Alkor 120, 388f.
Laub, Gabriel * 24. Oktober 1928
Bochnia i. Polen †3. Februar 1998
Hamburg; Journalist, Satiriker u. A-
phoristiker. Autor Album 132f., 163;
Sirius 199f., 227; Somnia 12, 16, 269
Laufenberg, Heinrich von *~1390
†31. März 1460 Straßburg; Priester u.
Lieddichter. Alles Umsonst 342 (*Ich
wollt, daß ich daheime wär*)
Laugwitz, Uwe; gehört zusammen
mit seiner Frau zu Ks Hamburger
Studenten, treuer Besucher bei Ks
Hamburger Lesungen. Sirius 603, 611
Laurel & Hardy; US-amerikanisches
Komiker-Duo, bestand aus Arthur
Stanley Jefferson *16. Juni 1890
Ulverston i. Großbritannien † 23.
Februar 1965 Santa Monica i. Kali-
fornien u. Oliver Norvell Hardy *18.
Januar 1892 Harlem i. Georgia †7.
August 1957 Hollywood, in Dt. be-
kannt unter ›Dick und Doof ‹. Alkor
126, 316; Gold 77; Kapitel 296; Sirius
12, 512; Tadellöser 26, 28, 219
Laurel, Stan; eine Hälfte des amerik.
Komikerduos →Laurel & Hardy.
Laurentius, Heilige *~Osca i. Spa-
nien od. Laurentum †10. August 258
Rom; Diakon u. Märtyrer. Alkor 366

Lawes, William *Ende April 1602
Salisbury i. Wiltshire †24. September
1645 b. Chester; britischer Kompo-
nist u. Musiker. Somnia 474
Lawrence, D[avid**]. H[**erbert**].** *11.
September 1885 Eastwood b.
Nottingham †2. März 1930 Vence i.
Frankreich; britischer Schriftsteller.
Größen 127
Laxness, Halldór Kiljan (eigentl.
Halldór Guðjónsson) *23. April 1902
Reykjavík †8. Februar 1998 Reykja-
lundur b. Mosfellsbær; isländischer
Schriftsteller, erhielt 1955 den Lite-
raturnobelpreis. Größen 23, 152ff.
Layton jr., John **Turner** *2. Juli
1894 †6. Februar 1978; US-amerika-
nischer Lieddichter, Sänger u. Pia-
nist. Tadellöser 343 (*After you've
gone*)
Le Bon, Gustave *7. Mai 1841
Nogent-le-Rotrou †15. Dezember
1931 Paris; Begründer der Massen-
psychologie. Aufzeichnungen 249
Le Clézio, Jean-Marie Gustave
*13. April 1940 Nizza; franz. Schrift-
steller. Aufzeichnungen 503
Leander, Zarah (geb. Sara Stina
Hedberg) *15. März 1907 Karlstad
†23. Juni 1981 Stockholm; schwedische Schauspielerin u. Sängerin.
Alkor 120; Alles Umsonst 52, 98 (*Ich
weiß, es wird einmal ein Wunder
geschehn*); Größen 102; Aufzeichnungen 280; Hamit 8, 15, 30; Kapitel 12
(*Merci, mon ami, es war wunder-
schön*); Sirius 79; Somnia 407;
Tadellöser 243
Léautaud, Paul *18. Januar 1872
Paris †22. Februar 1956 Le Plessis-

Robinson; franz. Schriftsteller. ALKOR 229; CULPA 214, 338

Leber, Julius *16. November 1891 Biesheim i. Elsass †5. Januar 1945 Berlin-Plötzensee; Politiker, Reichstagsabgeordneter u. Widerstandskämpfer gegen den Nationalsozialismus. ALKOR 201; CULPA 217

Lechner, Leonard (eigentl. Leonhard) *~1553 i. Südtirol †9. September 1606 Stuttgart; Komponist. IM BLOCK 281; SIRIUS 190

Lederer, Hugo *16. November 1871 Znaim †1. August 1940 Berlin; Bildhauer. HEILE WELT 243

Ledig-Rowohlt, Frau; Tochter od. Nichte von Heinrich Maria →Ledig-Rowohlt. SIRIUS 431

Ledig-Rowohlt, Heinrich Maria *12. März 1908 Leipzig †28. Februar 1992 Neu-Delhi; Verleger. ALBUM 41; ALKOR 275; AUFZEICHNUNGEN 546f., 588, 598ff., 602; GRÖSSEN 179, 211; SIRIUS 186–188

Legal, Ernst Otto Eduard *2. Mai 1881 Schlieben i. Sachsen †29. Juni 1955 Berlin; Schauspieler, Regisseur u. Intendant. TADELLÖSER 454

Legeune, Fritz siehe unter Hans →Siegfried

Legge, Petrus Theodorus Antonius *16. Oktober 1882 Brakel i. Westfalen †9. März 1951 Bautzen; Bischof von Meißen mit Sitz in Bautzen 1932–1951. KAPITEL 250 (*Bischof von Bautzen*)

Lehár, Franz *30. April 1870 Komorn †24. Oktober 1948 Bad Ischl; österr.-ungar. Komponist. IM BLOCK 46 (*Zarewitsch*), 229 (*bist du's,*

lachendes Glück); TADELLÖSER 295 (*Freunde, das Leben ist lebenswert!*)

Lehmann, Agathe Caroline; *1927 Eckernförde; Tochter von Wilhelm →Lehmann. CULPA 345, 347

Lehmann, Harry *21. März 1924 Güstrow †22. November 1998 Hamburg; Physiker. AUFZEICHNUNGEN 77

Lehmann, Wilhelm *4. Mai 1882 Puerto Cabello i. Venezuela †17. November 1968 Eckernförde; Lehrer u. Schriftsteller. ALKOR 91; CULPA 178, 215, 268, 310, 337f., 345ff.; HAMIT 232; SIRIUS 227; SOMNIA 321f.

Lehmensick, Erich *1898 †1984; Pädagoge u. Hochschuldozent. ALKOR 43

Lehndorff, Hans Graf von *13. April 1910 Graditz b. Torgau †4. September 1987 Bonn; Chirurg u. Schriftsteller. CULPA 26, 113; SIRIUS 411; SOMNIA 439

Leibnitz, Gottfried Wilhelm *1. Juli 1646 Leipzig †14. November 1716 Hannover; Philosoph, Diplomat, Mathematiker, Physiker, Historiker, Politiker, Bibliothekar. SIRIUS 75

Leigh, Vivian Mary (geb. Hartley) *5. November 1913 Darjiling i. Indien †7. Juli 1967 London; britische Schauspielerin. GRÖSSEN 185

Leip, Hans (Pseud. Li-Shan Pe) *22. September 1893 Hamburg †6. Juni 1983 Fruthwilen i.d. Schweiz; Schriftsteller. ALKOR 287; SIRIUS 618; SOMNIA 503

Leiris, Michel *20. April 1901 Paris †30. September 1990; franz. Schriftsteller u. Ethnologe. ALKOR 493, 565, 569, 577

Leiser, Erwin *16. Mai 1923 Berlin †22. August 1996 Zürich; deutsch-schwedischer Publizist u. Regisseur. SIRIUS 42

Leistikow, Walter *25. Oktober 1865 Bromberg †24. Juli 1908 Berlin; Kunstmaler u. Grafiker. AUSSICHT 353

Leiter, Karl *1890 †1957; österr. Drehbuchautor u. Regisseur. TADELLÖSER 344 (*Das Ferienkind*)

Lemitz, Sophia F.; Autorin. ALKOR 171, 413; CULPA 133 (*Das Leben des Dienstmädchens Sophia*), 255, 303

Lena; ehem. Freundin Ks aus Rostocker Zeiten. SIRIUS 246

Lenau, Nikolaus (eigentl. Nikolaus Franz Niembsch) *13. August 1802 Csatád i. Banat †22. August 1850 Oberdöbling b. Wien; österr. Schriftsteller. GRÖSSEN 74; HEILE WELT 358 (*Drei Zigeuner fand ich einmal*)

Lenbach; Franz Seraph *13. Dezember 1836 Schrobenhausen †6. Mai 1904 München; Kunstmaler. AUSSICHT 383; KAPITEL 220

Lendl, Ivan *7. März 1960 Ostrava i.d. Tschechoslowakei; tschechoslowakisch-US-amerikanischer Tennisspieler. ALKOR 205, 414

Lengsfelder, Hans *1903 †1979; Komponist u. Lieddichter ALLES UMSONST 51, 55, 201, 302 (*Sag beim Abschied leise »Servus«*)

Lenin, Wladimir Iljitsch (eigentl. Wladimir Iljitsch Uljanow) *22. April 1870 i. Simbirsk †21. Januar 1924 Gorki b. Moskau; kommunistischer

Politiker u. Theoretiker, Begründer der Sowjetunion. ALKOR 35, 227; AUSSICHT 255; GOLD 273; GRÖSSEN 61; HAMIT 41, 108, 143, 145, 210; SIRIUS 193; SOMNIA 55, 336, 351, 365, 409, 433, 527, 541; WILLKOMMEN 264, 319

Lennon, John Winston *9. Oktober 1940 Liverpool †8. Dezember 1980 New York City; britischer Musiker, Komponist u. Autor, Mitgründer der →Beatles. ALKOR 333; CULPA 139; GRÖSSEN 206

Lentz, Georg *1928; Schriftsteller. ALBUM 36, 56f.

Lenz, Frau; Mitarbeiterin im Knaus-Verlag. SIRIUS 47

Lenz, Hermann *26. Februar 1913 Stuttgart †12. Mai 1998 München; Schriftsteller. ALBUM 5, 58f.; CULPA 40; HAMIT 202

Lenz, Liselotte *1919 †Februar 2006; Kunstmalerin u. Illustratorin, Frau von Siegfried →Lenz. ALKOR 143

Lenz, Siegfried *17. März 1926 Lyck i. Ostpreußen †7. Oktober 2014 Hamburg; Schriftsteller ALBUM 118f.; ALKOR 12, 90, 143, 293, 388, 425; CULPA 35, 39, 114; GRÖSSEN 23, 155ff.; HAMIT 91, 99f., 373, 377; SIRIUS 69, 127, 199f., 250, 552, 593; SOMNIA 156, 317, 431

Lenzen, Verena *1957 Eschweiler b. Aachen; Prof. für Judaistik u. Theologie. HAMIT 270; SOMNIA 249

Leonardo da Vinci (eigentl. Leonardo di ser Piero) *15. April 1452 Anchiano b. Vinci †2. Mai 1519 Schloss Clos Lucé b. Amboise; italienischer Kunstmaler, Bildhauer, Architekt, Anatom, Mechaniker, Ingenieur u. Naturphilosoph. SOMNIA 34f.

Leonhard, Wolfgang (eigentl. Wladimir Leonhard) *16. April 1921 Wien †17. August 2014 Daun; Autor, Publizist u. Historiker. ALBUM 136f.; ALKOR 452; SOMNIA 517

Leopold I. von Anhalt-Dessau (gen. »Der Alte Dessauer«) *3. Juli 1676 Dessau †7. April 1747 Dessau; Fürst von Anhalt-Dessau, preußischer Heeresreformer. HAMIT 55

Leopold von Mecklenburg *26. November 1678 Grabow †28. November 1747 Dömitz; Herzog zu Mecklenburg im Landesteil Mecklenburg-Schwerin. AUSSICHT 349

Lerche siehe unter →Merk

Lessing, Doris (geb. Doris May Tayler) *22. Oktober 1919 Kermânschâh i. Iran †17. November 2013 London; britische Schriftstellerin. GRÖßEN 35, 158ff.; HAMIT 345

Lessing, Gotthold Ephraim *22. Januar 1729 Kamenz i. Sachsen †15. Februar 1781 Braunschweig; Bibliothekar, Kritiker u. Dichter. ALBUM 171 (*Minna von Barnhelm*); ALLES UMSONST 108; AUSSICHT 35, 175, 540; GRÖßEN 38, 158; HUNDSTAGE 94; KAPITEL 352 (*Minna von Barnhelm*); LETZTE GRÜßE 79; SIRIUS 87 (*Die Hamburgische Dramaturgie*);

Lessing, Theodor *8. Februar 1872 Hannover †31. August 1933 Marienbad i.d. Tschechoslowakei; Philosoph u. Publizist. GRÖßEN 158; SIRIUS 401, 405

Lettau, Reinhard *10. September 1929 Erfurt †17. Juni 1996 Karlsruhe; deutsch-amerikanischer Schriftsteller. JOHNSON 14; SOMNIA 315f., 368

Lettow-Vorbeck, Paul Emil **von** *20. März 1870 Saarlouis †9. März 1964 Hamburg; Offizier, Kommandeur der Schutztruppe für Deutsch-Ostafrika u. Schriftsteller. GOLD 215; GRÖßEN 34; TADELLÖSER 306 (*Heia Safari*)

Lewetzow, Theodore **Ulrike** Sophie **von** *4. Februar 1804 Löbnitz †13. November 1899 Schloss Trziblitz i. Böhmen; letzte Liebe Johann Wolfgang von →Goethes. GRÖßEN 197; SIRIUS 405

Lewis, Harry **Sinclair** *7. Februar 1885 Sauk Centre i. Minnesota †10. Januar 1951 Rom; US- amerikanischer Schriftsteller. ALKOR 303; GRÖßEN 161f.

Lewis, Wells; Sohn von Sinclair →Lewis. GRÖßEN 162

Ley, Robert *15. Februar 1890 Niederbreidenbach †25. Oktober 1945 Nürnberg; Reichsleiter der NSDAP u. Leiter des Einheitsverbands Deutsche Arbeitsfront. ALKOR 66

Lichtenberg, Georg Christoph *1. Juli 1742 Ober-Ramstadt b. Darmstadt †24. Februar 1799; Mathematiker, erster deutscher Professor für Experimentalphysik, Schriftsteller u. Aphoristiker. AUFZEICHNUNGEN 426; GRÖßEN 197; SIRIUS 129

Lichtenstein-Rother, Ilse *10. Dezember 1917 Wilsdruff i. Sachsen †6. Oktober 1991 Augsburg; Grundschulpädagogin. ALKOR 320

Liddell Hart, Basil Henry *31. Oktober 1895 Paris †29. Januar 1970 Marlow; britischer Militärhistoriker,

Korrespondent u. Stratege. ALKOR 447f.; CULPA 326

Liddell, Alice Pleasance *4. Mai 1852 †16. November 1934; Inspiration für die Heldin in Lewis Carrolls ›Alice im Wunderland‹, Tochter des Dekans →Liddell. GRÖß EN 53

Liddell; Henry George *6. Februar 1811 †18. Januar 1898; britischer Altphilologe u. Lexikograf. GRÖß EN 53

Liebermann, Rolf *14. September 1910 Zürich †2. Januar 1999 Paris; Schweizer Komponist u. Intendant. AUFZEICHNUNGEN 175f., 209

Liebermann; Max *20. Juli 1847 Berlin †8. Februar 1935 Berlin; Kunstmaler u. Grafiker. AUSSICHT 383f.

Liebknecht, Karl Paul August *13. August 1871 Leipzig †15. Januar 1919 Berlin; Marxist, Antimilitarist, Mitbegründer der KPD. ALKOR 35f., 40; HEILE WELT 391

Lieffen, Karl (eigentl. Carel František Lifka) *17. Mai 1926 Osek i.d. Tschechoslowakei †13. Januar 1999 Starnberg; Schauspieler, spielt den Vater Ks in der Verfilmung ›Tadellöser & Wolff‹. ALKOR 131, 174; CULPA 65; HAMIT 30, 111, 265, 360; SIRIUS 178, 241; SOMNIA 69, 91

Lietz, Hermann *28. April 1868 Dumgenevitz †12. Juni 1919 Haubinda; Reformpädagoge, Begründer der Landerziehungsheime. ALKOR 183; SIRIUS 282, 424, 528, 549

Ligeti, György Sándor (od. Georg Alexander) *28. Mai 1923 Sankt Martin i. Siebenbürgen †12. Juni 2006 Wien; Komponist, gilt als Erneuerer der ›Neuen Musik‹. SIRIUS 220

Liliencron,»Detlev« Friedrich Adolf Axel Frhr. **von** *3. Juni 1844 Kiel †22. Juli 1909 Alt-Rahlstedt b. Hamburg; Offizier, Beamter, Lyriker, Schriftsteller u. Dramatiker. GRÖßEN 72; HEILE WELT 33 (*Pieter Lüng*); IM BLOCK 27 (*Ermattet ruhn der Hirt und seine Schafe*); MARK UND BEIN 50; TADELLÖSER 333 (*Trutz, Blanke Hans*), 391 (*Lever dot üs Slav*)

Lilje, Johannes»**Hanns**« Ernst Richard *20. August 1899 Hannover †6. Januar 1977 Hannover; ev. Theologe, Kunsthistoriker, Landesbischof der Evangelisch-lutherischen Landeskirche von Hannover u. stellvertretender Ratsvorsitzender der Evangelischen Kirche in Deutschland. AUFZEICHNUNGEN 35, 449; SIRIUS 53; SOMNIA 503

Limbach, Jutta *27. März 1934 Berlin; Rechtswissenschaftlerin, SPD-Politikerin, 1994–2002 Präsidentin des Bundesverfassungsgerichts, 2002–08 Präsidentin des Goethe-Instituts. SOMNIA 228

Limmroth, Armin und **Angelika**; Ehepaar aus Göttingen, sie ist Autorin einer Biographie über Jenny von Westfalen. ALKOR 177

Limmroth, Manfred; Bekannter Ks. AUFZEICHNUNGEN 602

Lind, Jenny (eigentl. Johanna Maria Lind) *6. Oktober 1820 Stockholm †2. November 1887 Malvern i. Worcestershire; schwedische Opernsängerin, Hans Christian →Andersen verliebte sich in sie. GRÖßEN 16

Lindemann, Gisela *1939 †1989; Literaturwissenschaftlerin u. Rundfunkredakteurin. Johnson 45; Somnia 260

Lindemann, Johann *~ 1550 Gotha †1630 Gotha; Kirchenlieddichter u. -Komponist. Heile Welt 253 (*In dir ist Freude in allem Leide*)

Linder, Leslie; Autor über Beatrix →Potter. Alkor 101

Lindgren, Astrid (geb. Astrid Anna Emilia Ericsson) *14. November 1907 a. Näs b. Vimmerby †28. Januar 2002 Stockholm; schwedische Schriftstellerin. Hundstage 285 (*Pippi Langstrumpf*), 350 (*Pippi Langstrumpf*); Größen 197

Lindlau, Dagobert *11. Oktober 1930 München; Journalist u. Schriftsteller. Alkor 149, 579; Sirius 256

Lingen, Theo (eigentl. Franz Theodor Schmitz) *10. Juni 1903 Hannover †10. November 1978 Wien; Schauspieler, Regisseur u. Autor Alkor 79; Gold 92, 218; Sirius 618

Linsmaier, Herr; Fußballspieler. T+K 17

Lippe, Armin Leopold Ernst Bruno Heinrich Willa August **Prinz zur** *18. August 1924 Detmold; Oberhaupt des Hauses Lippe-Detmold. Alkor 270

Lippe, Viktor von der; Autor des Werkes ›Nürnberger Tagebuchnotizen November 1945 bis Oktober 1946‹. Alkor 429, 452

Lipscher, Magdalena; Autorin über jüdische Schicksale während des Holocaust. Alkor 532; Culpa 96, 116

Lissauer, Ernst *16. Dezember 1882

Berlin †10. Dezember 1937 Wien; Dramatiker, Lyriker u. Publizist. Aussicht 357

Liszt, Franz *22. Oktober 1811 Raiding i. Burgenland †31. Juli 1886 Bayreuth; Komponist, Dirigent u. Klaviervirtuose. Aufzeichnungen 496; Größen 15, 258; Im Block 247; Mark und Bein 211; Tadellöser 65, 452; Weltschmerz 138

Livingstone *19. März 1813 Blantyre b. Glasgow †1. Mai 1873 Chitambo a. Bangweulusee; schottischer Missionar u. Afrikaforscher. Letzte Grüße 192

Llosa, Jorge **Mario** Pedro **Vargas** *28. März 1936 Arequipa i. Peru; peruanisch-spanischer Schriftsteller u. Politiker. Größen 98

Llossas, Juan *27. Juli 1900 Barcelona †21. Mai 1957 Salzburg; spanischer Pianist, Komponist u. Bandleader. Tadellöser 158 (*Banjo, gestopfte Trompete*), 159 (*Oh Fräulein Grete*)

Lloyd, Harold Clayton *20. April 1893 Burchard i. Nebraska †8. März 1971 Beverly Hills i. Kalifornien; US-amerikanischer Schauspieler, Komiker des Stummfilms. Tadellöser 447

Lobkowicz, Nikolaus *9. Juli 1931 Prag; Philosoph u. Hochschulpolitiker. Hamit 265

Lodemann, Jürgen *28. März 1936 Essen; Schriftsteller u. Fernsehjournalist. Sirius 579

Loeff, Wolfgang *1895 Berlin †1954 Rendsburg; Schriftsteller. Tadellöser 391

Loerke, Oskar *13. März 1884 Jungen i. Westpreußen †24. Februar

1941 Berlin; Dichter, Sekretär der
›Preussischen Akademie der Künste‹
1928–33. Größen 164
Loest, Erich *24. Februar 1926
Mittweida; Schriftsteller. Album 114;
Hamit 167f., 217, 349, 372, 374; Sirius
180; Somnia 498
Loewe, Lothar *9. Februar 1929
Berlin †23. August 2010 Berlin;
Journalist u. Fernsekorrespondent.
Hamit 318
Löffler, Sigrid *26. Juni 1942
Aussig; österr. Publizistin, Kultur-
korrespondentin u. Literaturkriti-
kerin. Alkor 285
Löhner-Beda, Fritz (eigentl. Fried-
rich Löwy) *24. Juni 1883 Wilden-
schwert i. Böhmen †4. Dezember
1942 KZ-Auschwitz; österr. Libret-
tist, Schlagertexter u. Schriftsteller.
Im Block 255 (*Was machst du mit
dem Knie, lieber Hans?*)
Lolita (eigentl. Edith Einzinger, geb.
Zuser) *17. Januar 1931 St. Pölten
†30. Juni 2010 Salzburg; österr.
Schlagersängerin, Schauspielerin u.
Fernsehmoderatorin. Heile Welt 389
(*Roter Mohn, warum welkst du
denn schon*)
Lollobrigida, Luigina »**Gina**« *4.
Juli 1927 Subiaco; italienische
Schauspielerin u. Fotojournalistin.
Größen 124
Lommer, Horst; Dichter, verfaßte
Gedichte gegen das Hitler-Regime u.
gegen den Krieg. Alkor 430
Löns, Hermann *29. August 1866
Culm b. Bromberg i. Westpreußen
†26. September 1914 b. Loivre b.
Reims i. Frankreich; Journalist u.

Schriftsteller. Letzte Grüße 25 (*Über
die Heide geht mein Gedenken*)
Lorca, Federico García *5. Juni
1898 Fuente Vaqueros †19. August
1936 Viznar b. Granada; span.
Schriftsteller u. Dichter. Hundstage
28 (*Don Perlimplin*)
Lorenz, Adolf Friedrich *1884
†1962; Bauingenieur u. Denkmal-
pfleger in Mecklenburg. Hamit 249;
Sirius 410
Lorenzen, Rudolf *5. Februar 1922
Lübeck; Journalist, Schriftsteller.
Aufzeichnungen 90
Lortzing, Gustav Albert *23. Okto-
ber 1801 Berlin †21. Januar 1851
Berlin; Komponist, Librettist, Schau-
spieler, Sänger u. Dirigent. Aussicht
318; Gold 176 u. 328 (*Vater, Mutter,
Bruder, Schwester hab ich auf der
Welt nicht mehr*); Tadellöser 82 (*Zar
und Zimmermann*), 253 (*Vater,
Mutter, Bruder, Schwester hab ich
auf der Welt nicht mehr*)
Lothar; zeigte während eines
Literaturseminars afghanischen
Silberschmuck vor. Sirius 352
Lotting; Lehrer Ks in der Oberschule.
Sirius 267
Loussier, Jacques *26. Oktober
1934 Angers; französischer Pianist u.
Arrangeur. Heile Welt 319
Löwenthal, Gerhard *8. Dezember
1922 Berlin †6. Dezember 2002 Wies-
baden; Journalist. Sirius 138, 472
Löwenthal, Richard (Pseud. Paul
Sering) *15. April 1908 Berlin †9.
August 1991 Berlin; Politikwissen-
schaftler. Sirius 37; Somnia 323
Loy, Myrna (eigentl. Catharina

Myrna Adele Williams) *2. August 1905 Radersburg i. Montana †14. Dezember 1993 New York City; US-amerikanische Schauspielerin. GOLD 146, 274; KAPITEL 250

Lu Hsün *1881 Shaoxing †1936 Shanghai; chin. Schriftsteller. SIRIUS 205

Lübbert, Friedrich *1818 †1892; Offizier u. Militärmusiker. TADELLÖSER 85 (*Helenenmarsch*)

Lübke, Wilhelm Friedrich *25. August 1887 Enkhausen i. Sauerland †16. Oktober 1954 Augaard; CDU-Politiker, 1951–54 Ministerpräsident von Schleswig-Holstein. ALBUM 167

Lucasse, Janine; *Französin, die 1942 wegen einem Paar Schuhe zum Tode verurteilt wurde.* ALKOR 145; CULPA 131

Lucia, Heilige *~286 Syrakus a. Sizilien †~304; Märtyrerin u. Heilige. ALKOR 568

Luckhardt, Emil Konrad *1880 Barmen †5. November 1914 Flandern; Übersetzer des Kampflieds der Arbeiterbewegung ›Die Internationale‹. KAPITEL 286 (*Völker, hört die Signale*)

Ludendorff, Erich Friedrich Wilhelm *9. April 1865 Kruszewnia b. Schwersenz †20. Dezember 1937 Tutzing; General u. Politiker. SOLDATEN 45

Lüdke, Martin *1943 Apolda i. Thüringen; Literaturwissenschaftler u. Literaturkritiker. SOMNIA 457

Ludwig II. Otto Friedrich Wilhelm **von Bayern** *25. August 1845 Schloss Nymphenburg †13. Juni

1886 i. Starnberger See; König von Bayern. AUSSICHT 254; ZEIT 134

Ludwig XIV. (gen. »Der Sonnenkönig«) *5. September 1638 Saint-Germain-en-Laye †1. September 1715 Versailles; König von Frankreich u. Navarra. AUSSICHT 177; KAPITEL 49; SIRIUS 110; TADELLÖSER 295

Ludwig, Volker (eigentl. Eckart Hachfeld) *13. Juni 1937 Ludwigshafen; Dramatiker u. Theaterleiter. HAMIT 175

Lueg, Ernst Dieter *9. Januar 1930 Essen †22. Mai 2000 in Bonn; Journalist. ALKOR 677

Lüers, Heini; Schulkamerad Ks. SOLDATEN 55

Luft, Christa (geb. Hecht) *22. Februar 1938 Krakow a. See; Gesellschaftswissenschaftlerin u. Politikerin. HAMIT 97

Luft, Friedrich *24. August 1911 Friedenau †24. Dezember 1990 Berlin; Theaterkritiker. GRÖßEN 90; SIRIUS 37; SOMNIA 323

Luhmann, Niklas *8. Dezember 1927 Lüneburg †6. November 1998 Oerlinghausen; Soziologe u. Gesellschaftstheoretiker. SOMNIA 169

Luise Auguste Wilhelmine Amalie **von Preußen** (geb. zu Mecklenburg-Strelitz) *10. März 1776 Hannover †19. Juli 1810 Schloss Hohenzieritz; Königin von Preußen; Frau von König Friedrich Wilhelm III. von Preußen. AUSSICHT 314, 360, 472; ZEIT 250, 265

Lukács, Georg (eigentl. György Lukács de Szeged) *13. April 1885 Budapest †4. Juni 1971 Budapest; unga-

rischer Philosoph, Literaturwissen-schaftler u. -kritiker. KAPITEL 355
Lukas *~Antiochia i.d. Türkei †~80 Bithynien od. i.d. Achaia i. Griechen-land; Apostel, Evangelist. IM BLOCK 136; TADELLÖSER 275
Lukian von Samosata *~120 Samosata †nach 180 od. ~200 ~Alexandria; griechischer Satiriker. GRÖßEN 276
Lumholtz, Carl Sophus *23. April 1851 Fåberg i. Norwegen †5. Mai 1922 Saranac Lake i. New York; norw. Naturforscher u. Ethnologe. HEILE WELT 276 (*Unter Menschenfres-sern in Australien*)
Lundholm, Anja (eigentl. Helga Erdtmann) *28. April 1918 Düssel-dorf †4. August 2007 Frankfurt a.M.; Schriftstellerin. SOMNIA 217
Lüngi siehe unter Peter →Rühmkorf
Luschew, Pjotr Georgijewitsch *18. Oktober 1923 Poboischtsche †23. März 1997 Moskau; russ. Armeege-neral, 1985–86 Oberkommandieren-der der Gruppe der Sowjetischen Streitkräfte in Deutschland, letzter Oberkommandierender des War-schauer Pakts. HAMIT 304
Luserke, Martin *3. Mai 1880 Ber-lin †1. Juni 1968 Meldorf; Schriftstel-ler u. Reformpädagoge. CULPA 233
Lüth, Erich *1. Februar 1902 Ham-burg †1. April 1989 Hamburg; Publi-zist u. Direktor der Staatlichen Pres-sestelle Hamburg. ALKOR 179
Luther, Martin *10. November 1483 Eisleben †18. Februar 1546 Eisleben; Prof. der Theologie, Augustiner-mönch, Urheber u. Lehrer der Refor-

mation. ALKOR 238; ALLES UMSONST 116; AUSSICHT 133, 174; GOLD 52 (*Und wenn die Welt voll Teufel wär*), 235; IM BLOCK 73 (*Vom Himmel hoch da komm ich her*), 212, 237 (*Nun freut euch, lieben Christen gemein*), 277 (*Vom Himmel hoch da komm ich her*); KAPITEL 118 (*Vom Himmel hoch da komm ich her*), 176; SOMNIA 355; TADELLÖSER 30, 275; ZEIT 238
Lützow, Ludwig Adolf Wilhelm Freiherr von *18. Mai 1782 Berlin †6. Dezember 1834 Berlin; preuß. Gene-ralmajor. AUSSICHT 58
Lux, Johannes »Hanns« Maria *17. Mai 1900 Trier †11. September 1967 Koblenz; Jugendbuchautor u. Re-formpädagoge. TADELLÖSER 148 u. 338 (*Deutsch ist die Saar*)
Luxemburg, Rosa (eigentl. Rozalia Luksenburg) *5. März 1871 Zamoœæ i. Rußland †15. Januar 1919 Berlin; Vertreterin der Arbeiterbewegung, marxistische Theoretikerin, Mitbe-gründerin der KPD. ALKOR 35f., 40; GOLD 90; HAMIT 175

Mackeben, Theo *5. Januar 1897 Preußisch Stargard †10. Januar 1953; Pianist, Dirigent u. Komponist. ALLES UMSONST 51 (*Bei dir war es immer so schön, Und es fällt mir unsagbar schwer, zu geh'n*); CULPA 217, 318 (*Warum hast du mir so wehgetan? Und was fang' ich ohne dich an?*); KAPITEL 167 (*Warum hast du mir denn so weh getan?*); TADELLÖSER 361 (*Bei dir war es immer so schön*)

Mackensen, Anton Ludwig Friedrich August von *6. Dezember 1849 Haus Leipnitz i. Sachsen †8. November 1945 Burghorn i. Niedersachsen; Generalfeldmarschall. SOLDATEN 44

Maertens, Willi *3. November 1915 Magdeburg †19. Juni 2012; Musikwissenschaftler u. Dirigent. SIRIUS 594

Mahler, Gustav *7. Juli 1860 Kalischt i. Böhmen †18. Mai 1911 Wien; österr. Komponist. ALKOR 147, 240; GOLD 204; HAMIT 330; KAPITEL 208; SIRIUS 290, 302f., 365, 369, 373

Mahler-Werfel, Alma Maria (geb. Schindler) *31. August 1879 Wien †11. Dezember 1964 New York City; Ehefrau des Komponisten Gustav →Mahler, des Architekten Walter Gropius und des Dichters Franz →Werfel, Gastgeberin in der Kunst-, Musik- und Literaturszene. GRÖSSEN 29; SIRIUS 492f.; SOMNIA 466

Maizière, Lothar de *2. März 1940 Nordhausen; Rechtsanwalt, 1990 erster demokratisch gewählter u. zugleich letzter Ministerpräsident der Deutschen Demokratischen Republik, 1989–91 CDU-Politiker.

HAMIT 201, 204, 313, 318, 403f.; SOMNIA 163, 416

Majakowski, Wladimir Wladimirowitsch *19. Juli 1893 Bagdadi i. Rußland †14. April 1930 Moskau; russ. Dichter. GOLD 159, 239; HUNDSTAGE 142

Major, John *29. März 1943 London; 1990–97 Premierminister Großbritanniens. SOMNIA 102

Makarenko, Anton Semjonowitsch *13. März 1888 Belopolje †1. April 1939 Golizyno; russ. Pädagoge u. Schriftsteller. AUFZEICHNUNGEN 496; WILLKOMMEN 199

Malenkow, Georgi Maximilianowitsch *8. Januar 1902 Orenburg †14. Januar 1988 Moskau; russ. Politiker, 1953–55 Regierungschef der UdSSR. SIRIUS 222

Malizewski, Marion; *Aus Schneidemühl werden die Geschwister von Marion Malizewski gesucht. Sie sollen in der DDR leben.* CULPA 107

Mallarmé, Stéphane (eigentl. Étienne Mallarmé) *18. März 1842 Paris †9. September 1898 Valvins b. Fontainebleau; franz. Schriftsteller. IM BLOCK 117; LETZTE GRÜSSE 204; SIRIUS 279

Mallowan, Sir Max Edgar Lucien *6. Mai 1904 London †19. August 1978 Wallingford; Prof., britischer Archäologe Vorderasiens. GRÖSSEN 63

Malraux, André *3. November 1901 Paris †23. November 1976 Créteil i. Val-de-Marne; franz. Schriftsteller, Drehbuchautor, Filmregisseur, Abenteurer u. Politiker. ALKOR 390; SIRIUS 599, 615

Malskat, Lothar *3. Mai 1913 Königsberg †10. Februar 1988 Wulfsdorf b. Lübeck; Kunstmaler u. Kunstfälscher. SIRIUS 509

Maltzan Freiin zu Wartenberg und Penzlin, **Maria** Helene Françoise Izabel **Gräfin von** *25. März 1909 b. Militsch i. Schlesien †12. November 1997 Berlin; Biologin, Tierärztin u. Widerstandskämpferin gegen die Nationalsozialisten. SOMNIA 506

Manet, Édouard *23. Januar 1832 Paris †30. April 1883 Paris; franz. Kunstmaler. AUSSICHT 255

Mann Borgese, Elisabeth Veronika *24. April 1918 München †8. Februar 2002 St. Moritz i.d. Schweiz; Tochter von Thomas →Mann, deutsch-tschechisch-kanadische Seerechtlerin, Ökologin u. Schriftstellerin. SIRIUS 179

Mann, Erika Julia Hedwig Mann *9. November 1905 München †27. August 1969 Zürich; Tochter von Thomas →Mann, Schauspielerin, Kabarettistin, Schriftstellerin u. Lektorin. ALKOR 239, 400, 473; HAMIT 138, 338; SIRIUS 165; SOMNIA 452

Mann, Familie; siehe unter Elisabeth, Erika, Golo, Katia, Klaus, Heinrich u. Thomas →Mann. HAMIT 40, 72

Mann, Angelus Gottfried Thomas **»Golo«** *27. März 1909 München †7. April 1994 Leverkusen; Sohn von Thomas →Mann, deutsch-schweizerischer Historiker, Publizist, Schriftsteller. ALKOR 44, 46, 50, 386; CULPA 24; GRÖSSEN 29; SIRIUS 297, 470

Mann, Luiz **Heinrich** *27. März 1871 Lübeck †12. März 1950 Santa Monica i. Kalifornien; Bruder von Thomas

→Mann, Schriftsteller. ALKOR 64, 202; ALLES UMSONST 362, 369 (*Gotthard Frhr. von Erztum-Lohmeyer* [Anspielung auf die Figuren »von Erztum« u. »Lohmann« in ›Professor Unrat‹]); AUFZEICHNUNGEN 530; AUSSICHT 27 (*Professor Unrat*); CULPA 256, 344; GRÖSSEN 29, 163ff., 229; HAMIT 334; SIRIUS 479 (*Prof. Unrat*), 509; SOMNIA 179; TADELLÖSER 30 (*Professor Unrat*), 228, 287 (*wohlaufgemerkt nun also* [›Professor Unrat‹: aufgemerkt nun also]); WILLKOMMEN 63 (*Professor Unrat*)

Mann, Katharina »**Katia«** Hedwig (geb. Pringsheim) *24. Juli 1883 Feldafing b. München †25. April 1980 Kilchberg b. Zürich; Ehefrau von Thomas →Mann. ALKOR 268, 322; GRÖSSEN 163f. 167; SIRIUS 179, 220f.

Mann, Klaus Heinrich Thomas *18. November 1906 München †21. Mai 1949 Cannes i. Frankreich; Sohn von Thomas →Mann, Schriftsteller. ALKOR 10, 50, 349, 354, 400, 473; AUFZEICHNUNGEN 534; GRÖSSEN 72; HAMIT 183; LETZTE GRÜSSE 357; SIRIUS 41, 200, 469, 470; SOMNIA 500

Mann, Michael *21. April 1919 München †1. Januar 1977 Orinda i. Kalifornien; Sohn von Thomas →Mann, Musiker u. Literaturwissenschaftler. HAMIT 50

Mann, Monika *7. Juni 1910 München †17. März 1992 Leverkusen; Tochter von Thomas →Mann, Schriftstellerin. ALKOR 50

Mann, Paul **Thomas** *6. Juni 1875 Lübeck †12. August 1955 Zürich;

Schriftsteller. ALBUM 59, 121; ALKOR 24, 88, 90, 118, 120, 151, 161, 173, 187, 215, 239, 268, 291, 315, 322, 326, 344, 355, 460ff., 569, 580, 583, 592; AUFZEICHNUNGEN 44, 72, 119, 121, 180, 214, 238, 397, 426; AUSSICHT 96 (*Buddenbrook*), 512; CULPA 29, 34, 102, 109, 139f., 208, 224f., 234, 340f., 365, 367; GOLD 125, 181 (*Buddenbrooks*), 244, 314 (*Buddenbrooks*); GRÖßEN 23, 73, 75, 81, 108, 112, 119, 128, 139 (*Thomas von der Trave*), 158, 163f., 166ff., 194, 199, 212, 225, 235, 243, 256ff., 283; HAMIT 15, 50f., 60, 137f., 183, 209, 285, 327, 331, 390, 400, 408, 410, 413; HEILE WELT 310; HUNDSTAGE 92 (*Tod in Venedig*), 381 (*Zauberberg*), 387; IM BLOCK 118; KAPITEL 118 (*Buddenbrooks*), 293 u. 304 (*Buddenbrooks*); LETZTE GRÜßE 192f., 196; MARK UND BEIN 172; SIRIUS 129, 138, 165, 169, 184, 220, 253, 405, 423 (*Buddenbrooks*), 433, 443, 488, 559, 576, 586, 603, 608, 628; SOMNIA 125, 160, 164, 290, 338, 436, 480, 500; TADELLÖSER 30 (*Buddenbrooks*); T+K 30; WILLKOMMEN 63 (*Buddenbrooks*), 281, 338

Mannerheim, Carl Gustav Frhr. von *4. Juni 1867 Askainen †27. Januar 1951 Lausanne; finnischer Militär u. Staatsmann. SOMNIA 8

Mannheimer, Max *6. Februar 1920 Neutitschein i. Tschechoslowakei †23. September 2016 München; Überlebender des Holocaust, Autor u. Kunstmaler. CULPA 304

Mansfield, Katherine (geb. Kathleen Mansfield Beauchamp) *14. Oktober 1888 Wellington †9. Januar

1923 Fontainebleau; neuseeländischbritische Schriftstellerin. ALKOR 261; GRÖßEN 35, 170ff., 256

Manson, Charles Milles *12. November 1934 Cincinnati; US-amerikanischer Verbrecher, Anführer der Manson Family. SIRIUS 269, 275

Manstein, Erich von (geb. Fritz Erich von Lewinski) *24. November 1887 Berlin †10. Juni 1973 Irschenhausen; Generalfeldmarschall, Armee- u. Heeresgruppenoberbefehlshaber. SIRIUS 385

Manthey, Jürgen *1932 Forst i.d. Lausitz; Schriftsteller u. Literaturwissenschaftler, wurde von F. J. Raddatz als Gutachter für das eingereichte Werk IM BLOCK hinzugezogen. AUFZEICHNUNGEN 532

Mantow, Herr; Kaufmann in Rostock. SIRIUS 591

Manzooruddim, Ahmad Hafiz; indischer Autor. TADELLÖSER 340

Mao Tse-tung *26. Dezember 1893 Shaoshan †9. September 1976 Peking; Vorsitzender der Kommunistischen Partei Chinas 1943–1976. ALKOR 345; GRÖßEN 214; HAMIT 144; SIRIUS 424; SOMNIA 37, 61; UNSER HERR BÖCKELMANN 21

Maradona, Diego *30. Oktober 1960 Lanús i. Argentinien; argentinischer Fußballspieler. T+K 22

Marat, Jean Paul *24. Mai 1743 Boudry i.d. Schweiz †13. Juli 1793 Paris; Arzt, Naturwissenschaftler u. Autor. HUNDSTAGE 117

Marc, Franz Moritz Wilhelm *8. Februar 1880 München †4. März 1916 Braquis b. Verdun; Kunstmaler,

Zeichner u. Grafiker. Hamit 260; Sirius 481

Marc, Julia *1796 †1864; Freundin v. E. T. A. →Hoffmann. Größen 122

Marcos, Ferdinand Edralin *11. September 1917 Sarrat †28. September 1989 Honolulu a. Hawaii; 1965–1986 zehnter Präsident der Philippinen. Alkor 531, 547

Margaret, Prinzessin (Countess of Snowdon) *21. August 1930 Glamis Castle i. Schottland †9. Februar 2002 London; Schwester der britischen Königin →Elisabeth II. Größen 50

Margarete von Dänemark (geb. Sambiria, gen. »Schwarze Grete«) *~1230 †1. Dezember 1282 Rostock; dän. Königin. Tadellöser 287

Maria Theresia Walburga Amalia Christina von Österreich *13. Mai 1717 Wien †29. November 1780 Wien; Erzherzogin von Österreich u. Königin von Ungarn. Gold 158

Marinesko, Alexander Ivanovich *15. Januar 1913 †25. November 1963; U-Boot Kommandant. Mark und Bein 100 (*sich das größte Flüchtlingsschiff herausgepickt ... Der russische Kommandant hatte gerufen: Los!*)

Marion; Freundin von Karl Friedrich →Kempowski, war 1983 zusammen mit ihrer Schwester Andrea für einige Wochen im Hause Ks zu Besuch. Sirius 121, 271f., 275, 302–308, 310f., 315f., 319ff., 325f., 328f., 333f., 340, 357, 365, 398, 611, 633

Markow, Sergej; russ. Politologe. Somnia 353

Maron, Monika (eigentl. Monika Eva Iglarz) *3. Juni 1941 Berlin; Schriftstellerin. Alkor 483, 566; Hamit 319; Sirius 61; Somnia 442, 493

Marquart, Birgit; Journalistin beim ›Focus‹. Culpa 332

Márquez, Gabriel José **García** *6. März 1927 Aracataca i. Kolumbien; kolumbianischer Schriftsteller u. Journalist. Größen 98ff.

Marryat, Frederick *10. Juli 1792 London †2. August 1848 Langham; Marineoffizier u. Schriftsteller. Im Block 32 (*Sigismund Rüstig*); Gold 96 (*Sigismund Rüstig*)

Martens, Christian Septimus **von** *19. August 1793 Gut Miravecchia b. Dolo i. Venetien †31. Mai 1882 Stuttgart; Offizier, Teilnehmer am Rußlandfeldzug →Napoleon I. 1812. Hamit 227, 229

Martens, Gunter; Prof. Dr., Mitglied der Bertelsmann-Jury 1983. Sirius 82, 404, 582

Martens, U. Alexander *24. Juni 1935; Publizist, 1978–98 ZDF-Kulturredakteur u. Moderator der Sendung ›Aspekte‹. Alkor 466

Marti, Kurt *31. Januar 1921 Bern; Schweizer Pfarrer u. Schriftsteller. Hamit 155

Märtin, Hans; Lehrer Ks in Rostock. Aufzeichnungen 50, 89, 179, 336, 414; Aussicht 410, 428, 490; Hamit 403; Sirius 319; Somnia 45, 245

Martin, Heilige *~316/317 i. Savaria, i. Ungarn †8. November 397 Candes b. Tours i. Frankreich; dritter Bischof von Tours. Alkor 58

Martin, Paul *8. Februar 1899 Maiolana †23. Januar 1967 Berlin;

ungarischer Filmregisseur. TADELLÖSER 294 (*Jeny und der Herr im Frack*) **Marx Brothers**; US-amerikanische Komikertruppe bestehend aus Leonard »Chico« Marx *22. März 1887 †11. Oktober 1961, Adolph Arthur »Harpo« Marx *23. November 1888 †28. September 1964, Julius Henry »Groucho« Marx *2. Oktober 1890 †19. August 1977, Milton »Gummo« Marx *23. Oktober 1892 †21. April 1977, Herbert »Zeppo« Marx *25. Februar 1901 †29. November 1979. HAMIT 303; SIRIUS 451

Marx, Herr u. Frau; Ehepaar aus Rostock. CULPA 294

Marx, Karl *5. Mai 1818 Trier †14. März 1883 London; Philosoph, Nationalökonom, Gesellschaftstheoretiker, politischer Journalist. ALKOR 593; GOLD 159, 273; GRÖSSEN 124; HAMIT 114; HUNDSTAGE 16, 21; SIRIUS 398; SOMNIA 423, 433

März, Friedrich *11. November 1955 Brilon; Rechtsanwalt, Manager u. CDU-Politiker, u.a. 2000–02 Vorsitzender der CDU/CSU-Bundestagsfraktion. T+K 18

März, Ursula *1957 Journalistin u. Autorin; Verfasserin der abfälligen Kritik zu *Heile Welt* unter der Rubrik »Kritik in Kürze« in der ›Zeit‹ Nr. 40, Jg. 1998. LETZTE GRÜSSE 195 (*Kritik in Kürze*)

Masaryk, Tomáš Garrigue *7. März 1850 Hodonín i. Mähren †14. September 1937 Lány; 1918–35 erster Staatspräsident der Tschechoslowakei. ALKOR 314

Maser, Werner *12. Juli 1922 Paradeningken i. Ostpreußen †5. April 2007 Speyer; Historiker, Publizist u. Hochschullehrer. HAMIT 318

Masereel, Franz *30. Juli 1889 Blankenberge †3. Januar 1972 Avignon; belgischer Graphiker, Zeichner u. Kunstmaler. GRÖSSEN 283

Masina, Giulietta *22. Februar 1921 San Giorgio di Piano b. Bologna †23. März 1994 Rom; Schauspielerin. WILLKOMMEN 48 (*La Strada ... das Trompete blasende Mädchen*)

Masowien, Konrad von *1187 od. 1188 †1247; Herzog in Masowien, ab 1202 Herzog in Kujawien, Sieradz und Leczyca, sowie 1229–32 und 1241–43 Seniorherzog von Polen. HEILE WELT 174; MARK UND BEIN 139

Masur, Kurt *18. Juli 1927 Brieg †19. Dezember 2015 in Greenwich i. Connecticut; Dirigent. SOMNIA 255f.

Matheny, Ray T. *1925; Bordmechaniker, 1944 mit seinem Flugzeug abgeschossen, geriet in deutsche Gefangenschaft, Prof. für Anthropologie an der Brigham Young University i. Provo i. Utah. ALBUM 175; ALKOR 51, 102, 114, 116, 295, 327, 460; CULPA 89, 103, 106, 110, 116, 255, 258, 265

Mathießen, Wilhelm *8. August 1891 Gemünd i.d. Eifel †26. November 1965 Bogen i. Bayern; Kinder- u. Jugendbuchautor, Verfasser antisemitischer Werke. OPPLAWUR 46

Mathisen, Hans Leo (eigentl. Mathiassen) *10. Oktober 1906 Kopenhagen 16. Dezember 1969 Ballerup; dän. Jazzpianist. ALKOR 192; TADELLÖSER 154 u. 212 (*To be or not to be*)

Matthäus *? †nach 42 Parthien i. Mesopotamien; Apostel, Evangelist, Märtyrer, Verfasser des ersten Evangeliums. HUNDSTAGE 32 (*Ich lasse dich nicht, du segnest mich denn*)

Matthäus-Maier, Ingrid (geb. Matthäus) *9. September 1945 Werlte; Verwaltungsrichterin, FDP- u. SPD-Politikerin, 1988–99 stellvertretende Vorsitzende der SPD-Bundestagsfraktion, Vorstand der Kreditanstalt für Wiederaufbau. SOMNIA 227

Matthes, Studienrat; siehe unter Erich →Fabian

Mattheuer, Wolfgang *7. April 1927 Reichenbach i. Vogtland †7. April 2004 Leipzig; Kunstmaler, Graphiker u. Bildhauer. HAMIT 85

Mattheus, Peter (eigentl. Adolph Mattheus) *1897 †1953; Schriftsteller, Jugendbuchautor. SIRIUS 145 (*Minnewitt und Knisterbusch*)

Matthias, Adolf *1847 †1917; Pädagoge, Oberregierungsrat. SIRIUS 78

Matthias, Heilige *? †~63~Jerusalem; jüdischer Schriftgelehrter, Jünger Jesu. ALKOR 99

Matthies, Frank-Wolf *4. Oktober 1951 Berlin; Schriftsteller. HAMIT 286

Matthisson, Friedrich von *23. Januar 1761 Hohendodeleben b. Magdeburg †12. März 1831 Wörlitz b. Dessau; Lyriker u. Schriftsteller. GOLD 271 (*Abendlüftchen im zarten Laube sauseln*); TADELLÖSER 136 (*Abendlüftchen*), 140 (*Eine Blume der Asche meines Herzens*), 141 (*Ade-la-i-hi-de*), 464 (*Silberglöckchen des Mais im Grase sauseln*)

Matussek, Matthias *9. März 1954

Münster; Journalist u. Publizist. ALKOR 106

Matz, Reinhard *1952 Bremen; Fotograf u. Autor. CULPA 355

Matzak, Franz *21. August 1886 Arnfeld †18. Januar 1982; Schauspieler u. Schriftsteller. GOLD 45 (*Gluck erobert Paris*)

Maupassant, Henry René Albert Guy de *5. August 1850 Schloss Miromesni i.d. Normandie †6. Juli 1893 Passy b. Paris; franz. Schriftsteller u. Journalist. GRÖSSEN 257

Mauriac, François *11. Oktober 1885 Bordeaux † 1. September 1970 Paris; franz. Schriftsteller. GRÖSS EN 112

Mauz, Gerhard *29. November 1925 Tübingen †15. August 2003 Reinbek; Journalist, Berichterstatter bei Gerichtsverfahren der Nachkriegszeit. HAMIT 318

May, Karl Friedrich *25. Februar 1842 Ernsthal i. Sachsen †30. März 1912 Radebeul; erfolgreichster deutscher Autor von Abenteuerromanen u. meist übersetzter Schriftsteller. AUSSICHT 300; IM BLOCK 189; GRÖSSEN 59, 173ff.; KAPITEL 50, 123 (*Die Sklavenkarawane*), 181, 266; OPPLAWUR 46; TADELLÖSER 46 (*Durch das Land der Skipetaren*)

Mayer, Hans *19. März 1907 Köln †19. Mai 2001 Tübingen; Literaturwissenschaftler. HAMIT 140; SIRIUS 180, 270

Mayröcker, Friederike *20. Dezember 1924 Wien; österr. Schriftstellerin. HAMIT 319f.

Mazowiecki, Tadeusz *18. April

1927 Plock; polnischer Schriftsteller, Journalist, 1989–90 Ministerpräsident Polens. Somnia 337

McCarthy, Joseph Raymond *14. November 1908 Grand Chute i. Wisconsin †2. Mai 1957 Bethesda i. Maryland; US-amerikanischer Politiker. Hamit 227

McMoran Wilson, Charles *10. November 1882 †12. April 1977; britischer Mediziner, Leibarzt von Sir Winston →Churchill, Autor. Culpa 235, 339

McPherson, James *27. Oktober 1736 Ruthven i. Highland †17. Februar 1796; schottischer Schriftsteller u. Politiker. Größen 42

Mechtel, Angelika *26. August 1943 Dresden †8. Februar 2000 Köln; Schriftstellerin. Hamit 266f.

Meckel, Christoph *12. Juni 1935 Berlin; Schriftsteller u. Grafiker. Hamit 286f.

Meckel, Markus *18. August 1952 Müncheberg; letzter Außenminister der DDR, SPD-Politiker. Hamit 82, 95

Medek, Tilo (auch Müller-Medek) *22. Januar 1940 Jena †3. Februar 2006 Duderstadt; Komponist u. Musikverleger. Album 148f.

Mehlberg, Walter *? †1968; Kriegsgefangener der Sowjetunion. Alkor 200

Meichsner, Dieter *14. Februar 1928 Berlin †1. Februar 2010 Lenggries; Schriftsteller, Dramaturg, Drehbuchautor u. Produzent. Hamit 262

Meichsner, Eberhard *20. November 1914 Köln †10. August 2001 Gar-

misch-Partenkirchen; Filmproduktionsleiter. Somnia 450

Meine, Otto; Kamerad Ks. Culpa 192 (*1943 das war meine Spielscharzeit*)

Meinhof, Ulrike *7. Oktober 1934 Oldenburg i. Oldenburg †9. Mai 1976 Stuttgart-Stammheim; Journalistin u. Publizistin, Gründungsmitglied der 1970 gegründeten terroristischen ›Rote Armee Fraktion‹. Album 11; Alkor 26, 79, 133, 322; Hamit 215; Somnia 525

Meinrad, Heilige *Ende 8. Jh. Sülchen b. Rottenburg †861 Einsiedeln i.d. Schweiz; Einsiedler, Mönch, Märtyrer. Hamit 80

Meins, Holger Klaus *26. Oktober 1941 Hamburg †9. November 1974 Wittlich; Mitglied der terroristischen ›Rote Armee Fraktion‹. Culpa 36

Meinwerk *~975 ~Renkum i.d. Niederlanden †5. Juni 1036 Paderborn; 1009–36 Bischof von Paderborn. Alkor 174

Meißner, Otto Lebrecht Eduard *13. März 1880 Bischweiler i. Elsass †27. Mai 1953 München; Staatsbeamter, engster Mitarbeiter Friedrich →Eberts u. Paul von →Hindenburgs, 1934–45 Leiter der Staatskanzlei Adolf →Hitlers. Tadellöser 336

Melville, Herman (eigentl. Herman Melvill) *1. August 1819 New York †28. September 1891 New York City; Schriftsteller, Dichter u. Essayist. Größen 176ff.; Letzte Grüße 368 (*Moby Dick*)

Mende, Erich *28. Oktober 1916 Groß Strehlitz i. Oberschlesien †6. Mai 1998 Bonn; Jurist u. FDP-Politiker, 1960–68 Vorsitzender der FDP. Culpa 354; Hamit 116f., 351

Mendelssohn-Bartholdy, Jakob Ludwig **Felix** *3. Februar 1809 Hamburg †4. November 1847 Leipzig; Komponist, Pianist u. Organist. Alkor 109, 257, 261, 287, 298, 412; Aussicht 384; Größen 166; Hundstage 354; Somnia 304; Tadellöser 145, 260, 287 (*Hochzeitsmarsch*); Willkommen 223

Menge, Marlies *1934; Journalistin Alkor 528; Hamit 83

Mengele, Josef *16. März 1911 Günzburg †7. Februar 1979 Bertioga i. Brasilien; Lagerarzt i. Konzentrations- u. Vernichtungslager Auschwitz. Sirius 159

Mensak, Alfred; Herausgeber, organisiert das Autorentreffen ›Literatur im Kreienhoop‹ 15.–18. September 1983. Alkor 143, 152, 200, 206; Hamit 139; Sirius 211, 266, 330f., 384, 418, 448, 474, 484, 516, 614

Mensing, Hans Peter *1942; Historiker. Culpa 164, 168

Menuhin, Yehudi *22. April 1916 New York City †12. März 1999 Berlin; US-amerikanisch-schweizerisch-britischer Violinist u. Dirigent. Alkor 192; Sirius 397; Somnia 390

Menzel, Adolph Friedrich Erdmann **von** *8. Dezember 1815 Breslau †9. Februar 1905 Berlin; Kunstmaler, Zeichner u. Illustrator. Hamit 362; Sirius 528; Somnia 327

Mereschkowski, Dmitri Sergejewitsch *14. August 1865 St. Petersburg †9. Dezember 1941 Paris; russ. Schriftsteller. Sirius 168

Merk, Herr (*Lerche*); Bekannter Ks in Rostock. Kapitel 171f., 176

Merkel, Inge (geb. Klauner) *1. Oktober 1922 Wien †15. Januar 2006 San Miguel de Allende i. Mexiko; österr. Schriftstellerin. Sirius 391

Meskill, Jack *21. März 1897 New York City †18. Mai 1973 Los Angeles; US-amerikanischer Lieddichter oft mit Willie →Raskin. Tadellöser 204 (*The crossed-eyed cowboy with the crossed-eyed horse*)

Messiaen, Olivier Eugène Prosper Charles *10. Dezember 1908 Avignon †27. April 1992 Clichy; franz. Komponist, Kompositionslehrer u. Organist. Somnia 479

Messner, Reinhold Andreas *17. September 1944 Brixen i. Südtirol; Bergsteiger, Abenteurer, Buchautor u. Politiker. Culpa 158; Hamit 319; Sirius 50

Methfessel, Albert Gottlieb *6. Oktober 1785 Stadtilm †23. März 1869 Bad Gandersheim-Heckenbeck; Komponist u. Dirigent. Tadellöser 255 (*Hinaus in die Ferne*)

Meyer, Agnes E[lizabeth]. *2. Januar 1887 New York City †1. September 1970; US-amerikanische Journalistin, Menschenrechtlerin, Mäzenin u. Philanthropin. Alkor 291

Meyer, Conrad Ferdinand *11. Oktober 1825 Zürich †28. November 1898 Kilchberg b. Zürich; Dichter. Alkor 24, 211, 215, 560; Aussicht 101 (*Im Porte badet junge Brut*); Gold 228 (*Ihr stellt des Leids Gebärde dar*); Im Block 105, 165 (*Melde mir die Nachtgeräusche, Muse*), 167 230

Clarinda i. Iowa †15. Dezember 1944; US-amerikanischer Jazz-Posaunist, Bandleader, Komponist u. Arrangeur. GOLD 145 (*In the mood*), 182, 193 (*In the mood*); HEILE WELT 111; SIRIUS 262; WILLKOMMEN 126 (*In the mood*)

Miller, Henry Valentine *26. Dezember 1891 New York City †7. Juni 1980 Los Angeles; US-amerikanischer Schriftsteller u. Kunstmaler. ALKOR 110; AUFZEICHNUNGEN 426f., 437, 501; CULPA 295; GRÖßEN 179ff.

Miller, Susanne (geb. Strasser) *14. Mai 1915 Sofia i. Bulgarien †1. Juli 2008 Bonn; Historikerin. ALKOR 197

Mills Brothers; amerikanische Vokalgruppe bestehend aus John *1. Februar 1910 Piqua i. Ohio †24. Januar 1936, Herbert *2. April 1912 Piqua †12. April 1989, Harry *19. August 1913 Piqua †28. Juni 1982, Donald *29. April 1915 Piqua †13. November 1999. IM BLOCK 215; SIRIUS 421

Milosevic, Slobodan *20. August 1941 Po•arevac i. Serbien †11. März 2006 Den Haag; 1992–2000 Präsident der Bundesrepublik Jugoslawien. SOMNIA 315

Minetti, Bernhard Theodor Henry *26. Januar 1905 Kiel †12. Oktober 1998 Berlin; Schauspieler. ALKOR 100; GRÖßEN 30

Mischnick, Wolfgang *29. September 1921 Dresden †6. Oktober 2002 Bad Soden a. Taunus; FDP-Politiker, 1968–91 Vorsitzender der FDP-Bundestagsfraktion. ALKOR 502

Mitchell, Margaret Munnerlyn *8. November 1900 Atlanta i. Georgia †16. August 1949 Atlanta i. Georgia; US-amerikanische Schriftstellerin. GRÖßEN 112, 183ff.; LETZTE GRÜße 49 (*Vom Winde verweht*); TADELLÖSER 254 (*Vom Winde verweht*)

Mitscherlich, Margarete (geb. Nielsen) *17. Juli 1917 Gravenstein †12. Juni 2012 Frankfurt a.M.; Psychoanalytikerin, Medizinerin u. die Autorin. ALKOR 297

Mittag, Günter *8. Oktober 1926 Stettin †18. März 1994 Berlin; 1966–89 Mitglied des Politbüros des Zentralkomitees der SED. ALKOR 523; HAMIT 227; SOMNIA 308

Mitterand, François Maurice Adrien Marie *26. Oktober 1916 Jarnac †8. Januar 1996 Paris; 1981–95 franz. Staatspräsident. ALKOR 554; HAMIT 140, 314

Mittermaier, Rosemarie »**Rosi**« *5. August 1950 Reit i. Winkl; Skirennläuferin. SOMNIA 105

Mock, Alois *10. Juni 1934 Euratsfeld i. Niederösterreich; österr. Politiker. ALKOR 306

Modern Jazz Quartet; US-amerikanisch Jazz-Formation bestehend aus John Lewis *3. Mai 1920 †29. März 2001, Milt Jackson *1. Januar 1923 †9. Oktober 1999, Percy Heath *30. April 1923 †28. April 2005, Kenny Clarke *9. Januar 1914 †26. Januar 1985. SIRIUS 517; WILLKOMMEN 343

Modersohn, Friedrich Wilhelm **Otto** *22. Februar 1865 Soest i. Westfalen †10. März 1943 Rotenburg a.d. Wümme; Kunstmaler. SIRIUS 308

Modick, Klaus *3. Mai 1951 Oldenburg; Autor u. Übersetzer. ALBUM 185; CULPA 234; HAMIT 157; T+K 4

Modrow, Hans *27. Januar 1928 Jasenitz; SED-Politiker. 1989–90 Vorsitzender des Ministerrates der DDR. ALKOR 480, 523, 531, 550, 554, 576; HAMIT 54, 62, 93, 95, 98, 104, 143, 251, 404, 414; SIRIUS 230; SOMNIA 53

Moering, Klaus-Andreas *10. Dezember 1915 Breslau †17. März 1945 Glatz i. Schlesien; Lehrer u. Kunstmaler. CULPA 283, 327

Mohler, Armin (Pseud. Nepomuk Vogel, Michael Hintermwald) *12. April 1920 Basel †4. Juli 2003 München; Schweizer Publizist, Schriftsteller u. Journalist. CULPA 40

Mohn, Reinhard *29. Juni 1921 Gütersloh †3. Oktober 2009 Steinhagen; Unternehmer. ALBUM 142f.; HAMIT 122

Mohr, Joseph **Franz** *11. Dezember 1792 Salzburg †4. Dezember 1848 Wagrain; österr. Priester u. Lieddichter. KAPITEL 332 (*Stille Nacht, heilige Nacht*); WILLKOMMEN 324 (*Stille Nacht, heilige Nacht*)

Mölders, Werner *18. März 1913 Gelsenkirchen †22. November 1941 Breslau; Luftwaffenoffizier, Ritterkreuzträger. TADELLÖSER 120, 383

Molière (eigentl. Jean-Baptiste Poquelin) *~14. Januar 1622 Paris †17. Februar 1673 Paris; franz. Schauspieler, Theaterdirektor u. Dramatiker. LETZTE GRÜßE 100

Molo, Walter Reichsritter **von** *14. Juni 1880 Sternberg i. Mähren †27. Oktober 1958 Hechendorf b. Murnau

a. Staffelsee; Schriftsteller, Mitbegründer des deutschen PEN-Clubs, 1928–33 Vorsitzender der Sektion Dichtung innerhalb der Preußischen ›Akademie der Künste‹. GRÖßEN 164; SIRIUS 173

Molotow, Wjatscheslaw Michailowitsch *9. März 1890 Kukarka i. Rußland †8. November 1986 Moskau; u.a. 1930–41 Regierungschef der Sowjetunion, 1953–56 russ. Außenminister. GRÖßEN 115

Moltke, Helmut James Graf **von** *11. März 1907 Kreisau †23. Januar 1945 Berlin-Plötzensee; Jurist, Widerstandskämpfer gegen den Nationalsozialismus, Begründer der Widerstandsgruppe ›Kreisauer Kreis‹. CULPA 155, 205, 212, 217;

Moltke, Helmuth Karl Bernhard Graf **von** (auch Moltke d. Ä., gen. »Der große Schweiger«) *26. Oktober 1800 Parchim †24. April 1891 Berlin; preußischer Generalfeldmarschall u. Chef des Generalstabes. AUSSICHT 443, 472; LETZTE GRÜßE 167; TADELLÖSER 254

Momper, Walter *21. Februar 1945 Sulingen i.d. Grafschaft Diepholz; SPD-Politiker, 1989–91 11. Bürgermeister von Berlin. ALKOR 120, 502, 505, 506; HAMIT 175, 315, 364; SOMNIA 74

Mon, Franz (eigentl. Franz Löffelholz) *6. Mai 1926 Frankfurt a.M.; Dichter der Konkreten Poesie. AUFZEICHNUNGEN 592

Mondrian, Piet (eigentl. Pieter Cornelis Mondriaan) *7. März 1872 Amersfoort i.d. Niederlanden †1.

Februar 1944 New York City; niederländischer Kunstmaler. HAMIT 362; HUNDSTAGE 174

Moníková, Libuše *30. August 1945 Prag †12. Januar 1998 Berlin; tschechische deutschsprachige Schriftstellerin. ALBUM 188f., 177

Monk, Egon *18. Mai 1927 Berlin †28. Februar 2007 Hamburg; Schauspieler, Theater- u. Filmregisseur, Dramaturg u. Autor. SIRIUS 42; SOMNIA 368

Monroe, Marilyn (eigentl. Norma Jeane Baker) *1. Juni 1926 Los Angeles i. Kalifornien †5. August 1962 Brentwood i. Los Angeles; US-amerikanische Filmschauspielerin, Sängerin, Fotomodell u. Filmproduzentin. CULPA 211

Montezuma II. *~1465 †30. Juni 1520 Tenochtitlán i. Mexiko; 1502 – 1520 Herrscher über das Reich der Azteken. LETZTE GRÜßE 365; IM BLOCK 78

Montgomery, Bernard Law ×17. November 1887 London †24. März 1976 Alton; britischer Feldmarschall. ALKOR 216, 429

Moor, Charles Paul *3. März 1924 El Paso i. Texas †11. Oktober 2010 Berlin; Schriftsteller, Fotograf u. Musikkritiker, Autor des Werkes ›Jürgen Bartsch. Opfer und Täter‹. SIRIUS 439 (*Der Fall Jürgen Bartsch*)

Moore, Thomas *28 Mai 1779 †25 Februar 1852; irischer Dichter, Sänger u. Lieddichter. TADELLÖSER 135 u. 232 (*Last rose of summer*)

Moran, Baron siehe unter Charles McMoran →Wilson,

Moravia, Alberto (eigentl. Alberto Pincherle) *28. November 1907 Rom †26. September 1990 Rom; ital. Schriftsteller. GRÖßEN 186f.

Morell, Lady Ottoline Violet Anne (geb. Cavendish-Bentinck) *16. Juni 1873 Tunbridge Wells †21. April 1938 London; Kunstmäzenin. GRÖßEN 127

Morell, Theodor Gilbert *22. Juli 1886 Trais-Münzenberg †25. Mai 1948 Tegernsee; Arzt, 1936–45 Leibarzt Adolf →Hitlers. ALKOR 498; CULPA 129, 260, 344

Morgenstern, Christian Otto Josef Wolfgang *6. Mai 1871 München †31. März 1914 Meran; Dichter, Schriftsteller u. Übersetzer. ALKOR 180, 205, 243, 253, 263, 296, 348, 391; AUFZEICHNUNGEN 19, 56, 121, 160, 369; CULPA 118, 133, 137f., 141; GOLD 10 (*Oh Nacht, die mich umfleußt*), 55 (*Galgenlieder*), 167 (*Unverständlich bleibt ihm alles dort*), 181 (*Leis auf zarten Füßen naht es*), 266 (*So tritt man abends an den Rand des Brunnens*), 270, 283; GRÖßEN 188ff., 273; HAMIT 112, 198; IM BLOCK 29f.; KAPITEL 236; SIRIUS 28, 377; SOMNIA 116, 146, 492; TADELLÖSER 112 (*Wie das Galgenkind sich die Monatsnamen merkt*), 114, 182 (*Staunend liest's der anbetroffne Chef*), 188 (*Dinge gehen vor wie im Mond*), 358 (*Ob sie sei die Fei*), 367, 373 (*Der Architekt jedoch entfloh nach Afri- od- Amerigo*), 379 (*Dies war, spricht Korf, ein unerhörtes Erlebnis*), 442, 452, 460

Morgenthau jr., **Henry.** *11. Mai 1891 Poughkeepsie i. New York †6. Februar 1967 New York City; US-amerikanischer Politiker, 1934–45 Finanzminister. Culpa 277

Mörike, Eduard Friedrich Phillip *8. September 1804 Ludwigsburg †4. Juni 1875 Stuttgart; Pfarrer u. Lyriker. Alkor 47, 195; Aussicht 175, 243 (*Frühling läßt sein blaues Band*); Gold 171 (*Flieg ab! Flieg ab von meinem Baum*); 188, 238; Hamit 154; Heile Welt 144, 146f.; Hundstage 221; Sirius 96 (*Frühling läßt sein blaues Band*), 274; Somnia 382; Tadellöser 197 (*Frühling läßt sein blaues Band*), 293 (*Schlank und schön ein Mohrenknabe*), 395 (*Gelassen stieg die Nacht ans Land*); Willkommen 168 (*Dort an der Kirchhofsmauer, da sitz' ich auf der Lauer*), 169 (*Es regt sich im Holunder, es regnet mir herunter*), 248; Zeit 123

Moritz, Karl Philipp *15. September 1756 Hameln †26. Juni 1793 Berlin; Schauspieler, Lehrer, Redakteur, Schriftsteller, Philosoph u. Kunsttheoretiker. Größen 276

Mosen, Julius (eigentl. Julius Moses) *8. Juli 1803 Marieney i. Vogtland †10. Oktober 1867 Oldenburg i. Oldenburg; Dichter u. Schriftsteller. Gold 37 (*Dem Tambour will der Wirbel nicht unterm Schlegel vor*)

Moser, Hans (eigentl. Johann Julier) *6. August 1880 Wien †19. Juni 1964 Wien; österr. Schauspieler. Alkor 79, 258, 322, 392, 592; Culpa 201; Sirius 246, 616, 619; Somnia 310, 455

Mozart, Joannes Chrysostomus **Wolfgang**[us] Theophilus *27. Januar 1756 Salzburg †5. Dezember 1791 Wien; Komponist. Alkor 19, 36, 254, 257f., 285, 342, 377, 465, 534; Aufzeichnungen 382, 391, 411; Aussicht 177, 318, 320, 449; Culpa 170; Größen 229; Hamit 61, 121, 411; Gold 156; Hundstage 14f., 79, 108, 297; Im Block 172, 299; Kapitel 207f.; Letzte Grüße 54, 60, 349; Mark und Bein 12 (*Prager Symphonie*); Sirius 28, 224, 287, 318, 559; Somnia 8, 33, 88, 184, 496, 499, 501; Tadellöser 10 (*Singt dem großen Bassa Lieder* [Die Entführung aus dem Serraill]), 238 (*Köchelverzeichnis 201* [Sinfonie A-Dur]), 260, 462; Willkommen 281, 296 (*Figaros Hochzeit*)

Mrongovius, Arthur *1905 †1992; Hauptmann, im deutschen Verbindungsstab der Wlassow-Armee. Alkor 129, 131, 142, 196, 460; Culpa 130f., 135, 167f., 177, 255, 261, 265, 325; Somnia 126, 131, 133f., 145, 292

Much, Hans *24. März 1880 Dorf Zechlin †28. November 1932 Hamburg; Arzt, Immunologe u. Schriftsteller. Tadellöser 40 (*Standartengotik* [aus ›Norddeutsche Backsteingotik‹])

Mühlmann, Johann *1573 Wiederau †1613 Leipzig; Kirchenlieddichter. Aussicht 369 (*O Lebensbrünnlein tief und groß*)

Müller, Andre *25. Februar 1946 Michendorf i Brandenburg †10. April 2011 München; österr. Journalist u. Schriftsteller. Somnia 479

Müller, Friedrich; K zitiert ihn: »*Das ist das schönste Bild aus Moskau*«. *Abziehende Panzer*. Somnia 338

Müller, Reimund Heiner *9. Januar 1929 Eppendorf †30. Dezember 1995

Berlin; Dramatiker, Lyriker, Autor, Regisseur u. Intendant. Hamit 252f., 320, 351, 353

Müller, Herta *17. August 1953 Nitzkydorf i. Rumänien; Schriftstellerin. Sirius 24

Müller, Max; Schlachter i. Rostock: »Delikatessen Wild Geflügel. Grüner Weg 23«. Aufzeichnungen 252; Tadellöser 142, 224

Müller, Paul Alfred (alias Lok Myler od. Freder van Holk usw.) *18. Oktober 1901 Halle †1. Januar 1970 Murnau; Autor u.a. der Fantasy-Heftreihe ›Sun Koh, der Erbe von Atlantis‹. Gold 181 (*Lok Miler*); Tadellöser 12 (*Lok Miler*)

Müller, Johann Ludwig Wilhelm *7. Oktober 1794 Dessau †1. Oktober 1827 Dessau; Dichter. Alles Umsonst 48 (*Am Brunnen vor dem Tore*); Hundstage 33 (*Manche Trän aus meinen Augen*), 91 (*Es bellen die Hunde, es rasseln die Ketten*); Letzte Grüße 425 (*Manche Trän aus meinen Augen*)

Müller-Michaelis, Wolfgang *1937; Prof. für Angewandte Kulturwissenschaften. Sirius 440, 443, 475, 630

Müller-Osten; Tochter von Klaus-Andreas →Moering. Culpa 283, 327

Münch, Ingo von *26. Dezember 1932 Berlin; Prof. für Verfassungs- u. Völkerrecht. Somnia 156, 418

Münchhausen, Börries Albrecht Conon August Heinrich **Frhr. von** *20. März 1874 Hildesheim †16. März 1945 Windischleuba; Schriftsteller u. Lyriker. Alles Umsonst 85

(*Von fern ein Schein, wie ein brennendes Dorf*); Aussicht 173, 473; Gold 12 (*Von fern ein Schein, wie ein brennendes Dorf*); Im Block 18 (*Ja, Gnade dir Gott, du Ritterschaft*)

Mund, Hans Joachim *25. November 1914 Brandenburg a.d. Havel †29. Oktober 1986 München; ev. Theologe, Kirchenreferent im ZK der SED u. Gefangenenseelsorger i. Bautzen. Alkor 29, 386, 584; Aufzeichnungen 29f., 93, 100, 337ff., 351, 360f., 381, 417, 425, 434, 436, 441, 467, 476, 484, 509, 549, 593; Sirius 594; Somnia 510

Müntefering, Franz *16. Januar 1940 Neheim (Arnsberg); SPD-Politiker, u.a. 2002–05 Vorsitzender der SPD-Bundestagsfraktion, 2005–07 Bundesminister für Arbeit und Soziales. Somnia 228

Münter, Gabriele *19. Februar 1877 Berlin †19. Mai 1962 Murnau a. Staffelsee; Kunstmalerin. Hamit 337

Murad, Gaby; Freundin von Heimito von →Doderer. Größen 74

Muschakoji, Graf; Diplomat. Weltschmerz 137 (*japanischer Botschafter*)

Muschalla, Karl Heinz *1907 †?; SA-Liederdichter. Aussicht 366

Muschg, Adolf *13. Mai 1934 Zollikon i.d. Schweiz; Schweizer Dichter, Schriftsteller u. Literaturwissenschaftler. Album 16f.; Hamit 236f., 374; Sirius 211; Somnia 133

Muschler, Reinhold Conrad *1882 †1957; Schriftsteller u. Botaniker. Alles Umsonst 89

Musil, Robert *6. November 1880

Klagenfurt †15. April 1942 Genf; österr. Schriftsteller u. Theaterkritiker. ALKOR 20, 90; AUFZEICHNUNGEN 426, 471; CULPA 49, 72; GRÖßEN 193ff., 244; HAMIT 256; SIRIUS 95, 357, 381

Mussolini, Benito Amilcare Andrea *29. Juli 1883 Dovia di Predappio bei Forlì †28. April 1945 Giulino di Mezzegra; 1922–43 ital. Diktator. ALKOR 431; AUSSICHT 255, 497f., 525; GOLD 298; GRÖßEN 187; MARK UND BEIN 214; SIRIUS 564; SOMNIA 207; TADELLÖSER 374; WILLKOMMEN 199

Mussorgski, Modest Petrowitsch *9. März 1839 Karewo †16. März 1881 St. Petersburg; Komponist. MARK UND BEIN 80; SIRIUS 168

Mutschmann, Martin *9. März 1879 Hirschberg a.d. Saale †Frühjahr 1950 Moskau; Unternehmer, Mitglied des deutschen Reichstags ab 1930, Reichsstatthalter in Sachsen ab 1933, sächsischer Ministerpräsident ab 1935. WILLKOMMEN 227

Mutter, Anne-Sophie *29. Juni 1963 Rheinfelden i. Baden; Violinistin. ALKOR 273, 279

Myhre, Wencke (eigentl. Wenche Synnøve Myhre) *15. Februar 1947 Oslo-Kjelsås; norwegische Schlagersängerin. HEILE WELT 237 (*Beiß nicht gleich in einen Apfel*); SOMNIA 363

Nabokov, Vladimir *22. April 1899 St. Petersburg †2. Juli 1977 Montreux; russisch-US-amerikanischer Schriftsteller, Literaturwissenschaftler u. Schmetterlingsforscher. ALKOR 462; CULPA 215; GRÖßEN 196ff.; SOMNIA 195

Nadolny, Sten *29. Juli 1942 Zehdenick; Schriftsteller. SOMNIA 43

Nage, Herr; fährt Ulrike →Oschwald, Dr. →Gläser u. K von ihrem gemeinsamen Besuch i.d. Landesbibliothek Hannover nach Nartum zurück. SOMNIA 444

Nagel, Carl Gustaf Adolf *28. März 1874 Werben a.d. Elbe †15. Februar 1952 Uchtspringe b. Stendal; Wanderprediger, 1933 predigte er gegen die Judenverfolgung u. später gegen den Krieg. SOMNIA 329

Nagel, Ivan *28. Juni 1931 Budapest †10. April 2012 Berlin; ungarisch-deutscher Theaterwissenschaftler, Kritiker, Publizist u. Theaterintendant. SOMNIA 135

Nagy, Imre *7. Juni 1896 Kaposvár †16. Juni 1958 Budapest; ungarischer Politiker u. Agrarökonom, 1953–55 u. 1956 Ministerpräsident Ungarns. ALKOR 283

Nahmmacher, Detlef (*Eckhoff* in TADELLÖSER); Bekannter aus Rostock und dem Bautzener Gefängnis, überfiel K 1943 mit anderen Hitler-Jungen und schnitt ihm die langen Haare ab. AUFZEICHNUNGEN 20, 25, 28, 30f., 32, 80, 87f., 350f., 353, 367, 373, 381, 450, 455, 470, 523, 562; HAMIT 164, 400; SIRIUS 279, 489, 594, 624; SOMNIA 183, 376; TADELLÖSER 54, 56, 59

Nährig, Herr; Oberkellner i. Hamburger Hotel ›Vier Jahreszeiten‹. ALKOR 349

Nahum * u. †~7. Jh. v. Chr.; jüdischer Prophet. GOLD 28

Nana; aus Karlsruhe, *Sie wollte uns was Gutes tun und lotste uns ins Elsaß [...] ein Fiasko.* SIRIUS 118

Nannen, Henri *25. Dezember 1913 Emden †13. Oktober 1996 Hannover; Verleger u. Publizist, Herausgeber u. Chefredakteur der Zeitschrift ›Stern‹. ALKOR 326; SIRIUS 194, 221

Nansen, Fridtjof Wedel-Jarlsberg *10. Oktober 1861 Store Frøen b. Christiania †13. Mai 1930 Lysaker b. Oslo; Zoologe, Polarforscher, Philanthrop u. Staatsmann. HEILE WELT 276

Nansen, Odd 6. Dezember 1901 Christiania (Oslo) †27. Juni 1973 Oslo; norwegischer Architekt u. Philanthrop, Sohn Fridtjof →Nansens ALKOR 562f.; CULPA 264f.; HAMIT 155f.

Napoleon I. (eigentl. Napoléon Bonaparte) ˣ15. August 1769 Ajaccio a. Korsika †5. Mai 1821 Longwood House a. St. Helena; franz. General, Staatsmann, 1804–14 Kaiser. ALKOR 75, 594; AUSSICHT 61, 319, 340, 342, 351, 473; CULPA 308, 328; GOLD 27, 37, 80, 232; GRÖßEN 125, 228f., 277; HAMIT 149, 203, 215, 217; HEILE WELT 148; HUNDSTAGE 23, 26, 291ff., 391; SIRIUS 110, 114, 153; SOMNIA 21, 64, 289, 527; ZEIT 16, 106, 219

Napoléon III. (eigentl. Charles-Louis-Napoléon Bonaparte) *20. April 1808 Paris †9. Januar 1873 Chislehurst b. London; 1848–1852 franz. Staatspräsident, 1852–70

Kaiser, Neffe →Napoleon I. GRÖßEN 126; HUNDSTAGE 103

Naso, Eckart Hermann Dietrich Friedrich Carl Deodat **von**, (eigentl. Hartwig genannt von Naso) *2. Juni 1888 Darmstadt †13. November 1976 Frankfurt a.M; Jurist, Autor, Schauspieler u. Dramaturg. ALLES UMSONST 89; TADELLÖSER 254

Natonek, Wolfgang; mit K im Gefängnis Bautzen. AUFZEICHNUNGEN 18, 20, 77, 80, 83, 251

Naumann, Friedrich *25. März 1860 Störmthal b. Leipzig †24. August 1919 Travemünde; ev. Theologe u. Politiker. ALBUM 8; GOLD 279f.; SIRIUS 152, 154; ZEIT 445

Naura, Michael *19. August 1934 Memel i. Litauen; Jazzpianist, Redakteur u. Publizist. SOMNIA 18

Nawrocki, Dirk *30. April 1958 Berlin †4. Juni 1994; Schauspieler. ALKOR 444

Nay, Ernst Wilhelm *11. Juni 1902 Berlin †8. April 1968 Köln; Maler u. Grafiker. AUFZEICHNUNGEN 428

Neander, Joachim *1650 Bremen †31. Mai 1680 Bremen; Pastor, Kirchenliederdichter u. -komponist. LETZTE GRÜßE 140 (*Lobet den Herren, den mächtigen König* u. *kommet zuhauf, Psalter und Harfen*)

Neckermann, Josef Carl Peter *5. Juni 1912 Würzburg †13. Januar 1992 Dreieich; Unternehmer u. Dressurreiter. SOMNIA 29

Nehring, Alfried; Autor. HAMIT 157, 227, 271, 300, 368, 369; SOMNIA 72, 74, 250

Nell-Breuning, Oswald von *8.

März 1890 Trier †21. August 1991 Frankfurt a. M.; kath. Theologe, Jesuit, Nationalökonom u. Sozialphilosoph. Somnia 350

Nellissen-Haken, Bruno *1901 Hamburg †16. Mai 1975 Hamburg; Landesbediensteter, Schriftsteller. Tadellöser 115 (*Schnipp Fidibus Adelzahn*)

Neteler, Simone; Germanistin, absolvierte ein Praktikum während ihres Studiums i. d. 1980er-Jahre bei K u. wurde bis 2007 als Mitarbeiterin beschäftigt u.a. am Echolot. Alkor 56, 72, 167, 260, 328, 341, 367ff., 373, 380, 428, 470, 502, 507, 555; Culpa 62f.; Hamit 44, 62, 67, 70f., 76f., 79, 105, 110, 150, 153, 157, 174, 176, 225, 241, 244f., 252, 256, 259, 261, 266, 269f., 299, 307, 312, 314, 316f., 319, 391-394, 403; Somnia 10, 27, 33, 38, 75, 82, 108, 121, 172ff., 194, 228, 241, 271, 274, 286, 291, 365, 384, 448, 455f., 466, 470, 472, 479, 481, 509, 514, 523, 531; T+K 23, 30

Neuhaus, Herr; Kamerad Ks. Culpa 192 (*1943 das war meine Spielscharzeit*)

Neuhäuser, Joseph (eigentl. Josef Neuhäusser) *15. März 1890 Oberbrechen †23. März 1949 Limburg a.d. Lahn; Komponist. Alles Umsonst 46 (*Oh du schöner Westerwald*); Mark und Bein 28 (*Oh du schöner Westerwald*)

Neumann, Herr; Mathelehrer Ks in der Volksschule. Aufzeichnungen 50; Sirius 267

Neumann, Michael; Autor des Buches ›Kempowski der Schulmeister‹.

Culpa 14 (*Vorausexemplar vom* »*Schulmeister*«)

Neumann, Nico; *Da die Entscheidung über den Kalender in den Händen Nico Neumanns liegt, ist zu vermuten, daß daraus nichts wird.* Culpa 23

Neumann, Robert *22. Mai 1897 Wien †3. Januar 1975 München; Schriftsteller. u. Publizist. Aufzeichnungen 568; Sirius 313

Neunzig, Hans A.; Publizist, Kritiker, Übersetzer u. Herausgeber. Culpa 86

Neusel, Hans *10. September 1927 Dortmund; Jurist, Leiter des Präsidialbüros in der Bundestagsverwaltung, Staatssekretär. Hamit 251

Neuss, Hans Wolfgang Otto *3. Dezember 1923 Breslau †5. Mai 1989 West-Berlin; Kabarettist u. Schauspieler. Sirius 173

Newman, Paul Leonard *26. Januar 1925 Shaker Heights i. Ohio †26. September 2008 Westport i. Connecticut; US-amerikanischer Schauspieler, Filmregisseur, Rennfahrer u. Unternehmer. Letzte Grüße 420

Nexö, Martin Andersen (eigentl. Martin Andersen) *26. Juni 1869 Kopenhagen †1. Juni 1954 Dresden; dänischer Schriftsteller. Im Block 177

Ney, Elly *27. September 1882 Düsseldorf †31. März 1968 Tutzing; Pianistin. Alkor 287; Kapitel 207; Somnia 199

Ney, Michel *10. Januar 1769 Saarlouis †7. Dezember 1815 Paris; Herzog von Elchingen, Fürst von der Moskwa, Marschall von Frankreich unter →Napoléon I. AUSSICHT 472; HUNDSTAGE 293; ZEIT 144

Nicolai, Philipp *10. August 1556 Mengeringhausen †26. Oktober 1608 Hamburg; ev. Hofprediger, Pastor u. Liederdichter. ALKOR 19

Nicolson, Harold George *21. November 1886 Teheran †1. Mai 1968 Sissinghurst Castle i. Kent; britischer Diplomat, Autor u. Politiker. ALKOR 411, 429; GRÖSSEN 280f.

Niederhöffer, Albert *1828 †1881; Autor des Werkes ›Mecklenburg's Volkssagen‹. WELTSCHMERZ 78 (*Dichter, der die Sagen aufgeschrieben hat*)

Nielsen, Asta Sofie Amalie *11. September 1881 Kopenhagen †25. Mai 1972 Frederiksberg; dänische Schauspielerin. ZEIT 409

Niemann, Herr; Vikar i. Rostock, K besucht bei ihm den Kindergottesdienst. AUFZEICHNUNGEN 50

Niemöller, Emil Gustav Friedrich Martin *14. Januar 1892 Lippstadt †6. März 1984 Wiesbaden; Theologe u. führender Vertreter der Bekennenden Kirche, ab 1937 Häftling im KZ-Sachsenhausen, Präsident im Weltrat der Kirchen. IM BLOCK 184

Nietzsche, Friedrich Wilhelm *15. Oktober 1844 Röcken b. Lützen †25. August 1900 Weimar; Philologe u. Philosoph. ALKOR 7, 128, 240, 588; AUSSICHT 173f., 319f.; GRÖSSEN 80, 229; IM BLOCK 166 (*Heiterkeit, güldene, komm!*), 298 (*Gelobt sei was hart macht*); TADELLÖSER 114 (*Wohl dem, der jetzt 'ne Heimat hat*), 373, 452; ZEIT 148

Niki (gen. »*Sarotti Mohr*«); Bekannter Ks aus dem Bautzener Gefängnis. SIRIUS 279

Nikolaus II. (geb. Nikolaj Alexandrowitsch Romanow) *18. Mai 1868 Zarskoje Selo †~17. Juli 1918 Jekaterinburg; 1894–1917 letzter Zar Rußlands. GRÖSSEN 104; HAMIT 392

Nikolaus, Heilige *~280 od. 286 Patara i.d. Türkei †zw. 345 u. 351 Myra i.d. Türkei. Metropolit von Myra, Wundertäter. ALKOR 556; SIRIUS 333

Nin, Anaïs (eigentl. Angela Anaïs Juana Antolina Rosa Edelmira Nin y Culmell) *21. Februar 1903 Neuillysur-Seine b. Paris †14. Januar 1977 Los Angeles; franz. Schriftstellerin. CULPA 293, 295; GRÖSSEN 181

Nipperdey, Thomas *27. Oktober 1927 Köln †14. Juni 1992 München; Historiker. HAMIT 265

Nixon, Richard Milhous *9. Januar 1913 Yorba Linda i. Kalifornien †22. April 1994 New York City; US-amerikanischer Politiker, 1969–74 37. Präsident der Vereinigten Staaten. SIRIUS 231; SOMNIA 453

Nizon, Paul *19. Dezember 1929 Bern; Schweizer Kunsthistoriker u. Schriftsteller. ALBUM 5

Nöbel, Richard; Dichter. SIRIUS 444, 449, 614

Noelle-Neumann, Elisabeth *19. Dezember 1916 Berlin †25. März 2010 Allensbach; Prof. für Kommunikationswissenschaft, Meinungsforscherin. ALBUM 90f.

Nohl, Hermann *7. Oktober 1879 Berlin †27. September 1960 Göttin-

gen; Pädagoge u. Philosoph. Aufzeichnungen 282; Sirius 339; Willkommen
205

Nolde, Emil (eigentl. Hans Emil
Hansen) *7. August 1867 Nolde b.
Burkal i. Nordschleswig †13. April
1956 Seebüll i. Nordfriesland; Kunstmaler. Somnia 328

Noll, Chaim (eigentl. Hans Noll) *13.
Juli 1954 Berlin; deutsch-israelischer
Schriftsteller. Somnia 436

Nölting, Hans; Onkel Ks i. Hamburg. Aufzeichnungen 292, 308

Nölting, Marie; Tante Ks i. Hamburg, Frau von Hans →Nölting. Aufzeichnungen 291f., 340

Nonnenmacher, Günther *2. November 1948 Karlsruhe; Journalist,
Mitherausgeber der ›Frankfurter
Allgemeinen Zeitung‹. Hamit 222

Nono, Luigi *29. Januar 1924 Venedig †8. Mai 1990 Venedig; ital. Komponist. Alkor 117; Aufzeichnungen 155

Norfolk, Lawrence *1. Oktober
1963 London; britischer Schriftsteller. Culpa 237, 371

Normann, Käthe von; Autorin des
Werkes ›Ein Tagebuch aus Pommern, 1945–46‹. Culpa 349

Nosbusch, Desirée *14. Januar
1965 Esch-sur-Alzette i. Luxemburg;
luxemburgische Moderatorin u.
Schauspielerin. Alkor 463; Somnia 92

Nossack, Hans Erich *30. Januar
1901 Hamburg †2. November 1977
Hamburg; Schriftsteller. Alkor 485;
Größen 141

Novak, Helga M. (eigentl. Maria
Karlsdottir) *8. September 1935
Berlin †24. Dezember 2013 Rüders

dorf b. Berlin; deutsch-isländische
Schriftstellerin. Alkor 100, 500;
Somnia 434

Novalis (eigentl. Georg Philipp Friedrich Freiherr von Hardenberg) *2.
Mai 1772 Schloss Oberwiederstedt
†25. März 1801 Weißenfels; Schriftsteller. Hamit 168, 354; Mark und Bein
207

Nyland-Distler, **Rose** *8. August
1929 Chemnitz †3. Juni 2004 Chemnitz; Abgeordnete der DDR-Volkskammer u. Autorin. Sirius 473

O'Neill, Oona *14. Mai 1925 a.d. Bermuda-Inseln †27. September 1991 Corsier-sur-Vevey i.d. Schweiz; Tochter von Eugen →O'Neill, letzte Ehefrau von Charles →Chaplin. GRÖ-ßEN 205

Oberlindober, Hanns *5. März 1896 München †6. April 1949 Warschau; NSDAP-Politiker. GOLD 278

Oertel, Helmut; Journalist, Redakteur. ALKOR 218

Oertzen, Peter v. *2. September 1924 Frankfurt a.M. †16. März 2008 Hannover; Politologe. HAMIT 204

Offenbach, Jakob »**Jacques**« *20. Juni 1819 Köln †5. Oktober 1880 Paris; franz. Komponist u. Cellist. SOMNIA 141

Ohlbaum, Isolde *24. Oktober 1953 Moosburg a.d. Isar. Fotografin. SIRIUS 395

Okey od. **Oky** (»*Katzberger*« in KAPITEL); möglicherweise Angehöriger des amerikanischen Geheimdienstes CIC, der Ks Mutter nach dessen Verhaftung in Rostock besuchte. KAPITEL 41, 112

Olden, Hans (eigentl. Josef »Pepi« Brandl) *30. Juni 1892 Wien †20. Januar 1975 Franzhausen; österr. Schauspieler. SIRIUS 616; TADELLÖSER 343

Olivier, Lawrence Kerr, *22. Mai 1907 Dorking †11. Juli 1989 Steyning; britischer Schauspieler, Regisseur, Produzent u. Theaterleiter. GRÖßEN 128

Onassis, Aristoteles »Ari« Sokrates Homer *15. Januar 1906 Smyrna (Izmir) †15. März 1975 Neuilly-sur-Seine b. Paris; griech. Reeder. SOMNIA 455

Onassis, Jacqueline »**Jackie**« Lee (geb. Bouvier) *28. Juli 1929 Southampton i. New York †19. Mai 1994 New York City; US-amerikanische Journalistin u. Verlagslektorin, Ehefrau John F. →Kennedys u. Aristoteles →Onassis. GRÖßEN 50

Ondra, Anni (eigentl. Anna Sophie Ondráková) *15. Mai 1902 Tarnów i. Galizien †28. Februar 1987 Dierstorf-Heide; deutsch-tschechische Schauspielerin, Frau von Max →Schmeling. AUFZEICHNUNGEN 63

Ono, Yoko *18. Februar 1933 Tokio; japan.-amerik. Künstlerin, Filmemacherin, Komponistin, Ehefrau von John →Lennon. ALKOR 333

Ophüls, Max (eigentl. Maximilian Oppenheimer) *6. Mai 1902 Sankt Johann b. Saarbrücken †26. März 1957 Hamburg; deutsch-franz. Film-, Theater- u. Hörspielregisseur. HAMIT 353

Oppenheimer, Julius **Robert** *22. April 1904 New York †18. Februar 1967 Princeton i. New Jersey; theoretischer Physiker, genannt »Vater der Atombombe«. OPPLAWUR 22

Oppenhejm, Ralph *10. Dezember 1924 Kopenhagen †4. Februar 2008; dän. Schriftsteller. ALKOR 430

Orff, Carl *10. Juli 1895 München †29. März 1982 München; Komponist u. Musikpädagoge. AUFZEICHNUNGEN 178, 194, 200, 423; HEILE WELT 433 (*Der alte Kastalter*); WILLKOMMEN 263, 265, 305 (*Carmina burana*)

Origo, Iris *15. August 1902 Birdlip

†28. Juni 1988 Siena; irisch-amerik. Schriftstellerin u. Historikerin. ALKOR 451

Orlando di Lasso *1532 Mons i. Burgund i.d. Niederlanden †14. Juni 1594 München; Komponist. ALKOR 23, 365

Orlowa, Raissa Dawydowna Orlowa-Kopelewa *23. Juli 1918 Moskau †31. Mai 1989 Köln; russ. Schriftstellerin u. Amerikanistin, zweite Ehefrau Lew →Kopelews. ALKOR 548

Ortheil, Hanns-Josef *5. November 1951 Köln; Schriftsteller u. Germanist. ALKOR 486; HAMIT 320

Ortleb, Rainer *5. Juni 1944 Gera LDPD/FDP-Politiker, 1990–91 Bundesminister für besondere Aufgaben u. 1991–94 Bundesminister für Bildung u. Wissenschaft. SOMNIA 86

Orwell, George (eigentl. Eric Arthur Blair) *25. Juni 1903 Motihari i. Britisch-Indien †21. Januar 1950 London; brit. Schriftsteller. ALKOR 404; AUFZEICHNUNGEN 345

Oschwald, Ulrike; K besucht am 5. November 1991 mit der Rostockerin u. Manfred →Gläser seine in der Hannoveraner Landesbibliothek lagernden Archivalien, die sie für Rostock gewinnen möchte. SOMNIA 438, 443f.

Oser, Friedrich *1826 †1891; Lieddichter. WILLKOMMEN 198 (*Zeuch an die Macht*)

Ossietzky, Carl von *3. Oktober 1889 Hamburg †4. Mai 1938 Berlin; Journalist, Schriftsteller u. Pazifist. ALBUM 113

Ost, Erika; Ehefrau von Friedhelm →Ost. ALKOR 547

Ost, Friedhelm *15. Juni 1942 Castrop-Rauxel; Fernsehjournalist u. CDU-Politiker. ALKOR 547

Ostendorf, Jens-Peter *20. Juli 1944 Hamburg †7. März 2006; Komponist. SOMNIA 242

Oster, Hans Paul *9. August 1887 Dresden †9. April 1945 KZ-Flossenbrüg; General u. Widerstandskämpfer. CULPA 216

Ostermann, Corny; Sänger i.d. 1930–40er Jahren. HUNDSTAGE 359 (*Wer ist hier jung, wer hat hier Schwung*)

Ostini, Friedrich »**Fritz**« Fabrizius Max Karl Freiherr **von** *27. Juli 1861 München †1. Juni 1927 Pöcking; Redakteur u. Schriftsteller. SIRIUS 85

Oswald, Jani *1957 Klagenfurt; Lyriker. ALBUM 39

Otto, Berthold *6. August 1859 Bienowitz i. Schlesien †29. Juni 1933 Berlin; Reformpädagoge u. Gründer der Hauslehrerschule. ALKOR 183; AUFZEICHNUNGEN 261f.; SIRIUS 288

Ötzi; Gletschermumie aus der späten Jungsteinzeit. T+K 9

Overberg, Bernhard Heinrich *1. Mai 1754 Voltlage †9. November 1826 Münster; kath. Theologe u. Pädagoge. SIRIUS 340

Owens, James »**Jesse**« Cleveland *12. September 1913 Oakville i. Alabama †31. März 1980 Tucson i. Arizona; US-amerik. Leichtathlet. IM BLOCK 18; TADELLÖSER 53; WILLKOMMEN 32

Pabel, Reinhold *15. November
1915 †27. Mai 2008 Hamburg; Buchhändler, Antiquar u. Autor. Alkor
469; Culpa 89, 103

Pabst, G[eorg]. W[ilhelm]. *25. August 1885 Raudnitz i. Böhmen †29.
Mai 1967 Wien; österr. Filmregisseur. Aufzeichnungen 123; Größen 60

Pachelbel, Johann Christoph
*August 1653 Nürnberg †3. März
1706 Nürnberg; Komponist. Alkor
155

Paepcke, Erich; Bekannter Ks aus
dem Bautzener Gefängnis. Das Buch
Herzlich Willkommen ist im gewid-
met, da er K 1956 einen Winterman-
tel schenkte. Alkor 29; Aufzeichnungen
38

Paeschke, Carl-Ludwig *1956; ab
2006 beim ZDF für die Redaktion
›Zeitgeschichte‹ zuständig. Autor u.
Produzent historischer Dokumenta-
tionen. Sirius 49

Paeschke, Olaf *? †2004 Naples i
Florida; Leiter des Molden-Verlages
u. über 20 Jahre lang Manager bei
der Verlagsgruppe Bertelsmann.
Alkor 118, 126, 199, 202, 243, 266,
309, 312, 384ff., 388, 410, 492, 583;
Culpa 130, 140, 147f., 152, 157, 160,
162, 181, 243 366; Hamit 48f., 146,
202, 288, 352, 399f., 406; Sirius 430;
Somnia 140, 317, 336, 345, 365, 367,
369f., 391, 441

Paetzsch, Frau; aus der Reihe der
von K herauszugebenden Biogra-
phienbände, *Bürgermeisterin von
Frankfurt/Oder*. Culpa 103

Paganini, Niccolò (od. Nicolò) *27.
Oktober 1782 Genua †27. Mai 1840

Nizza; ital. Violinist, Gitarrist u.
Komponist. Tadellöser 68

**Palestrina, Giovanni Pietro
Aloisio Sante da** *2. od. 3. Februar
zw. 1514–29) Palestrina †2. Februar
1594 Rom; Komponist, Erneuerer
der Kirchenmusik. Aufzeichnungen 78;
Im Block 248; Willkommen 19

Pallach, Jan *11. August 1948 Mìlník
†19. Januar 1969 Prag; tschechoslowakischer Student, verbrannte
sich aus Protest gegen die Niederschlagung des Prager Frühlings.
Alkor 34

Palm, Johann Philipp *18. Dezember 1766 Schorndorf †26. August
1806 Braunau a. Inn; Buchhändler
in Nürnberg. Hundstage 291

Palme, Sven Olof Joachim *30. Januar 1927 Stockholm †28. Februar
1986 Stockholm; schwedischer sozialdemokratischer Politiker, Ministerpräsident Schwedens 1969–76 u.
1982–86. Alkor 553

Pankraz siehe unter Günter →Zehm

Panzer, Friedrich *4. September
1870 Asch i. Böhmen †18. März 1956
Heidelberg; Prof., Germanist. Sirius
38

Pape, Justus *2. Juni 1851 Hamstedt
†15. Januar 1918 Hamburg; Buchhändler. Tadellöser 229 (*Pape ist mir
piepe, ich pupe auf Pape*)

Papen, Franz Joseph Hermann Mi-
chael Maria **von** *29. Oktober 1879
Werl †2. Mai 1969 Obersasbach;
Zentrums-Politiker, 1932 Reichs-
kanzler u. 1933–34 Vizekanzler im
Kabinett Adolf →Hitlers. Somnia 461

Pappritz, Erica *1893 Berlin †4.

Februar 1972 Bonn; stellvertretende Protokollchefin i. Auswärtigen Amt 1949–58. Willkommen 244
Paracelsus (eigentl. Philippus Theophrastus Aureolus Bombast von Hohenheim, getauft als Theophrastus Bombastus von Hohenheim) *~10. November 1493 Egg b. Einsiedeln †24. September 1541 Salzburg; Arzt, Alchemist, Astrologe, Mystiker, Laientheologe u. Philosoph. Hamit 359
Pardun, Arno *13. Juli 1903 Bromberg †30. Januar 1943 Berlin; paramilitärischer Aktivist u. Komponist. Tadelllöser 376 (*Volk ans Gewehr*)
Parker jr., Charles »**Charlie**« (gen. »Bird«) *29. August 1920 Kansas City †12. März 1955 New York City; US-amerikanischer Musiker u. Komponist. Alkor 108
Parnass, Ruth **Peggy** Sophie *11. Oktober 1934 Hamburg; deutsch-schwedische Schauspielerin, Kolumnistin, Gerichtsreporterin u. Autorin. Hamit 349
Pasolini, Pier Paolo *5. März 1922 Bologna †2. November 1975 Ostia; ital. Filmregisseur, Dichter u. Publizist. Größen 187
Pasquai, Anja; Mitarbeiterin innerhalb der Verlagsgruppe Bertelsmann. Culpa 157
Passos, John Dos *14. Januar 1896 in Chicago †28. September 1970 Baltimore; US- amerikanischer Schriftsteller. Größen 76
Pasternak, Boris Leonidowitsch *10. Februar 1890 Moskau †30. Mai 1960 Peredelkino b. Moskau; russ.

Dichter u. Schriftsteller. Alkor 395; Willkommen 204
Pastior, Oskar *20. Oktober 1927 Hermannstadt i. Siebenbürgen †4. Oktober 2006 Frankfurt a.M.; rumäniendeutscher Lyriker u. Übersetzer. Album 12f.; Somnia 136, 470f.
Pat und Patachon; dänisches Komikerduo bestehend aus Carl Schenstrøm *1881 †1942 als Pat u. Harald Madsen *1890 †1949 als Patachon. Tadellöser 79
Paternus, Heilige *Irland od. Schottland †13. April 1058 Paderborn; Klausner. Alkor 174
Patzig, Günther *1926; Prof. in Göttingen. Sirius 156, 189f.; Somnia 173
Paul VI. (eigentl. Giovanni Battista Enrico Antonio Maria Montini) *26. September 1897 Concesio b. Brescia †6. August 1978 Castel Gandolfo, 1963–78 der 262. Papst. Aufzeichnungen 420; Somnia 501
Paulsen, Harald Johannes David *26. August 1895 Elmshorn †4. August 1954 Hamburg; Theater- u. Filmschauspieler, Regisseur. Tadellöser 218
Paulus, Friedrich Wilhelm Ernst *23. September 1890 Breitenau i. Nordhessen †1. Februar 1957 Dresden; Heeresoffizier, Oberbefehlshaber der 6. Armee während d. Schlacht von Stalingrad. Alkor 345; Culpa 216, 315; Hamit 291; Tadellöser 381
Paulus, Heilige *~7–10 Tarsus i.d. Türkei †~60–68 Rom; Apostel, Märtyrer. Alkor 309; Aufzeichnungen 48; Aussicht 222, 253 (*Ich jage nach dem vorgestreckten Ziele* [Phil. 3.14])

Pausch, Birgit *7. Februar 1942 Breslau; Schauspielerin u. Schriftstellerin. Sɪʀɪᴜs 395

Pavese, Cesare *9. September 1908 Santo Stefano Belbo †27. August 1950 Turin; ital. Schriftsteller. Cᴜʟᴘᴀ 194; Hᴀᴍɪᴛ 270; Sᴏᴍɴɪᴀ 249, 395

Pawlow, Iwan Petrowitsch *26. September 1849 Rjasan †27. Februar 1936 Leningrad; russ. Mediziner u. Physiologe. Iᴍ Bʟᴏᴄᴋ 20

Paz, Octavio Lozano *31. März 1914 Mixcoac †20. April 1998 Mexiko-Stadt; mexikanischer Schriftsteller u. Diplomat. Gʀößᴇɴ 98

Peiler, Frau; sandte u.a. Fotos vom Arbeitsdienst u. BDM ein. Cᴜʟᴘᴀ 17

Pélissier, Olympe *1799 †1878; Kunstmalermodel u.Ehefrau Gioachino →Rossinis. Gʀößᴇɴ 20

Pepping, Ernst *12. September 1901 Duisburg †1. Februar 1981 Berlin; Komponist. Aᴜꜰᴢᴇɪᴄʜɴᴜɴɢᴇɴ 98, 131, 264; Cᴜʟᴘᴀ 194; Hᴀᴍɪᴛ 368; Iᴍ Bʟᴏᴄᴋ 264; Sɪʀɪᴜs 252, 604; Sᴏᴍɴɪᴀ 397, 438; Wɪʟʟᴋᴏᴍᴍᴇɴ 280

Pepys, Samuel *23. Februar 1633 London †26. Mai 1703 Clapham b. London; brit. Staatssekretär, Abgeordneter des Unterhauses, Autor. Sɪʀɪᴜs 499, 503

Pergolesi (od. Pergolese), **Giovanni Battista** *4. Januar 1710 Jesi †16. März 1736 Pozzuoli b. Neapel; ital. Komponist. Aᴜꜰᴢᴇɪᴄʜɴᴜɴɢᴇɴ 139

Perikles *~490 v. Chr. †September 429 v. Chr.; Athener Staatsmann. Tᴀᴅᴇʟʟösᴇʀ 78, 82

Perkins, Anthony *4. April 1932 New York City †12. September 1992

Hollywood; US-amerikanischer Schauspieler u. Regisseur. Lᴇᴛᴢᴛᴇ Gʀüßᴇ 116

Perthes, Johann Georg **Justus** *11. September 1749 Rudolstadt †1. Mai 1816 Gotha; Buchhändler u. Verleger. Zᴇɪᴛ 219

Pestalozzi, Johann Heinrich *12. Januar 1746 Zürich †17. Februar 1827 Brugg; Schweizer Pädagoge. Aᴜꜰᴢᴇɪᴄʜɴᴜɴɢᴇɴ 220; Sɪʀɪᴜs 343; Sᴏᴍɴɪᴀ 245; Wɪʟʟᴋᴏᴍᴍᴇɴ 205, 212

Peter; Student, mit K inhaftiert in Bautzen. Sɪʀɪᴜs 9

Peters, Jörg; Germanist, Prof. in Oldenburg. Sᴏᴍɴɪᴀ 58, 71, 90

Petersen, Robert Storm (Pseud. Storm P) *19. September 1882 Valby †6. März 1949 Frederiksberg; dänischer Maler, Zeichner, Cartoonist, Kabarettist und Schauspieler, Karikaturist der ›Berlingske Tidene‹. Tᴀᴅᴇʟʟösᴇʀ 155

Peterson, Oscar Emmanuel *15. August 1925 Montréal †23. Dezember 2007 Mississauga; kanadischer Jazz-Pianist u. -Komponist. Aʟᴋᴏʀ 192, 335; Hᴀᴍɪᴛ 13f., 354; Sɪʀɪᴜs 327

Petiot, Marcel André Henri Félix *17. Januar 1897 Auxerre †26. Mai 1946 Paris; franz. Arzt u. Serienmörder. Sᴏᴍɴɪᴀ 279

Petrarca, Francesco *20. Juli 1304 Arezzo †18. Juli 1374 Arquà Petrarca; ital. Dichter u. Geschichtsschreiber. Gʀößᴇɴ 37

Petri, Samuel **Friedrich Erdmann** *20. Oktober 1776 Bautzen †11. Juni 1850 Fulda; Theologe, Lehrer u. Autor. Tᴀᴅᴇʟʟösᴇʀ 108

Petrus Martyr, Heilige *Rom †299 od. 304 Rom; christl. Exorzist, unter Kaiser Diokletian wegen seines Glaubens hingerichtet. ALKOR 164

Petrus, Heilige *~1 Bethsaida †~64 Rom; Apostel. ALKOR 67, 309

Pettenkofer, Max Josef von *3. Dezember 1818 Lichtenheim b. Neuburg a.d. Donau †10. Februar 1901 München; Chemiker u. Hygieniker. GOLD 155

Peyer, Fritz *1919 München †Dezember 2001 Hamburg; Theaterfotograf u. Fotojournalist. SIRIUS 395

Peymann, Claus *7. Juni 1937 Bremen; Theaterregisseur u. Intendant. ALKOR 436; HAMIT 311

Pfarr, Werner; Lieddichter. GOLD 367 (*Die dunkle Nacht ist nur vorbei*)

Pfitzner, Hans Erich *5. Mai 1869 Moskau †22. Mai 1949 Salzburg; Komponist, Dirigent u. Autor. CULPA 169, 194; SOMNIA 177, 182, 185, 272, 438, 452, 476; WILLKOMMEN 331

Philipps, August; landwirtschaftl. Eleve ~1881. SIRIUS 278

Picasso (eigentl. Pablo Ruiz Picasso) *25. Oktober 1881 Málaga i. Spanien †8. April 1973 Mougins i. Frankreich; spanischer Kunstmaler, Grafiker u. Bildhauer. AUFZEICHNUNGEN 236; GRÖßEN 21, 60, 116; SIRIUS 193, 378; WILLKOMMEN 126

Picker, Henry *6. Februar 1912 Wilhelmshaven †2. Mai 1988 Starnberg; Verwaltungsjurist, Protokollführer bei den Tischgesprächen Adolf →Hitlers CULPA 301; HAMIT 307

Pieck, Friedrich **Wilhelm** Reinhold *3. Januar 1876 Guben †7. September 1960 Ost-Berlin; Politiker, Sozialdemokrat, Kommunist, Mitbegründer der SED. GRÖßEN 164

Pieper, Josef *4. Mai 1904 Elte †6. November 1997 Münster; christlicher Philosoph. ALKOR 411

Pilar, Ute von; schrieb einmal über Ks Anwesen: »Ein offenes Haus: Kaum ein Tag scheint zu vergehen, an dem hier nicht Besucher ein und aus gehen [...]«. SIRIUS 348

Pillokat, Udo; gestaltete zusammen mit Heinz Ludwig Arnold die Fernsehsendung ›Annäherungen an Martin Walser‹. SIRIUS 557

Pinder, Wilhelm *25. Juni 1878 Kassel †13. Mai 1947 Berlin; Kunsthistoriker. ALLES UMSONST 108 (*Deutsche Dome des Mittelalters; Rembrandts Selbstbildnisse*)

Pink Floyd; 1964 gegründete brit. Rockband bestehend aus Syd Barrett später Roger Waters u. David Gilmour sowie Richard Wright u. Nick Mason HAMIT 246

Pinkerneil, Frau; Mitarbeiterin beim ZDF. SIRIUS 338

Pinthus, Kurt *29. April 1886 Erfurt †11. Juli 1975 Marbach a. Neckar; Schriftsteller u. Journalist. AUFZEICHNUNGEN 408

Piper, Klaus *27. März 1911 München †25. März 2000 München; Verleger. ALKOR 477

Piper, Otto Karl Heinrich Christoph (Pseud. P. Sincerus) *22. Dezember 1841 Röckwitz †23. Februar 1921 München; Mitbegründer der wissenschaftlichen Burgenforschung. SIRIUS 385

Piranesi, Giovanni Battista (od Giambattista) *4. Oktober 1720 Mogliano Veneto b. Treviso †9. November 1778 Rom; ital. Kupferstecher, Archäologe u. Architekt. Album 77

Pistor, Carlfriedrich *9. Jan. 1884 Menz i. Brandenburg †26. Aug. 1969 Berlin. Komponist, 1910–50 Solobratschist i. Rostock. Hamit 233

Pius XII. (eigentl. Eugenio Maria Giuseppe Giovanni Pacelli) *2. März 1876 Rom †9. Oktober 1958 Rom; 260. Papst der römisch-katholischen Kirche 1939–58. Im Block 136

Piwitt, Hermann Peter *28. Januar 1935 Wohldorf b. Hamburg; Schriftsteller. Aufzeichnungen 584, 592; Hamit 53; Somnia 156, 158, 437

Planck, Max Karl Ernst Ludwig *23. April 1858 Kiel †4. Oktober 1947 Göttingen; Physiker. Culpa 70; Willkommen 273

Platen-Hallermünde, Karl **August** Georg Maximilian **Graf von** *24. Oktober 1796 Ansbach †5. Dezember 1835 Syrakus; Dichter. Größen 166; Hundstage 392

Plato, Alexander von *25. Februar 1942 Salzwedel; Philosoph u. Historiker. Alkor 243; Somnia 447

Platon *428 od. 427 v. Chr. Athen od. Aigina †348 od. 347 v. Chr. Athen; griechischer Philosoph. Willkommen 211

Platschek, Hans *12. März 1923 Berlin †9. Februar 2000 Hamburg; Kunstmaler, Kunstkritiker u. Schriftsteller. Album 5; Somnia 368f.

Platte, Rudolf Antonius Heinrich *12. Februar 1904 Hörde †18. Dezember 1984 Berlin; Schauspieler. Sirius 153

Pleitgen, Fritz Ferdinand *21. März 1938 Duisburg; Journalist, 1995–2007 Intendant des Westdeutschen Rundfunks. Sirius 535; Somnia 227, 347, 457, 497, 503

Plenzdorf, Ulrich *26. Oktober 1934 Berlin †9. August 2007 b. Berlin; Schriftsteller, Drehbuchautor u. Dramaturg. Hamit 304 , 311

Pless-Damm, Ursula; Autorin des Werkes ›Weg ins Ungewisse. Tagebuchaufzeichnungen aus Pommern und Polen 1945 ‹. Alkor 430

Plessen, Elisabeth (eigentl. Charlotte Marguerite Auguste Gräfin von Plessen) *15. März 1944 Neustadt i. Holstein; Schriftstellerin u. Übersetzerin. Album 130f.; Hamit 287; Sirius 179

Plessow, Erich (Pseud. Eric Plessow, Manuel Estvilla od. P. Lesso Valerio) *25. November 1899 Berlin †13. Juni 1977 Berlin; Komponist, Pianist, Kapellmeister, Dichter u. Musikverleger. Tadellöser 16 u. 157 (*Ist sie nicht süß* [aus ›Das Fräulein Gerda‹]) 18 (*Alle Leute bleiben plötzlich stehn* [aus ›Das Fräulein Gerda‹])

Ploetz, Dr. Michael *1967 Stuttgart; Historiker, 1993–98 Forschungstätigkeit am Kriegsforschungsinstitut des Londoner Kings College. Somnia 362

Plöschberger, Doris; Germanistin aus Graz. Somnia 483

Plotin *205 †270 i. Kampanien; Philosoph. Größen 45

Plücke, Rolf *11. Juni 1942 Bruchsal; Journalist. Somnia 356
Podak, Klaus; *1943; Journalist. Culpa 161f.
Poe, Edgar Allan *19. Januar 1809 Boston i. Massachusetts †7. Oktober 1849 Baltimore i. Maryland; US-amerikanischer Schriftsteller. Größen 213
Pofalla, Ronald *15. Mai 1959 Weeze; CDU-Politiker. Somnia 228
Pogge, Paul Friedrich Johann Moritz *27. Dezember 1838 Zierstorf †17. März 1884 St. Paul de Luanda; Afrikareisender. Aussicht 178; Gold 273; Hamit 18; Tadellöser 331
Pohl, Helmut *1943; ehem. Mitglied der ›Rote Armee Fraktion‹. Alkor 176
Pol Pot *~19. Mai 1928 †15. April 1998 Anlong Veng; kambodschanischer kommunistischer Diktator. Hamit 113; Somnia 61
Poliza, Michael *1. Januar 1958 Hamburg; Schauspieler, Unternehmer u. Lebenskünstler, einer der beiden Walter-Darsteller im Film ›Tadellöser & Wolf‹. Sirius 310
Pollack, Sydney Irwin *1. Juli 1934 Lafayette i. Indiana †26. Mai 2008 Los Angeles; US-amerikanischer Filmregisseur, -produzent u. Schauspieler. Größen 35
Pomerenke, Ida (geb. Collasius); entfernte Verwandte Ks. i. Hamburg. Aufzeichnungen 292
Pomper; Bekannter Ks aus dem Gefängnis Bautzen. Aufzeichnungen 35
Ponto, Erich Johannes Bruno *14. Dezember 1884 Lübeck †4. Februar 1957 Stuttgart; Schauspieler. Alkor 33; Hamit 214

Popov, Oleg Konstantinowitsch *31. Juli 1930 Moskau; russ. Clown u. Pantomime. Alkor 392
Porst, Hannsheinz *8. November 1922 Nürnberg †29. April 2010 Artelshofen; Unternehmer. Somnia 134
Porten, Henny Frieda Ulricke *7. Januar 1890 Magdeburg †15. Oktober 1960 Berlin; Schauspielerin. Sirius 175
Porter, Cole Albert *9. Juni 1891 Peru i. Indiana †15. Oktober 1964 Santa Monica i. Kalifornien; US-amerikanischer Komponist u. Liedtexter. Somnia 18; Tadellöser 280 (*Night and Day*)
Portugalow, Nikolai Sergejewitsch *1928 Moskau †20. März 2008 Moskau; russ. Journalist u. Politiker. Alkor 273
Posener, Julius *4. November 1904 Lichterfelde †29. Januar 1996 Berlin; Architekturhistoriker, Autor u. Hochschullehrer. Album 31
Poser, Günter Hans Josef (?) *23. September 1916 Berlin †3. Juni 2003 Bonn; Offizier. Sirius 37
Poth, Chlodwig *4. April 1930 Wuppertal †8. Juli 2004 Frankfurt a.M.; Satiriker, Zeichner, Karikaturist u. Comiczeichner. Somnia 425
Potter, Helen Beatrix *28. Juli 1866 London †22. Dezember 1943 Sawrey; brit. Kinderbuchautorin u. -illustratorin. Alkor 101
Potter, John Deane *Oktober 1912 Anglesey †19 März 1981 Sidmouth; Autor des Werkes ›Durchbruch. Die Heimkehr der Schlachtschiffe

Scharnhorst und Gneisenau‹. Vergl. dazu auch Bertold K. →Jochim. HUNDSTAGE 13, 16, 50, 103, 121, 205, 223, 230, 301, 321, 371 (jeweils: *Unternehmen Cerberus*); SIRIUS 330, TADELLÖSER 264

Pound, Ezra Weston Loomis *30. Oktober 1885 Hailey i. Idaho †1. November 1972 Venedig; US-amerikanischer Dichter. ALKOR 430f.; CULPA 194

Prack siehe unter Günter →Grass

Praetorius, Michael (eigentl. Michael Schultheiß) *15. Februar 1571 Creuzburg b. Eisenach †15. Februar 1621 Wolfenbüttel; Komponist, Organist, Hofkapellmeister u. Gelehrter. IM BLOCK 281

Praxiteles *~390 v. Chr. Athen †~320 v. Chr.; griechischer Bildhauer. GOLD 228

Presley, Aaron Elvis *8. Januar 1935 Tupelo Mississippi †16. August 1977 Memphis i. Tennessee; US-amerikanischer Sänger, Musiker u. Schauspieler, LETZTE GRÜßE 296; SIRIUS 399

Presser, Jacques *24. Februar 1899 Amsterdam †30. April 1970 Bergen aan Zee; niederländischer Historiker. SIRIUS 153

Preußen, Albert Wilhelm Heinrich Prinz von *14. August 1862 Potsdam †20. April 1929 Hemmelmark i. Schleswig-Holstein; Großadmiral der Kaiserlichen Marine, Bruder Kaiser →Wilhelms II. GOLD 142 (*irgendsoeiner [...] habe doch auch den Scheibenwischer erfunden*); ZEIT 67

Preußen, August Wilhelm Heinrich Günther Viktor **Prinz von** (gen.

»Auwi«) *29. Januar 1887 Potsdam †25. März 1949 Stuttgart; vierter Sohn des Deutschen Kaisers →Wilhelm II. SIRIUS 297

Preußen, Friedrich Ludwig Christian **von** (genannt Prinz Louis Ferdinand od. preußischer Apoll) *18. November 1772 Schloss Friedrichsfelde b. Berlin †10. Oktober 1806 Wöhlsdorf; preußischer Prinz, Feldherr, Komponist u. Pianist. TADELLÖSER 421

Preußen, Friedrich Wilhelm Victor August Ernst **von** *6. Mai 1882 Potsdam †20. Juli 1951 Hechingen; erster Sohn Kaiser →Wilhelms II. u. 1888–1918 preußischer u. deutscher Kronprinz. TADELLÖSER 472

Preußen, Louis Ferdinand Victor Eduard Adalbert Michael Hubertus **Prinz von** *9. November 1907 Potsdam †25. September 1994 Bremen; Oberhaupt des Hauses Hohenzollern. HAMIT 242; SIRIUS 394

Prien, Günther *16. Januar 1908 Osterfeld †~7. März 1941 südl. von Island; deutscher Marineoffizier, U-Boot-Kommandant, Ritterkreuzträger. GOLD 135; TADELLÖSER 120

Prinz, Heinrich *1903 †1992; betrieb eine Handweberei in Krefeld. CULPA 335

Probst, Christoph * 6. November 1919 Murnau a. Staffelsee †22. Februar 1943 München-Stadelheim; liberaler Student der Medizin u. Mitglied der ›Weißen Rose‹. CULPA 156; HAMIT 300

Pröbstle, Alfred; Apotheker. CULPA 156

Pröhl, Gertrud; Regisseurin, Drehbuchautorin u. Übersetzerin. Hamit
109, 111, 369, 399, 413; Somnia 142

Prokofjew, Sergej Sergejewitsch
*23. April 1891 Gut Sonzowka b.
Bachmut †5. März 1953 Moskau;
russ. Pianist u. Komponist. Alkor 8;
Hundstage 79, 326; Letzte Grüße 420

Promies, Wolfgang *4. Januar 1935
Magdeburg †25. Januar 2002 Darmstadt; Germanist, Herausgeber. Sirius
129

**Proust, Valentin Louis Georges
Eugène Marcel** *10. Juli 1871
Auteuil †18. November 1922 Paris;
franz. Schriftsteller u. Kritiker. Aufzeichnungen 159, 580; Größen 28,
199ff., 209, 280; Hamit 328

Proust, Robert *24 Mai 1873
Auteuil †1935; Chirurg, Bruder von
Marcel →Proust. Größen 200

Prüter, Ulli siehe unter Hans-Ulrich
→Rüther

Psaar, Werner; Lieddichter. Aussicht
444 (*Die dunkle Nacht ist nun vorbei*)

Puccini, Giacomo Antonio Domenico Michele Secondo Maria *22. Dezember 1858 Lucca †29. November
1924 Brüssel; ital. Komponist. Aussicht 251 (*La Bohème*); Letzte Grüße
393; Willkommen 259

Pulver, Liselotte »Lilo« *11. Oktober
1929 Bern; Schweizer Schauspielerin. Hamit 372; Willkommen 231

Puschkin Alexander Sergejewitsch
*6. Juni 1799 Moskau †10. Februar
1837 St. Petersburg; Dichter. Größen
104, 123; Im Block 169, 238; Tadellöser 244 (*Eugen Onegin*)

Quaatz, Reinhold Georg *8. Mai
1876 Berlin †15. August 1953 Berlin;
Jurist u. DVP-, DNVP-, CDU-Politiker. Alkor 575

**Quadflieg, Friedrich Wilhelm
»Will«** *15. September 1914 Oberhausen †27. November †2003 Oster-
holz-Scharmbeck; Schauspieler.
Album 68f.; Sirius 37

Quadflieg, Roswitha *3. November
1949 Zürich; Schriftstellerin u. Buchillustratorin, Tochter von Will
→Quadflieg, Schwester von Christian Quadflieg, schuf die Illustrationen
zu den beiden Böckelmann-Büchern.
Sirius 127, 187, 620

Quasthoff, Thomas *9. November
1959 Hildesheim; Bassbariton u.
Prof. für Gesang. Somnia 440

Querflöte; kommt mit ihrer Schwester 1983 mehrere Tage zu früh zum
Literaturseminar und bleibt dann
gleich als Gast. Sirius 329ff., 334,
340–357

**Quintus Fabius Maximus
Verrucosus** (gen. Cunctator, »der
Zögerer«) *~275 v. Chr. †203 v. Chr.;
Senator u. Feldherr der römischen
Republik. Aussicht 60

*30. November 1798 Wiehe †2. September 1876 München; Theologe u. Kirchenlieddichter. Aussicht 187 (*Tochter Zion, freue dich*); Heile Welt 414 (*Tochter Zion, freue dich*)

Ranke-Graves, Robert von *24. Juli 1895 Wimbledon b. London †7. Dezember 1985 Deià a. Mallorca; brit. Schriftsteller. Gold 35 (*Ich, Claudius, Kaiser und Gott*)

Ranke-Heinemann, Uta Johanna Ingrid *2. Oktober 1927 Essen; Theologin u. Autorin. Hamit 80

Rantzau; *Das ist doch der Baron [...] ein Vetter des Grafen Rantzau.* Heile Welt 454

Rapacki, Adam *24. Dezember 1909 Lemberg †10. Oktober 1970 Warschau; polnischer Politiker u. Ökonom. Sirius 256

Raskin, Willie *3. November 1896 New York City †8. April 8 1942 New York City. US-amerikanischer Liedtexter öfters zusammen mit Jack →Meskill. Tadellöser 204 (*The crossed-eyed cowboy with the crossed-eyed horse*)

Rathenau, Walther *29. September 1867 Berlin †24. Juni 1922 Berlin; Industrieller, Schriftsteller u. DDP-Politiker, Reichsaußenminister. Größen 283

Rathenow, Lutz *22. September 1952 Jena; Lyriker u. Prosaautor. Hamit 262; Somnia 459, 480

Ratichius siehe Wolfgang →Ratke

Ratke, Wolfgang (Pseud. Ratichius) *18. Oktober 1571 Wilster †27. April 1635 Erfurt; Didaktiker u. Pädagoge Willkommen 211f.

Ratzinger, Joseph Aloisius siehe unter →Benedikt XVI.

Rau, Johannes *16. Januar 1931 Wuppertal †27. Januar 2006 Berlin; SPD-Politiker, 1999–2004 achter Bundespräsident der Bundesrepublik Deutschland. Hamit 95; Somnia 103, 228

Rauschenbach, Bernd *30. Juli 1952 Berlin; Literaturwissenschaftler u. Schriftsteller. Sirius 266

Rave, Paul Ortwin *10. Juli 1893 Elberfeld †16. Mai 1962 Idar-Oberstein; Kunsthistoriker u. Direktor der Berliner Nationalgalerie. Sirius 106

Ravel, Joseph-Maurice *7. März 1875 Ciboure †28. Dezember 1937 Paris; franz. Komponist. Hamit 351; Somnia 255

Reagan, Ronald Wilson *6. Februar 1911 Tampico i. Illinois †5. Juni 2004 Bel Air i. Kalifornien; US-amerikanischer Schauspieler, republikanischer Politiker, 1981–89 40. Präsident der Vereinigten Staaten von Amerika. Alkor 154; Hamit 86f.; Letzte Grüße 210, 236; Sirius 88; Somnia 91, 366, 453

Reck-Malleczewen, Friedrich Percyval *11. August 1884 Gut Malleczewen i. Ostpreußen †16.\17. Februar 1945 KZ-Dachau; Schriftsteller, Arzt u. Gegner des Nationalsozialismus. Hamit 155

Redlich, Herr *? †Mai 1943; Jude, Ehemann v. Marie →Redlich. Culpa 198

Redlich, Marie (gen. »Tante Mieke«); Schwester der Großmutter Anna →Kempowski aus Zobten b.

Breslau. ALKOR 244; AUFZEICHNUNGEN 240f., 256, 260, 424; HAMIT 291
Redlich, Otto; Onkel Ks i. Zobten b. Breslau, Mann von Marie →Redlich. ALKOR 206
Redslob, Edwin *22. September 1884 Weimar †24. Januar 1973 Berlin; Kunsthistoriker, Publizist Rektor u. Reichskunstwart. TADELLÖSER 185 (*Die Welt vor 100 Jahren*), 185 u. 269 (*Des Reiches Straße*)
Reemtsma, Jan Philipp Fürchtegott *26. November 1952 Bonn; Philologe, Literaturwissenschaftler, Essayist, Publizist u. Mäzen. GRÖSSEN 211
Reger, Johann Baptist Joseph Maximilian »Max« *19. März 1873 Brand †11. Mai 1916 Leipzig; Komponist, Organist, Pianist u. Dirigent. TADELLÖSER 419; WILLKOMMEN 313
Rehhagel, Otto *9. August 1938 Essen; Fußballspieler u. Fußballtrainer. SOMNIA 74
Reiber, Carolin *2. November 1940 München; Fernsehansagerin u. Fernsehmoderatorin. OPPLAWUR 38
Reich, Jens Georg *26. März 1939 Göttingen; Mediziner u. Molekularbiologe. HAMIT 295ff.; SOMNIA 316
Reichelt, Erich; gesucht über den Suchdienst des DRK. CULPA 107
Reich-Ranicki, Marcel (eigentl. Marcell Reich) *2. Juni 1920 Wloclawek; Publizist u. Literaturkritiker. ALBUM 119; ALKOR 54, 121, 285, 462, 528; AUFZEICHNUNGEN 578; GRÖSSEN 270; HAMIT 382; SOMNIA 133, 256, 270
Reichwein, Adolf *3. Oktober 1898

Ems †20. Oktober 1944 Berlin-Plötzensee; Pädagoge, Wirtschaftswissenschaftler SPD-Politiker, Gegner des Nationalsozialismus. ALKOR 183; SIRIUS 288, 476; SOMNIA 245
Reincke, Jochen; Bekannter Ks aus dem Gefängnis Bautzen. AUFZEICHNUNGEN 24, 38, 83
Reincke, Johanna *21. August 1874 Dobbertin †22. Februar 1948 Feldberg. Kunstmalerin. SOMNIA 378f.
Reinders, Uwe *19. Januar 1955 Essen; Fußballspieler u. -trainer. HAMIT 312
Reinhardt, Jean »Django« *23. Januar 1910 Liberchies i. Belgien †16. Mai 1953 Samois-sur-Seine b. Paris; Gitarrist, Komponist u. Bandleader. ALKOR 192; SIRIUS 203, 397, 421
Reinhardt, Max (eigentl. Maximilian Goldmann) *9. September 1873 Baden b. Wien †31. Oktober 1943 New York City; österr. Theaterregisseur, Intendant u. Theatergründer. GRÖSSEN 93, 273
Reinhardt, Stephan *1940 Meißen; Literaturkritiker u. Essayist. CULPA 26
Reinheimer, Sophie *1874 †1935; Kinderbuchautorin. SIRIUS 601
Reinhold, Ursula *1938; Redakteurin, wissenschaftl. Mitarbeiterin a.d. Akademie der Wissenschaften der DDR, Lehrbeauftrage, Autorin. HAMIT 21f.
Reinick, Robert *22. Februar 1805 Danzig †7. Februar 1852 Dresden; Kunstmaler u. Dichter. SIRIUS 554; WILLKOMMEN 285 (*Ach du klarblauer Himmel*)
Reinmöller, Johannes Albert

(*Professor Klee* in Tadellöser) *1877 †1955; Kieferchirurg, Professor u. Presseleiter (1920–1921) für die DNVP im Mecklenburg-Schwerinischen Landtag. Tadellöser 473

Reinshagen, Gerlind *4. Mai 1926 Königsberg i. Ostpreußen; Schriftstellerin u. Dramatikerin. Album 168f.

Reinshagen, Herr; Ehemann von Gerlind →Reinshagen. Album 169

Reisberger, Ludwig *16. April 1855 Isen †3. Februar 1931; Kunstmaler u. Redakteur. Alkor 274

Reitz, Edgar *1. November 1932 Morbach i. Hunsrück; Autor, Filmregisseur u. Prof. Alkor 57, 434

Reitze, Paul F.; schrieb i.d. ›Welt‹ über K. Alkor 218

Remarque, Erich Maria (eigentl. Erich Paul Remark *22. Juni 1898 Osnabrück †25. September 1970 Locarno; Schriftsteller. Aussicht 319; Hamit 189; Somnia 22, 215

Rembrandt (eigentl. Rembrandt Harmenszoon van Rijn) *15. Juli 1606 Leiden †4. Oktober 1669 Amsterdam; niederländischen Kunstmaler. Alkor 451; Alles Umsonst 92; Heile Welt 284; Hundstage 89 (*Der Mann mit dem Goldhelm*); Sirius 24, 145, 152; Somnia 328; Tadellöser 28, 168, 174, 260

Remplein, Heinz *1914 †?; Psychologe u. Pädagoge. Willkommen 214

Renne, Bernd; Intendant am ›Volkstheater Rostock‹. Culpa 177; Somnia 296

Renoir, Jean *15. September 1894 Montmartre b. Paris †12. Februar 1979 Beverly Hills i. Kalifornien;

franz. Filmregisseur, Drehbuchautor u. Schauspieler, Sohn Auguste →Renoirs. Alkor 497; Sirius 308, 395

Renoir, Pierre-Auguste *25. Februar 1841 Limoges †3. Dezember 1919 Cagnes-sur-Mer; franz. Kunstmaler. Somnia 328

Ressing, Karl-Heinz; Autor des Werkes ›Briefe aus der Quarantäne‹ Alkor 94

Rethel, Alfred *15. Mai 1816 Aachen †1. Dezember 1859 Düsseldorf; Kunstmaler. Zeit 79

Rethmeier, Martin; Lektor beim Verlag J. H. W. Dietz. Alkor 469

Reuental, Neidhart von; lyrischer Dichter i.d. ersten Hälfte des 13. Jhs. Willkommen 283 (*Nun will der Lenz uns grüßen*)

Reusner (od. Reißner), **Adam** *1471 od. 1496 Mindelheim †1563 od. 1582 Mindelheim?; Mystiker u. Dichter. Tadellöser 313 (*In dich, Herr, hab' ich gehoffet*)

Reuter, Ernst Rudolf Johannes *29. Juli 1889 Apenrade, Nordschleswig †29. September 1953 Berlin; KPD- u. SPD-Politiker. Somnia 342

Reuter, Heinrich Ludwig Christian Friedrich »**Fritz**« *7. November 1810 Stavenhagen †12. Juli 1874 Eisenach; Dichter u. Schriftsteller niederdeutscher Sprache. Aufzeichnungen 58, 61; Aussicht 31, 38, 472; Gold 180, 185; Hamit 206, 402; Im Block 30, 161; Letzte Grüße 59; Sirius 367, 629; Somnia 292; Tadellöser 24, 161 (*De Reis na Bellingen*); Zeit 219, 431; Willkommen 248, 294

Reuth, Ralf Georg *1952 Kronach i. Oberfranken; Historiker u. Autor. Culpa 171; Somnia 186

Reventlow, Franziska »Fanny« Liane Wilhelmine Sophie Auguste Adrienne Gräfin **zu** *18. Mai 1871 Husum †26. Juli 1918 Locarno; Schriftstellerin, Kunstmalerin u. Übersetzerin. Größen 172

Révy, Richard *13. September 1885 Föherczeglack †22. Dezember 1965 Los Angeles; Schauspieler. Culpa 186

Rezzori d'Arezzo, Gregor von *13. Mai 1914 Czernowitz i.d. Bukowina †23. April 1998 Donnini i.d. Toscana; Schriftsteller u. Filmschauspieler. Culpa 159; Hamit 348ff.

Ribbentrop, Ullrich Friedrich Willy Joachim von *30. April 1893 Wesel †16. Oktober 1946 Nürnberg; NSDAP-Politiker, 1938–45, Außenminister des Deutschen Reichs. Culpa 279; Gold 278; Somnia 235, 248

Richter, Bernt; Herausgeber, Mitarbeiter des Rowohlt-Verlags. Alkor 89, 96, 187; Aufzeichnungen 529, 532, 535f., 539 ff., 544, 546 ff., 550, 561 f., 566f., 573, 588, 592, 595, 597, 605; Culpa 78; Sirius 593, 607; Somnia 518

Richter, Friedrich *1811 †1865; Lieddichter. Im Block 209 (*Drauß' ist Alles prächtig und es ist mir so wohl*)

Richter, Hans *12. Januar 1919 b. Potsdam †5. Oktober 2008 Heppenheim; Schauspieler. Hamit 290

Richter, Hans Werner *12. November 1908 Neu-Sallenthin a. Usedom †23. März 1993 München; Schriftsteller u. Begründer der »Gruppe

47«. Alkor 68; Aufzeichnungen 477; Größen 41, 156, 270; Hamit 183, 268; Johnson 25; Sirius 175; Somnia 164, 337, 484

Richter, Horst-Eberhard *28. April 1923 Berlin †19. Dezember 2011 Gießen; Psychoanalytiker, Psychosomatiker u. Sozialphilosoph. Alkor 567f.

Richter, Adrian Ludwig *28. September 1803 Dresden †19. Juni 1884 Dresden; Kunstmaler u. Zeichner. Hundstage 20; Letzte Grüße 390; Willkommen 144

Richter, Rotraud *15. Mai 1915 Berlin †1. Oktober 1947 Berlin; Schauspielerin. Hamit 290; Somnia 128

Richter, Swjatoslaw Teofilowitsch *20. März 1915 b. Schytomyr †1. August 1997 Moskau; russ. Pianist. Hamit 355

Richthofen, Manfred Albrecht Frhr. **von** *2. Mai 1892 Breslau †21. April 1918 bei Vaux-sur-Somme; Jagdflieger im Ersten Weltkrieg. Alles Umsonst 71, 78

Ridinger, Martin Elias *um 1730 †1780; Kupferstecher u. Radierer. Tadellöser 348 (*In Tyrol am Inn-See* [Beschreibung eines Kupferstichs])

Riedel, Hans; Lieddichter. Aussicht 282 (*Aus grauer Städte Mauern*); Tadellöser 145 (*Aus grauer Städte Mauern*)

Riefenstahl, Helene »**Leni**« Bertha Amalia *22. August 1902 Berlin †8. September 2003 Pöcking; Tänzerin, Schauspielerin, Filmregisseurin u. Fotografin. Alkor 425; Culpa 114

Riemann, Katja *1. November 1963 Kirchweyhe; Schauspielerin, Sängerin u. Kinderbuchautorin. Alkor 136

Riesenhuber, Heinz *1. Dezember 1935 Frankfurt a.M.; Dr. rer. nat., CDU-Politiker, 1982–93 Bundesminister für Forschung und Technologie. Alkor **344**

Rietzka, Frau; wurde von K zu einem Gespräch hinzugebeten. Culpa 28

Rilke, René »Rainer« Karl Wilhelm Johann Josef **Maria** *4. Dezember 1875 Prag †29. Dezember 1926 Valmont b. Montreux; Schriftsteller u. Lyriker. Alkor 30, 462, 560; Aufzeichnungen 34, 103, 214, 471; Aussicht 175, 509 (*Rose, oh reiner Widerspruch*); Größen 112, 188, 284; Hamit 123, 248; Heile Welt 122, 383; Hundstage 276 (*Stiller Freund der vielen Fernen*); Im Block 63, 105 (*reiten, reiten, reiten*), 115, 117, 161, 241, 261 (‹Stundenbuch› u. *Ich lebe mein Leben in wachsenden Ringen*), 286 (*Wie hab ich das gefühlt, was Abschied heißt.*); Kapitel 26 (*Wie hab ich das gefühlt, was Abschied heißt!*), 232 (*Reiten, reiten, reiten, durch den Tag, durch die Nacht*); Letzte Grüße 192, 377; Sirius 87 (*Sonette an Orpheus*), 279, 319; Somnia 450; Tadellöser 314 (*Auf welches Instrument sind wir gespannt?*); Willkommen 22 (*Ein Gott vermags. Wie aber, sag mir*), 189, 295, 311

Rinck, Herr; Mithäftling Ks in Bautzen, Organist. Aufzeichnungen 25f.

Rinckart, Martin *24. April 1586 Eilenburg †8. Dezember 1649 Eilenburg; Dichter, Theologe u. Kirchenmusiker. Tadellöser 216 (*Nun danket alle Gott*)

Ringelnatz, Joachim (eigentl. Hans Gustav Bötticher) *7. August 1883 Wurzen †17. November 1934 Berlin; Schriftsteller, Kabarettist u. Kunstmaler. Aufzeichnungen 362, 369, 538; Im Block 30; Sirius 285

Ringwaldt, Bartholomäus *1530 Frankfurt a.d. Oder †1599; Lehrer, Prediger, Pfarrer u. Dichter. Tadellöser 418 (*Es ist gewißlich an der Zeit u. Da wird das Lachen werden teur*)

Rinser, Luise *30. April 1911 Pitzling a. Lech †17. März 2002 Unterhaching b. München; Schriftstellerin. Hamit 154; Sirius 211, 219, 266, 272, 280

Rist, Johann *8. März 1607 Ottensen b. Hamburg †31. August 1667 Wedel; Dichter u. Prediger. Alles Umsonst 288 (*Oh Ewigkeit du Donnerwort*)

Ristock, Harry *20. Januar 1928 Seemen i. Ostpreußen †5. März 1992 Berlin; SPD-Politiker, Berliner Senator für Bau- und Wohnungswesen. Somnia 134

Roberts, Ralph Arthur (eigentl. Robert Arthur Schönherr) *2. Oktober 1884 Meerane †12. März 1940 Berlin; Regisseur, Drehbuchautor u. Schauspieler. Alkor 263; Gold 124; Tadellöser 221

Robespierre, Maximilien Marie Isidore de *6. Mai 1758 Arras †28. Juli 1794 Paris; Rechtsanwalt u. Politiker. Alkor 558

Rochus, Heilige *1295 Montpellier
†16. August 1327 Montpellier; Pilger.
GOLD 229

Rock, C. V. (eigent. Kurt Walter
Roecken) *18. Juni 1906 Berlin
†23. Februar 1985; Schriftsteller.
GOLD 181

Roda Roda, Alexander (eigentl.
Sándor Friedrich Rosenfeld) *13.
April 1872 Drnowitz i. Mähren †20.
August 1945 New York City; österr.
Schriftsteller u. Publizist. IM BLOCK
125

Rodin, François **Auguste** René *12.
November 1840 Paris †17. November
1917 Meudon; franz. Bildhauer u.
Zeichner. GRÖßEN 20; IM BLOCK 242
(*Bürger von Calais*)

Roeg, Nicolas Jack *15. August 1928
London; brit. Filmregisseur u. Kameramann. SIRIUS 173

Roeseler, Albrecht †August 1994
Feuilletonchef der ›Süddeutschen
Zeitung‹. SIRIUS 185

Röhl, Bettina *21. September 1962
Hamburg; Journalistin u. Publizistin. HAMIT 157

Röhl, Klaus-Rainer *1. Dezember
1928 Trockenhütte i. Freistaat Danzig; Journalist u. Publizist. HAMIT 157;
SIRIUS 481

Röhm, Ernst Julius Günther *28.
November 1887 München †1. Juli
1934 München-Stadelheim; Offizier,
NSDAP-Politiker, Führer der Sturm-
abteilung (SA). ZEIT 290

Rohmer, Éric (eigentl. Jean-Marie
Maurice Schérer) *21. März 1920
Tulle †11. Januar 2010 Paris; franz.
Film- u. Theaterregisseur, Essayist,

Filmkritiker u. -theoretiker. HAMIT
142

Rohwedder, Detlev Karsten *16.
Oktober 1932 Gotha †1. April 1991
Düsseldorf; Manager, 1969–78
Staatssekretär im Bundeswirt-
schaftsministerium, 1990–91 Vorsitzenden der Treuhandanstalt. SOMNIA
129ff.

Rökk, Marika *3. November 1913
Kairo †16. Mai 2004 Baden b. Wien;
Filmschauspielerin, Sängerin u. Tän-
zerin. ALLES UMSONST 195 (*Für eine
Nacht voll Seligkeit, Da geb' ich alles
hin*), 196f. (*Schau nicht hin, schau
nicht her, schau nur geradeaus*);
GOLD 168

Rolland, Romain *29. Januar 1866
Clamecy †30. Dezember 1944
Vézelay; franz. Schriftsteller, Musikkritiker u. Pazifist. ALKOR 405; GRÖßEN
284

Rommel, Johannes **Erwin** Eugen
(gen.»Wüstenfuchs«) *15. November 1891 Heidenheim a.d. Brenz ┃14.
Oktober 1944 Herrlingen b. Ulm;
Offizier, Generalfeldmarschall. ALKOR
517; CULPA 205, 338, 340; LETZTE GRÜßE
168

Roon, Albrecht Theodor Emil Graf
von *30. April 1803 Pleushagen b.
Kolberg †23. Februar 1879 Berlin;
preußischer Generalfeldmarschall.
AUSSICHT 443

Roos, Heinrich Ulrich Ludwig **von**
*1780 †1840; Autor des Werkes ›Mit
Napoleon in Rußland. Erinnerungen‹. HAMIT 215, 217f.

Roosevelt jr., **Theodore** *27. Oktober 1858 New York City †6. Januar

1919 Oyster Bay i. New York; US-amerikanischer Politiker, 1901–09 26. Präsident der Vereinigten Staaten von Amerika. GRÖßEN 261

Rorschach, Hermann *8. November 1884 Zürich †2. April 1922 Herisau; Schweizer Psychiater u. Psychoanalytiker. AUFZEICHNUNGEN 259

Rosar, Anni *17. Mai 1888 Wien †5. August 1963 Wien; österr. Schauspielerin. ALKOR 79

Rose, Traute *12. Februar 1904 Danzig †10. Oktober 1997 Baden-Baden; Schauspielerin, Sängerin u. Synchronsprecherin. TADELLÖSER 303 (*Schön war [ist] die Zeit* [Revuefilm ›Die große Nummer‹)

Rosegger, Peter (eigentl. Roßegger) *31. Juli 1843 Alpl i.d. Steiermark †26. Juni 1918 Krieglach; österr. Schriftsteller. HEILE WELT 470f.; TADELLÖSER 446, 475

Rosemeyer, Bernd *14. Oktober 1909 Lingen a.d. Em †28. Januar 1938 b. Mörfelden-Walldorf; Automobilrennfahrer. IM BLOCK 77

Rosenberg, Alfred Ernst (eigentl. Alfred Woldemarowitsch Rosenberg) *12. Januar 1893 Reval †16. Oktober 1946 Nürnberg; NSDAP-Politiker u. Chef-Ideologe. SOMNIA 302; TADELLÖSER 443 (*Unser Hass ist mit Verachtung gepaart* [Rede vom 22. Mai 1943])

Rosendorfer, Herbert *19. Februar 1934 Gries b. Bozen; Jurist u. Schriftsteller. ALKOR 284; HAMIT 202, 270

Rosenstiel, Martin; Schauspieler, spielt im Film ›Tadellöser & Wolff‹ mit. SOMNIA 425

Rosenthal, Hans *2. April 1925 Berlin †10. Februar 1987 Berlin; Showmaster. SOMNIA 69; WILLKOMMEN 331 (*Wer [fragt] gewinnt*)

Rosenthal, Philip *23. Oktober 1916 Berlin †27. September 2001 Selb; Unternehmer u. SPD-Politiker. ALBUM 96f.; ALKOR 126; CULPA 45; HUNDSTAGE 20

Rosh, Edith Renate Ursula **»Lea«** *1. Oktober 1936 Berlin; Fernsehjournalistin, Publizistin u. Dozentin. ALBUM 173; ALKOR 140, 187, 528; SIRIUS 248; SOMNIA 77, 79, 109, 327, 331

Roß, Herr; Mitarbeiter des Knaus-Verlages. ALKOR 520

Rossini, Gioachino Antonio *29. Februar 1792 Pesaro †13. November 1868 Paris; ital. Komponist. ALKOR 20, 82; GOLD 89 (*Diebische Elster*); GRÖßEN 229; HAMIT 314; LETZTE GRÜßE 78 (*Babier von Sevilla*), 213; TADELLÖSER 24 (*Ouverture zur Diebischen Elster*)

Rössner, Herr; Regisseur aus Neubrandenburg. CULPA 283

Rostropowitsch, Mstislaw Leopoldowitsch *27. März 1927 Baku †27. April 2007 Moskau; russ. Cellist, Dirigent, Pianist u. Komponist. ALKOR 586; SIRIUS 472; SOMNIA 314, 345, 354

Roswitha von Gandersheim *~938 †nach 973 Gandersheim; Nonne, Mystikerin u Dichterin. WILLKOMMEN 272

Roth, Claudia *15. Mai 1955 Ulm; Bündnis-90/Die Grüne-Politikerin. T+K 21

Roth, Eugen *24. Januar 1895 Mün-

chen †28. April 1976 München; Lyriker u. Dichter. AUFZEICHNUNGEN 369
Roth, Gerhard *24. Juni 1942 Graz; österr. Schriftsteller. ALKOR 261; HAMIT 257, 320; SIRIUS 440, 443, 447, 630
Roth, Moses Joseph *2. September 1894 Brody †27. Mai 1939 Paris österr. Schriftsteller u. Journalist. GRÖSSEN 29, 202ff.; SIRIUS 403
Roth, Thomas *21. November 1951 Heilbronn; Journalist, Moderator u. Redakteur. SOMNIA 336
Rother, Ilse (auch Lichtenstein-Rother) *10. Dezember 1917 Wilsdruff i. Sachsen †6. Oktober 1991 Augsburg; Grundschulpädagogin. HAMIT 99; SIRIUS 476
Rotter, Fritz *3. März 1900 Wien †11. April 1984 Ascona; österr. Autor u. Komponist, dichtete auch oft Lieder mit Otto →Stransky. IM BLOCK 102 (*Was macht Herr Mayer auf dem Himalaja*)
Rotterdam, Erasmus von *27. Oktober zw. 1466–1469 ~Rotterdam †11./12. Juli 1536 Basel; niederl. Theologe, Philosoph, Philologe u. Autor. IM BLOCK 13
Rousseau, Henri Julien Félix *21. Mai 1844 Laval †2. September 1910 Paris; franz. Kunstmaler. SIRIUS 267; SOMNIA 304
Roy, Frau; ehem. Wirtschafterin bei Ks Großvater Robert William →Kempowski. SIRIUS 600
Roy, Harry (eigentl. Harry Lipman) *12. Januar 1900 London †1. Februar 1971 London; brit. Klarinettist u. Bandleader der Gruppe ›Tiger Ragamuffins‹. SIRIUS 421; TADELLÖSER 64

Rubens, Peter Paul *28. od. 29. Juni 1577 Siegen †30. Mai 1640 Antwerpen; flämischer Kunstmaler. AUSSICHT 383
Rubinstein, Arthur *28. Januar 1887 Lodz †20. Dezember 1982 Genf; polnischer Pianist. ALKOR 129, 497f.; AUFZEICHNUNGEN 358; AUSSICHT 206; HUNDSTAGE 295; ZEIT 81
Rückert, Friedrich Johann Michael (Pseud. Freimund Raimar, Reimar od. Reimer) *16. Mai 1788 Schweinfurt †31. Januar 1866 Neuses b. Coburg; Dichter, Sprachgelehrter, Übersetzer u. Orientalist. AUSSICHT 42 (*Fliegen die Raben immer noch um den Turm*); HEILE WELT 29 (*das Bäumchen, das andere Blätter hat gewollt*); TADELLÖSER 87 u. 233 u. 372 (*Fliegen die Raben immer noch um den Turm*)
Rudel, Hans-Ulrich *2. Juli 1916 Konradswaldau i. Schlesien †18. Dezember 1982 Rosenheim; Offizier, Flieger. ALKOR 20
Rudenko, Roman Andrejewitsch *30. Juli 1907 Nossowka †23. Januar 1981 Moskau; Generalstaatsanwalt der UdSSR, sowjetische Hauptankläger beim Nürnberger Prozess gegen die Hauptkriegsverbrecher vor dem Internationalen Militärgerichtshof. GOLD 277
Rudolph, Frau; hält eine Lesung im Hause K. SIRIUS 418, 621, 630
Ruetz, Michael *4. April 1940 Berlin; Fotograf, Künstler u. Autor. ALKOR 113
Ruge, Friedrich Oskar *24. Dezember 1894 Leipzig †3. Juli 1985 Tübin-

163

gen; Marineoffizier, Inspekteur der Bundesmarine, Autor. Sɪʀɪus 293

Ruge, Gerd *9. August 1928 Hamburg; Journalist. Cᴜʟᴘᴀ 107; Sᴏᴍɴɪᴀ 334, 338, 344, 347f., 352, 357, 523, 542

Ruge, Nina *24. August 1956 München; Fernsehmoderatorin, Buchautorin u. Journalistin. Sᴏᴍɴɪᴀ 353

Rühe, Volker *25. September 1942 Hamburg; CDU-Politiker, 1989–92 Generalsekretär der CDU, 1992–98 Bundesminister der Verteidigung. Sᴏᴍɴɪᴀ 529

Rühmann, Heinz Wilhelm *7. März 1902 Essen †3. Oktober 1994 Aufkirchen a. Starnberger See; Schauspieler u. Entertainer. Aʟᴋᴏʀ 79, 592; Aᴜꜰᴢᴇɪᴄʜɴᴜɴɢᴇɴ 68; Gᴏʟᴅ 168; Gʀöꞵᴇɴ 216, 219: Hᴀᴍɪᴛ 357; Hᴜɴᴅsᴛᴀɢᴇ 257 (*Ich breche die Herzen der stolzesten Frauen*); Sᴏᴍɴɪᴀ 208; Wɪʟʟᴋᴏᴍᴍᴇɴ 48, 338

Rühmkorf, Eva (geb. Titze) *6. März 1935 Breslau Psychologin u. SPD-Politikerin. Sᴏᴍɴɪᴀ 369

Rühmkorf, Peter (gen.»Lüngi«) *25. Oktober 1929 Dortmund †8. Juni 2008 Roseburg; Lyriker u. Essayist. Aʟʙᴜᴍ 36, 40f., 53, 57; Aʟᴋᴏʀ 10, 31, 96, 122, 136, 196, 202, 322, 373, 486; Aᴜꜰᴢᴇɪᴄʜɴᴜɴɢᴇɴ 393, 417f.; Cᴜʟᴘᴀ 234; Hᴀᴍɪᴛ 200f., 319; Jᴏʜɴsᴏɴ 86; Sɪʀɪus 180, 199, 201f., 349f., 632; Sᴏᴍɴɪᴀ 28, 156, 368f., 525

Runge, Doris *15. Juli 1943 Carlow; Schriftstellerin. Hᴀᴍɪᴛ 157

Runge, Erika *22. Januar 1939 Halle a.d. Saale; Schriftstellerin, Regisseurin u. Psychotherapeutin. Hᴀᴍɪᴛ 270

Runge, Hans †1491 Rostock; Anführer der Handwerker während der Rostocker Domfehde. Gᴏʟᴅ 158

Rupprecht, Michaela; Teilnehmerin am Literaturseminar im Hause K, aus Aachen stammend. Sɪʀɪus 541, 543f., 547

Rushdie, Ahmed **Salman** *19. Juni 1947 Bombay; indisch-britischer Schriftsteller. Aʟᴋᴏʀ 97

Russell, Bertrand Arthur William *18. Mai 1872 b. Trellech i. Wales †2. Februar 1970 Penrhyndeudraeth i. Wales; brit. Philosoph, Mathematiker u. Logiker. Aʟᴋᴏʀ 173; Gʀöꞵᴇɴ 127, 219

Rust, Mathias *1. Juni 1968 Wedel; landete am 28. Mai 1987 mit einem Privatflugzeug unweit des Roten Platzes in Moskau. Aʟᴋᴏʀ 38f.; Cᴜʟᴘᴀ 107f.; Sᴏᴍɴɪᴀ 366

Rustan (Rustam) **Raza** *~1780 Tiflis †7. Dezember 1845 Dourdan; Leibwächter von Napoléon →Bonaparte Hᴜɴᴅsᴛᴀɢᴇ 26, 290f., 293, 359

Rüther, Günther *16. Oktober 1948 Cuxhaven; Hauptabteilungsleiter der Konrad-Adenauer-Stiftung, Honorarprof. a.d. Universität Bonn. Sᴏᴍɴɪᴀ 418

Rüther, Hans-Ulrich (gen.»Hanne«; *Ulli Prüter* in Tᴀᴅᴇʟʟösᴇʀ) Arztsohn aus Brinckmannsdorf b. Rostock, Jugendfreund Ks., beide lassen sich als Komparsen im Film ›Junge Adler‹ anwerben. Aᴜꜰᴢᴇɪᴄʜɴᴜɴɢᴇɴ 90, 165, 195, 281, 335; Cᴜʟᴘᴀ 317; Sɪʀɪus 321; Tᴀᴅᴇʟʟösᴇʀ 293ff.

Rüttgers, Jürgen *26. Juni 1951 Köln; CDU-Politiker, 1994–98 Bun-

desminister für Bildung, Wissenschaft, Forschung und Technologie, 2005–10 Ministerpräsident des Landes Nordrhein-Westfalen. SOMNIA 228
Rütting, Barbara (eigentl. Waltraud Goltz) *21. November 1927 Wietstock;) Schauspielerin, Autorin u. Politikerin. SOMNIA 103
Rysselberghe, Maria van; Ehefrau des belg. Kunstmalers Theo von Rysselberghe, Autorin des Werkes ›Das Tagebuch der kleinen Dame‹. GRÖßEN 200

S., Frau; bringt Plastiktüten voller Tagebücher. T+K 10
S., Karen; bringt Ks Archiv auf Vordermann. CULPA 85
Sabatini, Gabriela *16. Mai 1970 Buenos Aires; argentinische Tennisspielerin. ALKOR 50
Sacharow, Andrei Dmitrijewitsch *21. Mai 1921 Moskau †14. Dezember 1989 Moskau; russ. Physiker, Dissident u. Träger des Friedensnobelpreises. ALKOR 258, 569; SOMNIA 361
Sachs, Hans *5. November 1494 Nürnberg †19. Januar 1576 Nürnberg; Spruchdichter, Meistersinger u. Dramatiker. CULPA 56; SIRIUS 202, 352
Sachs, Leonie »**Nelly**« *10. Dezember 1891 Schöneberg †12. Mai 1970 Stockholm; deutsch-jüdische Schriftstellerin u. Lyrikerin. SOMNIA 471
Sackvill-West, Victoria »**Vita**« Mary *9. März 1892 Knole House Kent †2. Juni 1962 Sissinghurst Castle; brit. Schriftstellerin u. Gartengestalterin. GRÖßEN 281
Saddam Hussein *28. April 1937 al-Audscha b. Tikrit †30. Dezember 2006 al-Kazimiyya b. Bagdad; 1979–2003 Staatspräsident, 1979–91 u. 1994–2003 diktatorisch regierender Premierminister des Irak. HAMIT 318, 358, 391, 414; SOMNIA 24, 28, 30, 34ff., 38f., 42f., 46ff., 53, 55, 57, 61, 64ff., 69, 71f., 77f., 80-85, 88, 93, 95, 101f., 114, 117, 120, 134, 137, 145, 148, 174, 248, 274, 356, 367
Sagan, Françoise (eigentl. Françoise Quoirez) *21. Juni 1935 Cajarc †24. September 2004

Honfleur; franz. Schriftstellerin. WILLKOMMEN 244

Sahl, Hans (eigentl. Hans Salomon) *20. Mai 1902 Dresden †27. April 1993 Tübingen; Literatur-, Film- u. Theaterkritiker. HAMIT 336

Sailer, Anton »Toni« Engelbert *17. November 1935 Kitzbühel i. Tirol †24. August 2009 Innsbruck; österr. Skirennläufer u. Schauspieler. SOMNIA 105

Saint, Eva Marie *4. Juli 1924 Newark i. New Jersey; US-amerikanische Schauspielerin. SOMNIA 284

Salinger, J[erome]. D[avid]. *1. Januar 1919 New York †27. Januar 2010 Cornish i. New Hampshire; US-amerikanischer Schriftsteller. GRÖßEN 205ff., 262

Sallust (eigentl. Gaius Sallustius Crispus) *1. Oktober 86 v. Chr. Amiternum †13. Mai 35 od. 34 v. Chr. Rom; römischer Geschichtsschreiber u. Politiker. GOLD 26

Salomon, Ernst Friedrich Karl **von** *25. September 1902 Kiel †9. August 1972 Stöckte; Teilnehmer am Attentat auf Walther →Rathenau, Terrorist u. Schriftsteller. ALKOR 285

Saltzwedel, Johannes; Mitarbeiter der Zeitschrift ›Der Spiegel‹, Herausgeber. CULPA 268

Salzinger, Helmut *27. Dezember 1935 Essen †3. Dezember 1993 Odisheim; Schriftsteller, Herausgeber u. Verleger. AUFZEICHNUNGEN 580, 582 f., 588 f., 594ff., 600ff., 604f.

Samuel, Max *9. Januar 1883 Argenau †2. September 1942 Blackburn; Unternehmer u. Vorsit-

zender der Jüdischen Gemeinde in Rostock. TADELLÖSER 136

Sand, George (eigentl. Amandine-Aurore-Lucile Dupin de Francueil) *1. Juli 1804 Paris †8. Juni 1876 Nohant; Schriftstellerin. GRÖßEN 87, 257; MARK UND BEIN 78

Sander, Ernst Leo *16. Juni 1898 Braunschweig †1. Juli 1976 Freiburg i. Breisgau; Schriftsteller u. Übersetzer. GRÖß EN 20

Sander, Helke *31. Januar 1937 Berlin; Filmemacherin u. Autorin. SIRIUS 494

Sander, Ulrich Pseud. Sander-Bodenhagen *29. März 1892 Anklam †16. März 1972 Leversen; Schriftsteller und Maler. TADELLÖSER 126 (*Überall in der Welt haben Deutsche geschwitzt*)

Sanders, Ed; Autor des Werkes ›The Family. Die Geschichte von Charles Manson‹. SIRIUS 269

Sandrock, Adele *19. August 1863 Rotterdam †30. August 1937 Berlin; Schauspielerin. HAMIT 65; TADELLÖSER 28

Saenger, Joachim; Mitarbeiter bei der ›Zeit‹. AUFZEICHNUNGEN 560f., 563, 567

Sappho *zw. 630 u. 612 v. Chr. †~570 v. Chr.; griechische Dichterin. AUSSICHT 175

Sarraute, Nathalie *18. Juli 1900 Iwanowo †19. Oktober 1999 Paris; franz. Schriftstellerin. GRÖßEN 57, 208ff.; HAMIT 137; SIRIUS 272, 309

Sartre, Jean-Paul Charles Aymard *21. Juni 1905 Paris †15. April 1980 Paris; franz. Romancier, Dramatiker,

Philosoph u. Publizist. Alkor 162, 176; Culpa 361; Größen 71, 89, 209; Sirius 472; Somnia 423, 438
Saß, Marianne; Bekannte Ks aus Rostocker Zeit. Aufzeichnungen 90
Saß, Michaela; (*Pferdemädchen* i. Hundstage); aus Nartum; ist zusammen mit ihrer Schwester Sabine hin und wieder Gast im Hause K. Culpa 317; Sirius 369, 379, 400, 462
Saß, Sabine (*Pferdemädchen* i. Hundstage); aus Nartum, ist zusammen mit ihrer Schwester Michaela hin und wieder Gast im Hause K. Culpa 317; Sirius 369, 379, 400, 462
Sattler, Dietrich E. *1939 Apolda i. Thüringen; Germanist u. Herausgeber. Hundstage 388 (*Hölderlin-Ausgabe von diesem Sozi*)
Sauerlandt, Max *6. Februar 1880 Berlin †1. Januar 1934 Hamburg; Kunsthistoriker, Direktor des Museums für Kunst u. Gewerbe in Hamburg. Alles Umsonst 108 (*Griechische Bildwerke* u. *Der stille Garten*)
Sawallisch, Wolfgang *26. August 1923 München; Dirigent u. Pianist. Sirius 430
Scarlatti, Pietro **Alessandro** Gaspare *2. Mai 1660 a. Sizilien †24. Oktober 1725 Neapel; ital. Komponist. Hamit 314, 365
Schaag, Herr; Buchhändler i. Rostock. Sirius 367
Schabowski, Günter *4. Januar 1929 Anklam; SED-Politiker. Alkor 502, 513, 552; Größen 278; Hamit 353; Sirius 534
Schacht, Horace Greeley **Hjalmar** *22. Januar 1877 Tingleff i. Nord-

schleswig †3. Juni 1970 München; Bankier, 1923–30 u. 1933–39 Präsident der Reichsbank, 1934–37 Reichswirtschaftsminister. Gold 279
Schacht, Ulrich *9. März 1951 Stollberg; Schriftsteller u. Journalist. Culpa 349f.; Hamit 374; Somnia 500
Schädlich, Hans Joachim *8. Oktober 1935 Reichenbach i. Vogtland; Schriftsteller. Hamit 200, 267; Somnia 469
Schaettle, Horst *9. Dezember 1939 Oberndorf a. Neckar; 1998–2003 Intendant des Sender Freies Berlin. Alkor 502
Schäfer, Hermann; Lieddichter u. Komponist. Im Block (*An die Maschinen, an die Maschinen!*)
Schäfer, Moritz *1868 †1952; Dramatiker, Schriftsteller u. Herausgeber. Tadellöser 394 (*Mecklenburgs Söhne im Weltkrieg*)
Schäfer, Rudolf *16. September 1878 Hamburg-Altona †25. Oktober 1961 Rotenburg-Wümme; ev. Kirchenmaler u. Illustrator. Aufzeichnungen 168
Schäffer, Fritz *12. Mai 1888 München †29. März 1967 Berchtesgaden; Bayerische Ministerpräsident 1945, Bundesfinanzminister 1949–57, Bundesjustizminister 1957–61. Willkommen 331
Schäffer, Georg Sylvester *21. Januar 1885 Berlin †20. Juni 1949 New York City; Universalvarietékünstler, bekannt auch als »Einmannvarietée«. Gold 241
Schafheitlin, Franz Erwin Paul *9. August 1895 Berlin †6. Februar 1980

Pullach b. München; Schauspieler. Somnia 91

Schalck-Golodkowski, Alexander (geb. Alexander Golodkowski) *3. Juli 1932 Berlin; SED-Politiker, Leiter des Bereichs für Kommerzielle Koordinierung i. Ministerium für Außenhandel der DDR. Hamit 169, 351

Schaljapin, Fjodor Iwanowitsch *13. Februar 1873 b. Kasan d †12. April 1938 Paris; russ. Opernsänger. Aufzeichnungen 123

Schamoni, Peter *27. März 1934 Berlin †14. Juni 2011 München; Filmregisseur u. -produzent. Sirius 291, 429; Somnia 239

Scharioth, Barbara *1942; Buchhändlerin, Kunsthistorikerin, Redakteurin, Lektorin u. Journalistin. Culpa 28

Scharlau, Winfried *12. Juni 1934 Duisburg †7. Dezember 2004 Hamburg; Historiker u. Journalist. Alkor 555; Hamit 124; Somnia 94

Scharnhorst, Gerhard Johann David **von** *12. November 1755 Bordenau, b. Neustadt a. Rübenberge †28. Juni 1813 Prag; preußischer General u. entscheidender Organisator der Preußischen Heeresreform. Mark und Bein 214

Scharping, Rudolf Albert *2. Dezember 1947 Niederelbert; SPD-Politiker u. Sportfunktionär, 1991–94 Ministerpräsident des Landes Rheinland-Pfalz, 1998–2002 Bundesminister der Verteidigung. Somnia 474; T+K 18, 21

Scharrer, Adam *13. Juli 1889

Kleinschwarzenlohe i. Mittelfranken †2. März 1948 Schwerin; Schriftsteller. Alkor 338; Gold 312

Schäuble, Wolfgang *18. September 1942 Freiburg i. Breisgau; CDU-Politiker, 1984–89 war Schäuble Bundesminister für besondere Aufgaben u. Chef des Bundeskanzleramtes, 1989–91 u. 2005–09 Bundesminister des Innern, 2009–17 Bundesfinanzminister. Alkor 255; Hamit 331, 412; Somnia 227

Schaumann, Ruth *24. August 1899 Hamburg †13. März 1975 München; Lyrikerin, Bildhauerin u. Zeichnerin. Aussicht 511; Hamit 19; Sirius 431; Tadellöser 30, 185; Willkommen 278

Scheel, Walter *8. Juli 1919 Höhscheid, b. Solingen; FDP-Politiker, 1961–66 Bundesminister für wirtschaftliche Zusammenarbeit, 1969–74 Bundesminister des Auswärtigen, 1974–79 vierter Bundespräsident der Bundesrepublik Deutschland. Album 8f.; Hamit 317; Sirius 155f., 260

Scheffel, Joseph Victor von *16. Februar 1826 Karlsruhe †9. April 1886 Karlsruhe; Schriftsteller u. Dichter. Aussicht 47 (*Im Schwarzen Walfisch zu Askalon*); Zeit 87 (*Der Heini von Steier*)

Scheible, Hartmut *30. Juni 1942 Frankfurt a.M.; Germanist, Prof. für Neuere Deutsche Literatur. Culpa 294

Schell, Maximilian *8. Dezember 1930 in Wien; Schauspieler, Regisseur u. Produzent. Album 5

Schellenberg, Monika; Sekretärin

des Verlags Albrecht Knaus. Culpa 154, 307, 316, 336

Schenck, Ernst Günther *3. August 1904 Marburg †21. Dezember 1998 Aachen; Arzt, Obersturmbannführer, im KZ-Mauthausen tätig u. 1945 i.d. Reichskanzlei i. Berlin. Alkor 498; Culpa 301

Schenk, Fritz *10. März 1930 Helbra b. Eisleben †4. Mai 2006 Frankfurt a.M.; Publizist, Journalist u. Rundfunkmoderator. Alkor 591

Scherkow, Herr; Untersuchungsrichter Ks. Sirius 148

Schertz, Georg *24. April 1935 Berlin; 1987–92 Polizeipräsident von Berlin. Alkor 483

Schewardnadse, Eduard Amwrossijewitsch *25. Januar 1928 Mamati; 1985–90 u. Ende 1991 Außenminister der Sowjetunion. Hamit 294, 404; Somnia 195, 343

Schickert, Tanja; gehörte zu Ks *Sommerklub 1983*, besuchte K erneut am 10. Januar 1990. Hamit 50

Schicklgruber siehe unter Adolf →Hitler

Schieder, Theodor *11. April 1908 Oettingen †8. Oktober 1984 Köln; Historiker u. Autor. Culpa 109

Schiemann, Heinrich *1. September 1916 Berlin †9. November 2002; Wissenschaftsjournalist. Album 140f.; Alkor 173

Schiestl, Thomas; Schauspieler, spielt im Film ›Tadellöser & Wolff‹ mit. Somnia 238, 425

Schilgen, Friedrich (gen. »Fritz«) *8. September 1906 in Kronberg i. Taunus †12. September 2005 Kron-

berg i. Taunus; Leichtathlet. Weltschmerz 133 (*Fackelläufer*)

Schill, Ferdinand Baptista von *6. Januar 1776 Wilmsdorf b. Dresden †31. Mai 1809 Stralsund; Offizier. Tadellöser 464 (*Lieber ein Ende mit Schrecken als ein Schrecken ohne Ende*)

Schiller, Johann Christoph **Friedrich** von (1802 geadelt) *10. November 1759 Marbach a. Neckar †9. Mai 1805 Weimar; Dichter, Dramatiker, Philosoph u. Historiker. Alkor 134, 586; Alles Umsonst 43, 146 (*Auch das Schöne muß sterben! Das Menschen und Götter bezwingt*), 360, 363; Aufzeichnungen 18; Aussicht 24 (*Die züchtige Hausfrau*), 42 (*Die Haare fliehen pfeilgeschwind*), 135, 174ff., 297 (*O Ordnung, selige Himmelstochter*), 320, 360; Gold 43, 97, 206 (*Rasch tritt der Tod den Manschen an*), 310; Größen 233, 276; Hamit 327; Heile Welt 173 (*Des Lebens ungemischte Freude*), 433; Hundstage 174 (*Siehe! Da weinen die Götter, es weinen die Göttinnen alle*), 335 (*Einmal nur erweicht die Liebe den Schattenbeherrscher*), 392; Im Block 13 (*Weiße Blasen seh ich springen*), 78 (*Wer wagt es Rittersmann oder Knapp*), 82, 104, 209 (*Taucher*); Kapitel 17 (*Und wie er winkt mit dem Finger, auftut sich der weite Zwinger*), 139, 173, 324, 373; Letzte Grüße 79, 196, 212; Sirius 240; Tadellöser 166 (*In diesen öden Fensterhöhlen wohnt das Grauen*), 177 (*Sieh da, sie da, Timotheus*), 206 u. 266 (*Ein Schlachten war's, nicht eine*

Schlacht zu nennen); WILLKOMMEN 102; ZEIT 74 (*Gefährlich ists den Leu zu wecken u. Tell*), 123, 148, 247 (*siedet und brauset und zischt*), 294 u. 313 (*Es [Da] raset der See und will sein Opfer haben*)

Schiller, Karl August Fritz *24. April 1911 Breslau †26. Dezember 1994 Hamburg; Wissenschaftler u. SPD-Politiker, 1966–72 Bundesminister für Wirtschaft u. 1971–72 auch Bundesminister der Finanzen. HAMIT 351, 353

Schilling, Victor (*Professor Peters* in *Tadellöser*) *28. August 1883 Torgau †30. Mai 1960 Rostock; Internist und Hämatologe. TADELLÖSER 297f.

Schillings, Carl Georg *11. Dezember 1865 Düren-Gürzenich †29. Januar 1921 Berlin; Fotograf, Jäger u. Tierschützer. HEILE WELT 276 (*Mit Blitzlicht und Büchse*)

Schily, Otto Georg *20. Juli 1932 Bochum; Rechtsanwalt u. Die Grünen- u. SPD-Politiker, u.a. Innenminister. ALKOR 538; OPPLAWUR 20

Schindel, Robert *4. April 1944 Bad Hall i. Oberösterreich; österr. Schriftsteller. ALKOR 519

Schinkel, Karl Friedrich *13. März 1781 Neuruppin †9. Oktober 1841 Berlin; preußischer Architekt, Stadtplaner, Kunstmaler, Grafiker u. Bühnenbildner. HAMIT 276; SOMNIA 454; ZEIT 290

Schippmann, Karl-Friedrich; Schulfreund Ks, Lehrer, baute das Rostocker Kemposwki-Archiv auf. CULPA 239, 260, 287, 323, 326, 345

Schirach, Baldur Benedikt **von** *9. Mai 1907 Berlin †8. August 1974 Kröv a.d. Mosel; NSDAP-Politiker, Reichsjugendführer u. Autor. ALLES UMSONST 70 (*Ist das Ziel auch noch so hoch, Jugend zwingt es doch*); GOLD 278 (*Baldrian von Richarsch*); TADELLÖSER 60 (*Die Fahne ist mehr als der Tod*)

Schirrmacher, Frank *5. September 1959 Wiesbaden †12. Juni 2014 Frankfurt a.M.; Journalist, Essayist, Buchautor u. Mitherausgeber der ›Frankfurter Allgemeinen Zeitung‹. CULPA 338f., 343, 357, 374f.

Schlageter, Albert Leo *12. August 1894 Schönau i. Baden †26. Mai 1923 b. Düsseldorf; Soldat, Freikorpsmitglied, militärischer Aktivist während der Ruhrbesetzung. ALLES UMSONST 61f., 138, 143, 145, 224, 353; GOLD 277

Schleich, Carl Ludwig *19. Juli 1859 Stettin †7. März 1922 Bad Saarow; Arzt u. Schriftsteller. HEILE WELT 292

Schlemmer, Oskar *4. September 1888 Stuttgart †13. April 1943 Baden-Baden; Kunstmaler, Bildhauer u. Bühnenbildner. AUFZEICHNUNGEN 236; SOMNIA 436

Schleuder; Prof. i. Göttingen. AUFZEICHNUNGEN 34

Schleyer, Hanns-Martin *1. Mai 1915 Offenburg †18. Oktober 1977 Hem b. Lille; Manager u. Wirtschaftsfunktionär, 1973–77 Arbeitgeberpräsident. HAMIT 216; SOMNIA 131

Schlöndorff, Volker *31. März 1939

Wiesbaden; Filmregisseur, Drehbuchautor u. Filmproduzent. T+K 29
Schlösser, Jupp *26. Juli 1902 Köln †23. Februar 1983 Köln; Sänger u. Lieddichter. MARK UND BEIN 189 (*Kornblumenblau*)
Schlotterer, Christoph; Mitarbeiter des Hanser-Verlags. HAMIT 49; SIRIUS 159
Schlüter, Andreas *1659 Danzig od. 1664 Hamburg †1714 St. Petersburg; preuß. Architekt u. Bildhauer. IM BLOCK 70
Schmeling, Max Adolph Otto Siegfried *28. September 1905 Klein Luckow †2. Februar 2005 Wenzendorf; Schwergewichtsboxer, 1930 u. 1932 Boxweltmeister i. Schwergewicht. AUFZEICHNUNGEN 63; KAPITEL 80; WILLKOMMEN 338
Schmid, Johann **Christoph Friedrich von** *15. August 1768 Dinkelsbühl †3. September 1854 Augsburg; Priester u. Schriftsteller. IM BLOCK 246 (*Ihr Kinderlein kommet*)
Schmid, Karl **»Carlo«** Johann Martin Heinrich *3. Dezember 1896 Perpignan i. Frankreich †11. Dezember 1979 Bad Honnef; SPD-Politiker u. Staatsrechtler. HAMIT 248
Schmidt, Alfred Paul *31. März 1941 Wien; österr. Schriftsteller. ALBUM 108f.
Schmidt, Alice *1916 Greifswald †1983 Bargfeld, Ehefrau von Arno →Schmidt. GRÖßEN 211
Schmidt, Arno Otto *18. Januar 1914 Hamburg †3. Juni 1979 Celle; Schriftsteller. ALBUM 189; ALKOR 63, 375, 412; CULPA 15, 240; GOLD 136

(*Alfons Schmidt*); GRÖßEN 42, 173, 211ff., 216, 234; HAMIT 121, 233; HUNDSTAGE 222 (*seinen großen Kollegen aus Bargfeld*); JOHNSON 29; SIRIUS 84 (*Die Gelehrtenrepublik*), 96, 158, 203, 229, 266, 468, 495, 593, 605; SOMNIA 68, 115f., 164
Schmidt, Gerhard *1941 in Berlin; ein Filmproduzent, Drehbuchautor u. Regisseur. ALKOR 464, 577, 591
Schmidt, Hannelore (gen.»Loki«; geb. Glaser) *3. März 1919 Hamburg †21. Oktober 2010 Hamburg; Pädagogin, Ehefrau von Helmut →Schmidt. SOMNIA 156f.
Schmidt, Helmut Heinrich Waldemar *23. Dezember 1918 Hamburg; Offizier, SPD-Politiker, 1974–82 fünfter Bundeskanzler der Bundesrepublik Deutschland. ALKOR 76, 256; CULPA 35; HAMIT 104, 109, 201, 289, 346f.; SIRIUS 161, 231, 481, 499, 565; SOMNIA 133, 195
Schmidt, Konrad; Bekannter Ks aus dem Gefängnis Bautzen. AUFZEICHNUNGEN 18, 24
Schmidt, Max *6. Januar 1932 Mühlhausen; Politikwissenschaftler, 1973–90 Direktor des Institutes für Internationale Politik und Wirtschaft in Ost-Berlin. ALKOR 198
Schmilgun, Burkhard; Produzent u. Direktor des Musiklabels ›classic production osnabrück‹. CULPA 194, 218; SOMNIA 114, 119, 272, 397, 452, 523f., 540
Schmitz, Sybille Maria Christina *2. Dezember 1909 Düren †13. April 1955 München; Schauspielerin. HAMIT 209

Schmolck (od. Schmolke), **Benjamin** *21. Dezember 1672 Brauchitschdorf †12. Februar 1737 Schweidnitz; Kirchenliederdichter. Aussicht 513 (*Tut mir auf die schöne Pforte*); 160 (*Schmückt das Fest mit Maien*)

Schmückle, Gerd *1. Dezember 1917 Stuttgart †28. Mai 2013 München; General, 1978–80 stellvertretender NATO-Oberbefehlshaber. Hamit 118; Somnia 109

Schmude, Jürgen Dieter Paul *9. Juni 1936 Insterburg i. Ostpreußen; SPD-Politiker, u.a. 1978–81 Bundesminister für Bildung u. Wissenschaft, 1981–82 Bundesminister der Justiz. Alkor 120

Schnars-Alquist, Carl Wilhelm **Hugo** *29. Oktober 1855 Hamburg †20. August 1939 Hamburg; Marinemaler. Tadellöser 316

Schneeweiß, Karol; Regisseur. Culpa 153; Hamit 235, 244, 253, 345, 369, 413; Somnia 8, 16, 53, 56, 132, 472

Schneider, Frau; *mit der Ostarbeitersache.* Culpa 78, 106

Schneider, Herr; Einlieferer v. Archivmaterial. Culpa 309

Schneider, Klaus; Architekt, emigrierte 1937 aus Deutschland. Culpa 221

Schneider, Oscar *3. Juni 1927 Altenheideck; CSU-Politiker, Bundesminister für Raumordnung, Bauwesen und Städtebau 1982–89. Alkor 471; Culpa 146

Schneider, Peter *21. April 1940 Lübeck; Schriftsteller. Hamit 287; Sirius 173; Somnia 453

Schneider, Pfarrer; wurde durch SS-Mann Sommer gefoltert. Sirius 68

Schneider, Reinhold *13. Mai 1903 Baden-Baden †6. April 1958 Freiburg i.breisgau; Schriftsteller. Alkor 180

Schneider, Rolf *17. April 1932 Chemnitz; Schriftsteller. Album 86f.; Alkor 392; Hamit 305; Somnia 503

Schneider, Romy (eigentl. Rosemarie Magdalena Albach) *23. September 1938 Wien †29. Mai 1982 Paris; deutsch-französische Schauspielerin. Größen 67; Sirius 252; Willkommen 260

Schnibbe, Karl-Heinz *5. Januar 1924 Hamburg †9. Mai 2010 b. Salt Lake City i. Utah; Widerstandskämpfer gegen den Nationalsozialismus. Alkor 469

Schnitzler, Arthur *15. Mai 1862 Wien †21. Oktober 1931 Wien; österr. Erzähler u. Dramatiker. Alkor 277, 296; Größen 198; Sirius 241, 454

Schnitzler, Karl-Eduard Richard Arthur **von** *28. April 1918 Berlin †20. September 2001 Zeuthen; Journalist, Chefkommentator des DDR-Fernsehens, Moderator der Fernsehsendung ›Der schwarze Kanal‹. Alkor 477, 481; Hamit 45f.; Sirius 247

Schnoor, Herbert *1. Juni 1927 Aurich; SPD-Politiker. Alkor 380

Schnur, Wolfgang *8. Juni 1944 Stettin; Rechtsanwalt, 1965–89 Inoffizieller Mitarbeiter des Ministeriums für Staatssicherheit, Mitbegründer der Partei Demokratischer Aufbruch. Hamit 142f., 150ff.; Somnia 458

Schnurre, Wolfdietrich *22. August 1920 Frankfurt a.M. †9. Juni 1989 Kiel; Schriftsteller. ALKOR 141, 292; CULPA 234; SIRIUS 425

Schoeller, Monika (geb. von Holtzbrinck) *15. September 1939; Verlegerin u. Mäzenin. ALKOR 100

Schoeller, Winfried F. *1941 Illertissen i. Schwaben; Autor, Literaturkritiker u. Honorarprofessor für die Literatur u. Literaturkritik. GRÖßEN 279; SIRIUS 349

Schoenberner, Gerhard *1931, 1973–78 Direktor des Goethe-Instituts in Tel Aviv, Autor, Filmemacher u. Publizist. ALKOR 429

Schoeps, Julius H. *1. Juni 1942 Djursholm i. Schweden; Historiker u. Politikwissenschaftler. HAMIT 318

Schöhl, Adelheid (*Kröhl* in TADEL-LÖSER); Bekannte von Ks Eltern aus Rostock. AUFZEICHNUNGEN 42, 156, 171f., 208, 254, 270, 313

Scholl, Geschwister d.i. **Hans** Fritz *22. September 1918 Ingersheim b. Crailsheim †22. Februar 1943 München-Stadelheim u. **Sophia** Magdalena gen. **Sophie** *9. Mai 1921 Forchtenberg †22. Februar 1943 München-Stadelheim; humanistisch u. christlich motivierte Widerstandskämpfer während des Nationalsozialismus, beide hingerichtet wegen ihres Engagements in der ›Weißen Rose‹. CULPA 156, 190, 278, 281, 289; GRÖßEN 40; HAMIT 300; SIRIUS 567; SOMNIA 87, 98, 504

Scholl-Latour, Peter Roman *9. März 1924 Bochum; deutsch-französischer Journalist u. Publizist. CULPA 15; SOMNIA 77, 95, 99, 517, 523

Scholochow, Michail Alexandrowitsch *24. Mai 1905 Gehöft Kruschilin †21. Februar 1984 Wjoschenskaja; russ. Schriftsteller. IM BLOCK 224

Scholz, Hans *20. Februar 1911 Berlin †29. November 1988 Berlin; Schriftsteller, Journalist u. Kunstmaler. HAMIT 348 (*Berlin, jetzt freue dich*)

Scholz, Rupert *23. Mai 1937 Berlin; CDU-Politiker, Staatsrechtler, 1988–89 Bundesminister der Verteidigung. SOMNIA 353

Scholz-Klinck, Gertrud Emma (geb. Treusch) *9. Februar 1902 Adelsheim i. Baden †24. März 1999 Tübingen; Reichsfrauenführerin. GOLD 278

Schomann, Herr; Bekannter aus Rostock. AUFZEICHNUNGEN 49, 89

Schonauer, Franz *1920 †1989; Literaturkritiker u. Essayist. ALKOR 169

Schönberg, Arnold *13. September 1874 Wien †13. Juli 1951 Los Angeles; österr. Komponist, Musiktheoretiker, Kompositionslehrer, Kunstmaler, Dichter u. Erfinder. ALKOR 10, 134, 453; AUFZEICHNUNGEN 155, 496; HAMIT 196; SIRIUS 257; SOMNIA 182, 185, 518; WILLKOMMEN 123

Schönberger, Margit; Pressechefin der Bertelsmann Verlagsgruppe. CULPA 341, 343

Schöne, Albrecht *17. Juli 1925 Barby a.d. Elbe; Germanist. HAMIT 96

Schönherr, Frau; Hauswirtschafterin Ks. SIRIUS 62, 273, 281, 325, 399

Schönherr, Herr; Ehemann der Hauswirtschafterin Ks, musste während eines Literaturseminars Christof T. →Eschenröders verschlossenes Auto öffnen. SIRIUS 347

Schopenhauer, Arthur *22. Februar 1788 Danzig †21. September 1860 i Frankfurt a.M.; Philosoph, Autor u. Hochschullehrer. ALKOR 128, 239; HAMIT 411

Schörner, Ferdinand *12. Juni 1892 München †2. Juli 1973 München; Generalfeldmarschall, letzter Oberbefehlshaber des Heeres 1945 im Deutschen Reich. IM BLOCK 290

Schostakowitsch, Dimitri Dmitrijewitsch *25. September 1906 St. Petersburg †9. August 1975 Moskau; russ. Komponist, Pianist u. Pädagoge. ALKOR 132, 270, 183, 313, 348, 354, 365, 369, 388, 390, 393, 429, 443; CULPA 141, 264; HAMIT 107; SIRIUS 142, 499, 620; SOMNIA 86, 501

Schottländer, Felix *1892 †1958; Psychologe, Autor u. Mitglied der Wiener Psychoanalytischen Vereinigung. AUFZEICHNUNGEN 288; WILLKOMMEN 212 (*Die Mutter als Schicksal*)

Schramm, Percy Ernst *14. Oktober 1894 Hamburg †21. November 1970 Göttingen; Professor für Mittlere u. Neuere Geschichte a.d. Universität Göttingen 1929–63. AUFZEICHNUNGEN 105f., 512; WILLKOMMEN 280

Schreiber, Herbert; Mitarbeiter des Magazins ›GEO‹. CULPA 20

Schreiber, Mathias *1943 Berlin; Leiter des Kulturressorts der Zeitschrift ›Der Spiegel‹. SOMNIA 223

Schreier, Peter *29. Juli 1935 Meißen; Sänger u. Dirigent. SOMNIA 116

Schröder, Friedrich Hermann Diet-

rich *6. August 1910 Näfels i.d. Schweiz †25. September 1972 Berlin; Komponist. ALLES UMSONST 51 (*Ich tanze mit dir in den Himmel hinein*), 317 (*Liebling, was wird nun aus uns beiden*), 340 (*Ich tanze mit dir in den Himmel hinein*); TADELLÖSER 337 (*Man müßte Klavier spielen können*)

Schröder, Gerhard Fritz Kurt *7. April 1944 Mossenberg b. Blomberg; SPD-Politiker, 1990–98 Ministerpräsident des Landes Niedersachsen, 1998–2005 siebter Bundeskanzler der Bundesrepublik Deutschland. HAMIT 204, 222, 225f., 381; T+K 18

Schröder, Jörg *24. Oktober 1938 Berlin; Schriftsteller u. Verleger. SIRIUS 415, 423; SOMNIA 454

Schröder, Rudolf Alexander *26. Januar 1878 Bremen †22. August 1962 Bad Wiessee; Schriftsteller, Übersetzer, Dichter, ev. Kirchenlieddichter, Architekt u. Kunstmaler. ALKOR 134; AUSSICHT 459; GRÖSSEN 92; HEILE WELT 276; TADELLÖSER 144 u. 414 (*Heilig Vaterland in Gefahren*); ZEIT 53 (*Heilig Vaterland in Gefahren u. Schau von Waffen blinkt jede Hand*)

Schröder-Köpf, Doris (geb. Köpf) *5. August 1963 Neuburg a.d. Donau; Journalistin u. Autorin, Ehefrau von Gerhard →Schröder ALKOR 434

Schroers, Rolf *10. Oktober 1919 Neuss †8. Mai 1981 Altenberge b. Münster; Schriftsteller. SOMNIA 286f.

Schröter, Klaus; Verfasser zweier Rowohlt-Monographien u.a. über Alfred →Döblin. HAMIT 175

Schröter, Reinhard; Schriftsetzer von *Echolot I.* CULPA 312

Schröter, Roswitha; Ehefrau von Reinhard →Schröter, hilft ihrem Mann beim Setzten von *Echolot I*. Culpa 312

Schubart, Christian Friedrich Daniel *24. März 1739 Obersontheim †10. Oktober 1791 Stuttgart; Dichter, Organist, Komponist u. Journalist. Gold 43f.

Schubert, Franz Peter *31. Januar 1797 Himmelpfortgrund †19. November 1828 Wien; Komponist. Alkor 45, 245, 291, 342, 574; Alles Umsonst 48 (*Am Brunnen vor dem Tore*); Aussicht 123, 197, 323; Culpa 312; Hamit 84, 144; Hundstage 79; Im Block 227 (*Heilig, heilig, heilig, heilig ist der Herr*); Kapitel 207f.; Sirius 164, 257, 477, 617; Somnia 185, 195, 210, 311

Schubert, Helga (eigentl. Helga Helm) *7. Januar 1940 Berlin; Psychologin u. Schriftstellerin. Hamit 286

Schuchardt, Helga (geb. Meyer) *2. August 1939 Hannover; FDP- u. parteilose Politikerin, 1990–98 Niedersächsische Ministerin für Wissenschaft und Kultur. Somnia 223

Schüller, Heidi *15. Juni 1950 Passau; Leichtathletin, Fernsehmoderatorin u. Ärztin. Hamit 45

Schultz-Wettel, Fedinand *1872 †1957; Kunstmaler, Buchillustrator. Sirius 183

Schulz, Bruno *12. Juli 1892 Drohobycz †19. November 1942 Drohobycz; polnisch-jüdischer Schriftsteller, Literaturkritiker, Graphiker u. Zeichner. Größen 105

Schulz, Froben; SS-Angehöriger, K benutzt seine Aufzeichnungen im *Echolot*. Culpa 148

Schulz, Oscar 1891–1901 Matrose, Kapitän u. Kaufmann. Alkor 297, 348, 469; Culpa 89–91, 103, 255, 258

Schulze-Kossenz, Richard *2. Oktober 1914 Berlin †3. Juli 1988 Düsseldorf; SS-Adjutant Adolf →Hitlers, Adjutant Joachim von →Ribbentrops. Sirius 37

Schulze-Naumburg, Paul (eigentl. Paul Eduard Schultze) *10. Juni 1869 Almrich b. Naumburg †19. Mai 1949 Jena; Architekt, Kunsttheoretiker, Kunstmaler, Publizist u. NSDAP-Politiker. Somnia 167

Schumacher, Balthasar Gerhard; Lieddichter, dichtete 1793 eine auf den dän. König Christians VII. verfasste Hymne auf den preuß. König um. Aussicht 27f. (*Fühl' in des Thrones Glanz*)

Schumacher, Michael *3. Januar 1969 Hürth-Hermülheim; Automobilrennfahrer, siebenmaliger Formel Eins Weltmeister. Alkor 401

Schumann, Clara Josephine (geb. Wieck) *13. September 1819 Leipzig †20. Mai 1896 Frankfurt a.M.; Pianistin u. Komponistin, Ehefrau Robert →Schumanns. Sirius 473; Willkommen 339

Schumann, Otto *7. Juni 1897 Hannover †15. Juni 1981; Autor, Hochschullehrer, Musikkritiker, Germanist u. Redakteur. Sirius 290

Schumann, Robert *8. Juni 1810 Zwickau †29. Juli 1856 Endenich b. Bonn Komponist. Alkor 129, 148,

181; Aussicht 115 (*Haschemann*), 123, 206, 257 (*Glückes genug*), 320, 322, 385; Culpa 293; Gold 359; Größen 112; Hamit 356; Kapitel 229 (*Mai, lieber Mai! Bald bist du wieder da*); Letzte Grüße 349; Mark und Bein 80; Sirius 385, 429, 472, 528; Somnia 9, 159, 512; Tadellöser 12 (*Davidsbündler Tänze*), 136, 138 (*Geburtstagsmarsch*), 144; Weltschmerz 5; Zeit 81

Schuricke, Erhard Rudolf »Rudi« Hans (gen. »Rudicke«) *16. März 1913 Brandenburg a.d. Havel †28. Dezember 1973 München; Sänger u. Schauspieler. Hundstage 62 (*O mia bella Napoli*), 257; Im Block 185 (*Es war in einer Frühlingsnacht im sonnigen Sorrent*); Tadellöser 43 (*In der himmelblauern kleinen Limousine*)

Schütt, Peter *10. Dezember 1939 Basbeck a.d. Niederelbe; Schriftsteller u. DKP-Politiker. Hamit 214, 256; Somnia 214, 256

Schütz, Heinrich od. Henrich *18. Oktober 1585 Köstritz †6. November 1672 Dresden; Komponist. Aufzeichnungen 26; Willkommen 305

Schütz, Helga *2. Oktober 1937 Falkenhain i. Schlesien; Schriftstellerin u. Drehbuchautorin. Hamit 286; Somnia 232ff.

Schütz, Klaus *17. September 1926 Heidelberg; SPD-Politiker, 1967–77 Regierender Bürgermeister von West-Berlin. Alkor 56; Hamit 351

Schwartz, Stefan *18. Oktober 1951 Berlin; Schauspieler u. Synchronsprecher, spielt K im Film ›Ein Kapitel für sich‹. Album 24

Schwarze, Hans Werner *8. Juni 1924 Berlin †3. September 1991 Berlin; Rundfunkjournalist, Hochschullehrer und Schriftsteller. Hamit 232

Schwarzenberg, Karl Philipp Fürst zu *18. April 1771 †15. Oktober 1820; österr. Feldmarschall. Hundstage 293

Schwarzkopf, Herbert Norman *22. August 1934 Trenton i. New Jersey †27. Dezember 2012 Tampa i. Florida; General der US Army. Somnia 95, 99, 100

Schwätzer, Irmgard *5. April 1942 Münster FDP-Politikerin, 1991–94 Bundesministerin für Raumordnung, Bauwesen u. Städtebau; Album 9

Schweitzer, Albert *14. Januar 1875 Kaysersberg b. Colmar †4. September 1965 Lambarene i. Gabun; Arzt, ev. Theologe, Organist u. Philosoph. Alkor 429; Culpa 188; Größen 283; Somnia 481; Willkommen 15

Schwelien, Michael *1948; Mitherausgeber der Zeitschrift ›Die Zeit‹. Somnia 315f.

Schwenn, Günther (geb. Adolf Hermann Carl Günther Franzke) *18. März 1903 Berlin †4. Januar 1991 Montreux; Lieddichter u. Gründer der GEMA-Stiftung. Alles Umsonst 195 (*Für eine Nacht voller Seligkeit, Da geb' ich alles hin*)

Schwerin, Otto Freiherr von *18. März 1616 Gut Wittstock b. Greifenhagen †14. November 1679 Berlin; Hofmann, Diplomat u. Dichter. Heile Welt 339 (*Jesus meine Zuversicht*)

Schwester Dora; Tscheka Kommissarin in Minsk. Mark und Bein 86

Schwietzke, Bruno *21. Juni 1896; † nach 1938; Schriftsteller. TADELLÖSER 116 (*Vor Ypern trommelt der Tod*), 388

Schwilk, Heimo *23. Oktober 1952 Stuttgart; Journalist u. Autor. ALKOR 215; CULPA 150, 349f.; GRÖSSEN 137; HAMIT 83; SOMNIA 270

Schwind, Moritz Ludwig **von** *21. Januar 1804 Wien †8. Februar 1871 Niederpöcking; öster. Kunstmaler u. Zeichner. LETZTE GRÜSSE 390; SIRIUS 528

Schwitters, Kurt *20. Juni 1887 Hannover;† 8. Januar 1948 in Kendal i. Großbritannien; Kunstmaler, Dichter u. Werbegrafiker. GRÖSSEN 138; HAMIT 51; SIRIUS 597

Schygulla, Hanna *25. Dezember 1943 Königshütte; Schauspielerin u. Sängerin. GRÖSSEN 30

Scott, James 1. Duke of Monmouth *9. April 1649 †15. Juli 1685 London; Feldherr, englischer Thronprätendent. GRÖSSEN 65

Scott, Robert Falcon *6. Juni 1868 Devonport b. Plymouth †29. März 1912 Ross-Schelfeis i.d. Antarktis; brit. Marineoffizier Südpolforscher. ALKOR 165; SIRIUS 50

Scott, Walter *15. August 1771 Edinburgh †21. September 1832 Abbotsford; schottischer Dichter u. Schriftsteller. GRÖSSEN 122, 158; TADELLÖSER 349 (*Old Waverley* [Waverley oder Vor sechzig Jahren war's])

Scott-Wood, George *27. Mai 1903 †28. Oktober 1978. Musiker u. Komponist. SIRIUS 422

Scupin, Ernst; Autor. WILLKOMMEN 212 (*Bubis erste Kindheit*)

Sczuka, Karl *1900 †1954; 1946–54 Hauskomponist des Südwestfunks Baden-Baden. SIRIUS 525

Sebastian, Heilige *? Mailand od. Narbonne i. Frankreich †~288 Rom. Märtyrer. ALKOR 42

Seebacher-Brandt, Brigitte (geb. Seebacher) *23. September 1946 Twistringen; Historikerin, Journalistin u. Publizistin, Ehefrau von Willy →Brandt. SOMNIA 48

Seeckt, Johannes »**Hans**« Friedrich Leopold **von** *22. April 1866 Schleswig †27. Dezember 1936 Berlin; Offizier, Generaloberst, 1920–26 Chef der Heeresleitung der Reichswehr. HAMIT 134

Seelig, Carl *11. Mai 1894 Zürich †15. Februar 1962 Zürich; Schweizer Schriftsteller u. Mäzen. GRÖSSEN 273

Seghers, Anna (eigentl. Netty Radványi, geb. Reiling) *19. November 1900 Mainz †1. Juni 1983 Berlin; Schriftstellerin. GRÖSSEN 128; HAMIT 328, 334; IM BLOCK 305; SIRIUS 86f., 609; SOMNIA 437f.

Sehbaum, Familie; feiert zur gleichen Zeit im Hotel ›Atlantik‹ ihre Silberhochzeit wie Albrecht →Knaus seinen 70. Geburtstag. SIRIUS 186

Seibt, Gustav *10. März 1959 München; Historiker, Literaturkritiker u. Journalist. CULPA 338; HAMIT 398f.

Seidel, Heinrich Friedrich Wilhelm Karl Philipp Georg Eduard *25. Juni 1842 Perlin †7. November 1906 Groß-Lichterfelde b. Berlin; Ingenieur u. Schriftsteller. AUSSICHT 298; HEILE WELT 470 u. 476 (*April, April, der weiß nicht was er will*)

Seidel, Ina *15. September 1885 Halle †3. Oktober 1974 Ebenhausen b. München; Lyrikerin u. Schriftstellerin. ALLES UMSONST 89; CULPA 350; HAMIT 306; KAPITEL 279; SIRIUS 602

Seidl, Matthes; Sohn von Rita →Seidl. AUFZEICHNUNGEN 17f., 23

Seidl, Rita; Bekannte Ks aus Rostock, trifft sie und ihre Kinder nach seiner Entlassung bei einem Urlaub 1956 in Lindau. AUFZEICHNUNGEN 17f., 23

Seidl, Thomas; Sohn von Rita →Seidl. AUFZEICHNUNGEN 17f., 23

Seippel, Edda *19. Dezember 1919 Braunschweig †12. Mai 1993 München; Schauspielerin, spielte die Mutter Ks in den Romanverfilmungen. ALKOR 71; CULPA 13, 65; HAMIT 360; SIRIUS 178

Sellers, Peter (eigentl. Richard Henry Sellers) *8. September 1925 Southsea †24. Juli 1980 London; britischer Filmschauspieler u. Komiker. SIRIUS 512

Sellschopp, Meno Heinrich Paul Erich *1907 †1974; Theologe, wohnte mit seinen Eltern in der selben Straße wie die Familie K. TADELLÖSER 191

Semmelrogge, Martin *8. Dezember 1955 Boll-Eckwälden; Schauspieler u. Synchronsprecher, spielt Robert K im Film ›Tadellöser & Wolff‹. SOMNIA 238

Semmelweis, Ignaz Philipp (Ignác Fülöp) *1. Juli 1818 Budapest †13. August 1865 Döbling b. Wien; Arzt. KAPITEL 52

Semper, Gottfried *29. November 1803 Hamburg †15. Mai 1879 Rom; Architekt u. Lehrer. GRÖßEN 144

Semprun Maura, **Jorge** *10. Dezember 1923 Madrid †7. Juni 2011 Paris; span. Schriftsteller. ALKOR 540; AUFZEICHNUNGEN 467

Seton, Ernest Thompson (Pseud. Ernest Seton Thompson) *14. August 1860 South Shields i. England †23. Oktober 1946 Seton Village i. New Mexico; schottisch-kanadischer Naturforscher, Schriftsteller, Mitbegründer der amerik. Pfadfinderbewegung. TADELLÖSER 353 (*Jan und Sam im Walde*)

Seydlitz-Kurzbach, **Walther von** *22. August 1888 Hamburg †28. April 1976 Bremen; General der Artillerie u. Präsident des Bundes deutscher Offiziere. ALKOR 400; CULPA 216; HAMIT 291; TADELLÖSER 381

Seyß-Inquart, Arthur *22. Juli 1892 Stannern †16. Oktober 1946 Nürnberg; österr. Jurist, SS-Obergruppenführer, Reichsstatthalter für Österreich, 1939–45 Reichsminister ohne Geschäftsbereich. GOLD 276

Shakespeare, William *~23. April 1564 Stratford-upon-Avon †3. Mai 1616 Stratford-upon-Avon; Dichter u. Dramatiker. ALBUM 147; AUFZEICHNUNGEN 91, 117; AUSSICHT 122 (*Othello*), 148 (*Hamlet*), 312; GOLD 27 (*Laßt dicke Männer um mich sein*), 97, 315; GRÖßEN 58, 213, 217, 276; HAMIT 141, 168; HUNDSTAGE 14, 354 (*Doch eh ein Mensch vermag zu sagen*), 355 (*Nun Elfen, huldigt ihm*); IM BLOCK 13, 154 (*König Lear*); KAPITEL 350; SIRIUS 87 (*König Lear*); Letze GRÜßE 292 (*Doch eh' ein Mensch vermag zu sagen: Schaut*), 329 (*Gefällig seid*

und dienstbar diesem Herrn); Som-
nia 77, 433; Tadellöser 145 u. 260f.,
287 (*Sommernachtstraum*); Will-
kommen 331 (*Macbeth*)
Shaw, Artie (eigentl. Arthur Jacob
Arshawsky) *23. Mai 1910 New York
City †30. Dezember 2004 Thousand
Oaks i. Kalifornien; US-amerikani-
scher Jazz-Klarinettist, Arrangeur,
Komponist, Bandleader u. Autor.
Gold 274, 358; Sirius 422; Tadellöser
68, 152, 360, 389, 402
Shaw, George Bernard *26. Juli
1856 Dublin †2. November 1950
Ayot Saint Lawrence i. Großbritanni-
en; irisch-brit. Dramatiker, Politiker,
Satiriker u. Musikkritiker. Alkor 390;
Sirius 615; Somnia 404
Shearing, George Albert *13. Au-
gust 1919 London †14. Februar 2011
New York; US-amerikanischer Jazz-
pianist u. Komponist. Aufzeichnungen
184
Sheve, John; sandte K einen Bericht
aus Ostpreußen. Alkor 51
Sibelius, Johan Julius Christian
»Jean« *8. Dezember 1865 Hä-
meenlinna †20. September 1957
Järvenpää b. Helsinki; finnischer
Komponist. Tadellöser 30
Sichtermann, Barbara *1943 Er-
furt; Publizistin u. Schriftstellerin
Alkor 538f.; Hamit 385
Siddhartha Gautama *? †~420–
368 v. Chr.; Begründer des Buddhis-
mus. T+K 8
Siebeck, Wolfram *19. September
1928 Duisburg; Journalist u. Gastro-
nomiekritiker. Mark und Bein 221
Siedler, Wolf Jobst *17. Januar

1926 Berlin; Publizist u. Verleger.
Culpa 350; Hamit 227
Siegel, Ralph Maria (eigentl. Rudolf Maria Siegel) *8. Juni 1911 München †2. August 1972 München;
Komponist, Liedtexter, Musikverleger, Schriftsteller u. Sänger. Kapitel
34 (*Wenn bei Capri die rote Sonne
im Meer versinkt*)
Siegfried, Hans (*Fritz Legeune* in
Gold u. Kapitel; Decknahme beim CIC
»Fritz Lejeune«) Freund Ks aus Rostock, der die Frachtbriefe an den
amerikanischen Geheimdienst CIC
in Wiesbaden übergab u. angeblich
im Vorfeld von Ks Rückkehr nach
Rostock und der erfolgten Verhaftung durch den russ. Geheimdienst
eine undurchschaubare Rolle ge-
spielt haben soll. Aufzeichnungen 11,
19, 88, 90, 195, 210, 267, 392, 496,
498; Gold 280ff., 333ff.; Kapitel 11
Siegmann, Richard *1872 †1943;
über 30 Jahre Vorstandsvorsitzender
der Rostocker Straßenbahn. Tadellöser
331 (*Begründer der Straßenbahn*)
Sienkiewicz, Henryk Adam Alek-
sander Pius *5. Mai 1846 Wola
Okrzejska †15. November 1916 Vevey
i.d. Schweiz; polnischer Schriftsteller. Aussicht 298
Sievers, Mascha; Teilnehmerin bei
Ks Autorentreffen. Sirius 444, 450,
617
Sigrid; Gast bei K, unternahm einen
Selbstmordversuch im Hause Ks.
Sirius 107
Sigurdson, Sigrid *1943 Oslo;
Künstlerin. Alkor 399
Silbermann, Alphons *11. August

179

1909 Köln †4. März 2000 Köln; Soziologe u. Publizist. Somnia 141

Silcher, Philipp **Friedrich** (Friederich) *27. Juni 1789 Schnait i. Remstal †26. August 1860 Tübingen; Komponist. Alles Umsonst 336 (*So nimm denn meine Hände und führe mich*); Aussicht 159 (*Muß i denn zum Städele hinaus*); Im Block 225 (*Schau hin nach Golgatha*)

Silesius, Angelus (eigentl. Johannes Scheffler) *vor 25. Dezember 1624 Breslau †9. Juli 1677 Breslau; Lyriker u. Theologe. Culpa 85; Gold 213 (*Die Ros ist ohn warum*)

Silvester, Heilige *? Rom †31. Dezember 335 Rom; Bischof von Rom. Alkor 592

Sima, Oskar *31. Juli 1896 Hohenau †24. Juni 1969 Hohenau; österr. Schauspieler. Tadellöser 294, 343

Simenon, Georges Joseph Christian *12. Februar 1903 †4. September 1989 Lausanne; belg. Schriftsteller. Größen 214ff.

Simmel, Johannes Mario *7. April 1924 Wien †1. Januar 2009 Luzern; österr. Schriftsteller. Größen 217ff.; Hamit 372, 377; Sirius 485

Simrock, Karl Joseph *28. August 1802 Bonn †18. Juli 1876 Bonn; Dichter u. Philologe. Zeit 122 (*Drusus ließ in deutschen Forsten*)

Simson, Marianne Lena Elisabeth Clara *29. Juli 1920 Berlin †15. Juli 1992 Füssen; Schauspielerin. Somnia 128, 407f.; Tadellöser 344

Sinatra, Francis »**Frank**« Albert *12. Dezember 1915 Hoboken i. New Jersey †14. Mai 1998 Los Angeles i.

Kalifornien; US-amerikanischer Sänger, Schauspieler u. Entertainer. Gold 282; Letzte Grüße 256

Sinclair, Upton Beall *20. September 1878 Baltimore i. Maryland †25. November 1968 Bound Brook i. New Jersey; US-amerikanischer Schriftsteller. Größen 77

Sindermann, Horst *5. September 1915 Dresden †20. April 1990 Berlin; SED-Politiker, Vorsitzender des Ministerrates der DDR u. Präsident der Volkskammer. Alkor 267, 280, 476, 529; Hamit 86, 196; Somnia 323, 328

Sinding, Christian August *11. Januar 1856 Kongsberg †3. Dezember 1941 Oslo; norweg. Komponist. Alkor 129; Aussicht 525; Hamit 135; Tadellöser 12 u. 367 (*Frühlingsrauschen*); Zeit 163

Singer, Isaac B[ashevis]. *21. November 1902 Leoncin i. Polen †24. Juli 1991 Miami i. Florida; poln.-USamerik. Schriftsteller. Sirius 452, 462

Sirach, Ben (eigentl. Jesus ben Eleazar ben Sira); Verfasser des um 180 v. Chr entstandenen apokryphischen Buchs Sirach des Alten Testaments. Sirius 167

Sixtus II. †6. August 258; Papst von Rom. Alkor 366

Skilly, Herr; brit. KZ-Häftling. Sirius 461

Slevogt, Franz Theodor **Max** *8. Oktober 1868 Landshut †20. September 1932 Leinsweiler-Neukastel; Kunstmaler, Grafiker, Illustrator. Aussicht 383; Größen 245

Smeding, H. J.; niederl. Autor. Alkor 458

Smetana, Friedrich *2. März 1824 Litomyšl i. Böhmen †12. Mai 1884 Prag; Komponist. AUSSICHT 256

Smith, Chris *1879 †1949), US-amerikanischer Komponist. TADELLÖSER 89, 135 u. 360 (*Harlem at Saturday night*)

Sobtschak, Anatoli Alexandrowitsch *10. August 1937 Tschita †19. Februar 2000 Swetlogorsk; russ. Politiker, 1991–96 Bürgermeister St. Petersburgs. SOMNIA 345

Söderbaum, Kristina *5. September 1912 Stockholm †12. Februar 2001 Hitzacker; schwed. Schauspielerin. AUFZEICHNUNGEN 121; TADELLÖSER 358, 453; WILLKOMMEN 90

Söhnker, Hans Albert Edmund *11. Oktober 1903 Kiel †20. April 1981 Berlin; Schauspieler. ALKOR 572; HAMIT 413

Sohn-Rethel, Alfred *4. Januar 1899 Neuilly-sur-Seine b. Paris †6. April 1990 Bremen; Nationalökonom, marxistischer Philosoph, Wirtschafts- u. Industriesoziologe. HAMIT 187

Solomon, Maynard *5. Januar 1930; US-amerikanischer Musikwissenschaftler u. Musikproduzent. SIRIUS 125, 128, 130, 139

Solschenizyn, Alexander Issajewitsch *11. Dezember 1918 Kislowodsk †3. August 2008 Moskau; russ. Schriftsteller u. Dramatiker. ALKOR 317, 359, 417, 427, 543; CULPA 98; GRÖSSEN 40, 221ff.; HUNDSTAGE 234; SIRIUS 50, 63, 605; SOMNIA 259f., 345, 358

Solti, Georg (geb. György Stern) *21. Oktober 1912 Budapest †5. September 1997 Antibes; ungarisch-brit. Dirigent. ALKOR 272; SIRIUS 475; SOMNIA 501

Sombart, Nicolaus *10. Mai 1923 Berlin †4. Juli 2008 b. Straßburg; Kultursoziologe u. Schriftsteller. ALKOR 408; SOMNIA 180

Sommer, Herr; SS-Angehöriger. SIRIUS 68

Sommer, Petra; Mitarbeiterin in der Verlagsgruppe bei Bertelsmann. CULPA 157

Sommer, Theo *10. Juni 1930 Konstanz; Journalist u. Herausgeber der Zeitung ›Die Zeit‹. ALBUM 173; CULPA 207; SOMNIA 349, 374

Sonnleitner, Theodor (eigentl. Theodor Alois Tluchor) *25. April 1869 Daschitz b. Pardubitz i. Böhmen †2. Juni 1939 Perchtoldsdorf b. Wien; Pädagoge und Schriftsteller. GOLD 96 (*Die Höhlenkinder im Heimlichen Grund*); SIRIUS 367 (*Die Höhlenkinder im Pfuhlbau*); TADELLÖSER 192 (*Die Höhlenkinder im Pfahlbau*)

Sontag, Susan *16. Januar 1933 New York City †28. Dezember 2004 New York City; US-amerikanische Schriftstellerin, Essayistin, Publizistin u. Regisseurin. GRÖSSEN 224ff.; HAMIT 94; T+K 23

Sontheimer, Kurt *31. Juli 1928 Gernsbach i. Baden †16. Mai 2005 Murnau a. Staffelsee; Politikwissenschaftler u. Prof. HAMIT 214

Sörensen, Sven siehe unter Ib →Kai-Nielsen

Speer, Berthold Konrad Hermann **Albert** *19. März 1905 Mannheim

†1. September 1981 London; Architekt im Nationalsozialismus, ab 1937 Generalbauinspektor für die Reichshauptstadt Berlin, Reichsminister für Bewaffnung u. Munition. ALKOR 588; HAMIT 155, 244; MARK UND BEIN 212; SIRIUS 197, 472; SOMNIA 398

Spengler, Oswald Arnold Gottfried *29. Mai 1880 Blankenburg i. Harz †8. Mai 1936 München; Geschichtsphilosoph, Kulturhistoriker u. Schriftsteller. KAPITEL 237; TADELLÖSER 367

Sperr, Monika Anna Johanna (geb. Koegler) *27. August 1941 Berlin †18. November 1984 Berlin; Schriftstellerin u. Journalistin. SIRIUS 82, 404

Spiel, Hilde (Pseud. Grace Hanshaw, Jean Lenoir) *19. Oktober 1911 Wien †30. November 1990 Wien; österr. Schriftstellerin u. Journalistin. HAMIT 381f.

Spinola (eigentl. Ambrogio Spinola Doria, Marqués de los Balbases) *1569 Genua †25. September 1630 Castelnuovo Scrivia; span. Heerführer. ALKOR 216

Spitta, Heinrich *1902 †1972; Komponist. ALLES UMSONST 352 (*Nichts kann uns rauben Liebe und Glauben*)

Spitzemberg, Hildegard Freifrau von *20. Januar 1843 Hemmingen †30. Januar 1914 Berlin; führte während der Wilhelminischen Kaiserzeit in Berlin einen privaten politischen Salon. ALKOR 107

Spitzmann, Herr; bietet K die Anfertigung eines Models des ehem. familieneigenen Schiffes ›Consul‹ an. SIRIUS 491

Spitzweg, Franz **Carl** *5. Februar 1808 Unterpfaffenhofen †23. September 1885 München; Kunstmaler. CULPA 271; WILLKOMMEN 56

Spoerl, Heinrich Christian Johann *8. Februar 1887 Düsseldorf †25. August 1955 Rottach-Egern; Schriftsteller. HUNDSTAGE 368 (*Feuerzangenbowle*)

Spohr, Friedrich *1830 †1896; Militärmusiker u. -komponist. IM BLOCK 108 (*Gruß an Kiel*); TADELLÖSER 144 (*Gruß an Kiel*)

Sporrer, Rudolf; Autor, Regisseur u. Produzent. SIRIUS 53

Spranger, Eduard (eigentl. Ernst Eduard Schönebeck) *27. Juni 1882 Franz Lichterfelde b. Berlin †17. September 1963 Tübingen; Philosoph, Pädagoge u. Psychologe. AUFZEICHNUNGEN 210; WILLKOMMEN 214

Springer, Axel Cäsar *2. Mai 1912 Altona b. Hamburg †22. September 1985 West-Berlin; Zeitungsverleger. ALKOR 426; CULPA 13

Spyri, Johanna (geb. Johanna Louise Heusser) *12. Juni 1827 Hirzel †7. Juli 1901 Zürich; Schweizer Jugendschriftstellerin. IM BLOCK 167

St. Ceolfried (od. Ceolfrith) *~640 Langres i. Franken †717; angelsächsischer Abt vom St. Pauls-Kloster. ALKOR 247

Stacpoole, Henry De Vere *9. April 1863 Kingstown i. Irland †12. April 1951. irischer Schriftsteller. TADELLÖSER 75 (*The Pools of Silence*)

Staeck, Klaus *28. Februar 1938 Pulsnitz; Grafikdesigner, Karikaturist u. Jurist, Präsidenten der Akademie der Künste. ALKOR 380; SOMNIA 473

Staël-Holstein, Anne Louise Germaine **de** (geb. Necker), *22. April 1766 Paris †14. Juli 1817 Paris; franz. Schriftstellerin. AUSSICHT 177

Stalbohm, Rudolf; aus Ks Biografien-Archiv. SIRIUS 561

Stalin, Josef (eigentl. Josef Dschugaschwili) russ. Politiker u. Diktator. ALBUM 146; ALKOR 347, 371, 390, 398, 467f., 561, 581, 588; AUFZEICHNUNGEN 438, 441; CULPA 217, 235f.; GOLD 232, 273; GRÖßEN 221; HAMIT 41, 252, 328, 378; IM BLOCK 6, 21, 142, 257; SIRIUS 63, 86, 88, 154, 193, 268, 475, 576, 615; SOMNIA 26, 38, 174, 230, 366, 433, 527, 536f., 540

Stammler, Georg (d.i. Ernst Emanuel Krauss) *28. Februar 1872 Stammheim †16. Mai 1948 Hohensolms; Schriftsteller und Dichter. TADELLÖSER 19 (*Der Morgen hat geschlagen*)

Stanke, Hartmut *1943 i. Schlesien; Schauspieler. ALKOR 59; AUFZEICHNUNGEN 229, 231, 262, 271, 589

Stanley, Henry Morten (eigentl. John Rowlands) *28. Januar 1841 Denbigh i. Wales †10. Mai 1904 London; brit.-US-amerikanischer Journalist, Afrikaforscher u. Autor. HEILE WELT 276

Starkmann, Alfred; Kulturkorrespontent in den Vereinigten Staaten von Amerika für die Zeitschrift ›Die Welt‹. HAMIT 101

Stauffenberg, Claus Philipp Maria Graf Schenk von *15. November 1907 Jettingen †20. Juli 1944 Berlin; Offizier u. zentrale Figur des militärischen Widerstandes gegen den Nationalsozialismus, Hitlerattentäter des 20. Juli 1944. CULPA 217; GOLD 129; MARK UND BEIN 209

Stauffer, Ernest Henry »**Teddy**« *2. Mai 1909 Murten †27. August 1991 Acapulco i. Mexiko; Schweizer Bandleader. GOLD 78; SOLDATEN 48; TADELLÖSER 68, 108, 152, 360

Steege, Peter; Journalist. T+K 23

Steenbock, Karl; Großherzoglicher Hoffotograf. ZEIT 16

Stefanie; Seminarteilnehmerin im Januar 1983. SIRIUS 108

Steffens, Henrich *2. Mai 1773 Stavanger i. Norwegen †13. Februar 1845 Berlin; Philosoph, Naturforscher u. Dichter. HAMIT 236

Stegemann, Hermann (Pseud. Hermann Sentier) *30. Mai 1870 Koblenz †8. Juni 1945 Merligen i.d. Schweiz; Schweizer Historiker, Journalist u. Schriftsteller. TADELLÖSER 30

Steidl, Robert (eigentl. Robert Franke) *31. Januar 1865 Hamburg †24. April 1927 Hamburg; Filmkomiker, Parodist u. Autor. AUSSICHT 285 (*Meine Oma fährt im Hühnerstall Motorad*)

Stein, Charlotte Albertine Ernestine **von** *25. Dezember 1742 Eisenach †6. Januar 1827 Weimar; Hofdame der Herzogin Anna Amalia u. Freundin von Johann Wolfgang von →Goethe. HAMIT 328

Stein, Gertrude *3. Februar 1874 Allegheny i. Pennsylvania †27. Juli 1946 Paris; US-amerikanische

Stockhausen, Karlheinz *22. August 1928 Mödrath b. Kerpen †5. Dezember 2007 Kürten-Kettenberg; Komponist u. Prof. ALKOR 117; HAMIT 314

Stockmann, August Cornelius (od. Kornelius) *14. Mai 1751 Schweikershain †6. Februar 1821 Leipzig; Jurist u. Dichter. GOLD 11 (*Wie sie so sanft ruhn all die Toten*); TADELLÖSER 10 (*Wie so sanft ruhn, alle die Toten*), 84 u. 103 u. 130 u. 184 u. 225 (*Wie sie so sanft ruhn, all die Toten*)

Stockmeier, Wolfgang *13. Dezember 1931 Essen; Komponist, Organist u. Hochschullehrer. CULPA 194

Stoffregen, Ottje; Hauptlehrer in Jerichow i. Mecklenburg. JOHNSON 16

Stoiber, Edmund Rüdiger *28. September 1941 Oberaudorf; CSU-Politiker, 1993–2007 Ministerpräsident des Freistaates Bayern, 1999–2007 CSU–Vorsitzender. SOMNIA 121

Stokowski, Leopold Antonin Stanislaw Boleslawowicz *18. April 1882 London †13. September 1977 Nether Wallop; brit.-US-amerikanischer Dirigent u. Arrangeur. ALKOR 155; SOMNIA 185

Stolberg-Stolberg, **Friedrich** Leopold Reichsgraf zu *7. November 1750 Bramstedt †5. Dezember 1819 Gut Sondermühlen b. Osnabrück; Dichter, Übersetzer u. Jurist. GRÖßEN 275; HEILE WELT 75, 454

Stolpe, Manfred *16. Mai 1936 Stettin; SPD-Politiker, 1990–2002 Ministerpräsident des Landes Brandenburg. SOMNIA 106, 329, 503

Stoltenberg, Gerhard *29. September ber 1928 Kiel †23. November 2001 Bonn-Bad Godesberg; CDU-Politiker, 1971–82 Ministerpräsident des Landes Schleswig-Holstein, mehrfacher Bundesminister. SIRIUS 423

Stolz, Robert Elisabeth *25. August 1880 Graz †27. Juni 1975 Berlin; österreichischer Komponist u. Dirigent. TADELLÖSER 99 (*Servus du*)

Stolz, Yvonne Louise (geb. Ulrich, gen. »Einzi«) *1912 †2004; Ehefrau von Robert Stolz. CULPA 72

Stölzl, Christoph *17. Februar 1944 Westheim; Historiker, Museologe u. CDU-Politiker. ALKOR 187, 344, 349, 354, 402, 404, 406, 422, 460; CULPA 139f., 143, 146, 205, 255, 286f., 367; SOMNIA 541

Stoph, Willi *9. Juli 1914 Berlin †13. April 1999 Berlin; SED-Politiker, Vorsitzender des Ministerrats der DDR. ALKOR 418, 581; HAMIT 120; SOMNIA 188, 520

Storm, Hans Theodor Woldsen *14. September 1817 Husum †4. Juli 1888 Hanerau-Hademarschen; Beamter u. Schriftsteller. ALLES UMSONST 49; AUFZEICHNUNGEN 231; AUSSICHT 103 (*Am grauen Strand, am grauen Meer*); GOLD 310; GRÖßEN 144, 237ff., 258; HUNDSTAGE 234; HAMIT 240; HEILE WELT 86 (*Von draußen vom Walde komm ich her*); IM BLOCK 132; KAPITEL 44, 129 (*Weit drauß vom Walde komm ich her*), 276; SIRIUS 367; TADELLÖSER 161 (*Pole Poppenspäler*)

Störtebecker, Klaus *~1360 †~20. Oktober 1401 Hamburg; Seeräuber. ALLES UMSONST 123

Stosch-Sarrasani sen., **Hans**

(eigentl. Hans Erdmann Franz Stosch) *2. April 1873 Lomnitz i. Posen †21. September 1934 Sao Paulo; Dressurclown, Gründer u. Inhaber des Zirkus Sarrasani. Aussicht 269

Stötzel, Georg * 1936; Germanist, Prof. Alkor 174

Stransky, Otto *15. Mai 1889 Brünn †23. November 1932 Berlin; Operetten-, Revue- u. Filmkomponist, dichtete auch oft mit Fritz →Rotter Lieder. Im Block 102 (*Was macht Herr Mayer auf dem Himalaja*)

Stratmann, Franziskus Maria *8. September 1883 Solingen †13. Mai 1971 Hochdahl; Dominikaner, Theoretiker der katholischen Friedensbewegung. Alkor 411

Strauß, Botho *2. Dezember 1944 Naumburg; Schriftsteller u. Dramatiker. Alkor 358, 462; Hamit 366

Strauß, Franz-Josef *6. September 1915 München †3. Oktober 1988 Regensburg; CSU-Politiker, mehrfach Bundesminister i. untersch. Funktionen, 1978–88 Bayerischer Ministerpräsident. Alkor 132; Culpa 30; Sirius 90; Somnia 441

Strauss, Johann Baptist *25. Oktober 1825 St. Ulrich b. Wien †3. Juni 1899 Wien; Kapellmeister u. Komponist. Aussicht 314 (*Glücklich ist, wer vergißt, was nicht mehr zu ändern ist*); Gold 261 (*Glücklich ist, wer vergißt, was nicht mehr zu ändern ist*); Willkommen 331 (*Kaiserwalzer*)

Strauss, Richard Georg *11. Juni 1864 München †8. September 1949 Garmisch-Partenkirchen; Kompo-

nist. Alkor 281, 409; Aufzeichnungen 155; Aussicht 318; Culpa 176, 217, 346; Größen 60; Somnia 234, 268

Strauven, Michael; *1940 Berlin; Regisseur. Hamit 407

Strawinsky, Igor Fjodorowitsch *17. Juni 1882 Oranienbaum †6. April 1971 New York City; russisch-franz.-US-amerikanischer Komponist. Aufzeichnungen 139, 290; Aussicht 72, 115, 148; Willkommen 123

Streicher, Julius *12. Februar 1885 Fleinhausen †16. Oktober 1946 Nürnberg; NSDAP-Politiker u. Herausgeber. Mark und Bein 112, 153, 237

Streithofen, Heinrich Basilius (gen. Pater Basilius) *20. Dezember 1925 Anrath †5. Dezember 2006 Bonn; Dominikanerpater, Theologe u. Publizist. Hamit 117

Stresemann, Wolfgang *20. Juli 1904 Dresden †6. November 1998 Berlin; Jurist, Autor, Orchesterintendant, Dirigent u. Komponist. Sirius 37, 222

Striebeck, Peter *15. März 1938 Frankfurt a.d. Oder; Schauspieler. Hamit 357

Strienz, Wilhelm *2. September 1900 Stuttgart †10. Mai 1987 Frankfurt a.M.; Sänger. Tadellöser 295

Strindberg, Johan August *22. Januar 1849 Stockholm †14. Mai 1912 Stockholm; schwed. Schriftsteller u. Künstler. Aussicht 31, 58; Größen 23f., 239ff.; Somnia 408; Tadellöser 377

Strindberg, Kerstin; Tochter von August →Strindberg. Größen 241

Strittmatter, Erwin *14. August 1912 Spremberg †31. Januar 1994 Schulzenhof b. Dollgow; Schriftsteller. ALKOR 73; HAMIT 37

Strittmatter, Eva (geb. Braun) *8. Februar 1930 Neuruppin †3. Januar 2011 Berlin; Dichterin u. Schriftstellerin; Ehefrau von Erwin →Strittmatter. SOMNIA 394

Ströbele, Hans-Christian *7. Juni 1939 Halle a.d. Saale; Rechtsanwalt u. Die Grünen-Politiker, Mitglied des Bundestages 1998–2017. SOMNIA 85

Struck, Karin *14. Mai 1947 Schlagtow b. Greifswald †6. Februar 2006 München; Schriftstellerin. ALBUM 126f.; ALKOR 9; SIRIUS 245, 409f.; SOMNIA 103

Stuck, Hans *27. Dezember 1900 Warschau †9. Februar 1978 Grainau; deutsch-österr. Automobilrennfahrer. TADELLÖSER 65

Stuckrad-Barre, Benjamin von *27. Januar 1975 Bremen; Schriftsteller u. Journalist. T+K 15, 18, 23

Stürmer, Michael *29. September 1938 Kassel; Historiker, Prof. CULPA 110; SOMNIA 41, 47f.

Sudermann, Daniel *25. Februar 1550 Lüttich †~1631 Straßburg; Schriftsteller u. Kirchenlieddichter. HEILE WELT 414 (*Es kommt ein Schiff geladen*)

Sundermann, Herr; Theologiestudent u. Praktikant im Archiv Ks. CULPA 172

Surger, Rudolf; Kaufmann in Zeven. SIRIUS 426

Surminski, Arno *20. August 1934 Jäglack b. Drengfurth i. Ostpreußen;

Journalist u. Schriftsteller. ALKOR 161, 293; SOMNIA 156f.

Susanne; Schülerin u. Teilnehmerin an einem Literaturseminar 1983, K besucht sie und ihre Eltern in Bonn. SIRIUS 583

Susi; Bekannte Ks aus der Göttinger Studienzeit. SIRIUS 262

Süskind, Patrick *26. März 1949 Ambach a. Starnberger See; Schriftsteller u. Drehbuchautor. HAMIT 315

Süskind, Wilhelm Emanuel *10. Juni 1901 Weilheim †17. April 1970 Tutzing; Autor, Übersetzer, Herausgeber u. Journalist, Vater von Patrick →Süskind. HAMIT 138

Süssmuth, Rita (geb. Kickuth) *17. Februar 1937 Wuppertal; CDU-Politikerin 1985–88 Bundesministerin für Jugend, Familie und Gesundheit. HAMIT 328; SOMNIA 58, 61, 109, 227f.

Sütterlin, Ludwig *15. Juli 1865 Lahr i. Schwarzwald †20. November 1917 Berlin; Grafiker, Pädagoge, Schöpfer der ›Sütterlin‹-Schriften. SIRIUS 235

Suworow, Viktor (eigentl. Wladimir Bogdanowitsch Resun *20. April 1947 Barabasch; Autor, arbeitete für den sowj. Nachrichtendienst. ALKOR 144

Svevo, Italo (eigentl. Hector Aron Schmitz) *19. Dezember 1861 Triest †13. September 1928 Motta di Livenza b. Treviso; ital. Schriftsteller. AUFZEICHNUNGEN 451, 474; GRÖßEN 242ff.

Swallow; US-Amerikanerin, hilft K 1989 etwas im Archiv. ALKOR 220, 233, 243, 245f.

Swift, Jonathan *30. November

1667 Dublin †19. Oktober 1745 Dublin; irischer Schriftsteller. Größen 245ff.

Syberberg, Hans-Jürgen *8. Dezember 1935 Nossendorf i. Vorpommern; Regisseur. Album 57; Alkor 226, 447; Culpa 9, 36; Größen 173; Hamit 87, 94, 183, 288ff.; Mark und Bein 212; Sirius 143; Somnia 438

Szczypiorski, Andrzej *3. Februar 1924 Warschau † 16. Mai 2000 Warschau; polnischer Schriftsteller, Culpa 217

Szepann, Friedrich »**Fritz**« Hermann *2. September 1907 Gelsenkirchen †14. Dezember 1974 Gelsenkirchen; Fußballspieler. Gold 35

Tacitus *~58 †~120; römischer Historiker u. Senator. Gold 26

Tagore, Rabindranath *7. Mai 1861 Kalkutta †7. August 1941 Kalkutta; bengalischer Dichter, Philosoph, Kunstmaler, Komponist, Musiker. Aussicht 176; Größen 283

Taine, Hippolyte Adolphe *21. April 1828 Vouziers †5. März 1893 Paris; franz. Philosoph, Historiker u. Kritiker. Größen 257

Tartini, Giuseppe Alessandro Ferruccio Tartini *8. April 1692 Pirano b. Triest †26. Februar 1770 Padua; ital. Violinist, Komponist u. Musiktheoretiker. Somnia 311

Tasso, Torquato *11. März 1544 Sorrent, nahe Neapel †25. April 1595 Rom; ital. Dichter Größen 58

Tate, Sharon Marie *24. Januar 1943 Dallas i. Texas †9. August 1969 Los Angeles i. Kalifornien; US-amerikanische Filmschauspielerin u. Model. Sirius 269

Tatum, Arthur »**Art**« *13. Oktober 1909 Toledo i. Ohio †5. November 1956 Los Angeles; US-amerikanischer Klaviervirtuose. Aufzeichnungen 184; Tadellöser 68, 152, 360, 389, 442; Willkommen 343

Tauler, Johannes *~1300 Straßburg †16. Juni 1361 Straßburg; Theologe u. Prediger. Somnia 486

Teich, Hans Henning †1945; Soldat a.d. Ostfront, sein Tagebuch wird für das Echolot ausgewertet. Culpa 174, 265; Somnia 225, 228

Telemann, Georg Philipp *14. März 1681 Magdeburg †25. Juni 1767 Hamburg; Komponist. Aufzeichnungen

199; Hundstage 220; Sirius 594; Somnia 495, 524f.

Teltschik, Horst *14. Juni 1940 Klantendorf i. Sudetenland; CDU-Politiker u. Wirtschaftsmanager. Hamit 242; Somnia 353

Temple, Sir William *25. April 1628 †27. Januar 1699; brit. Staatsmann u. Autor. Größen 246

Templin, Wolfgang *25. November 1948 Jena; DDR-Bürgerrechtler u. Publizist. Alkor 506

Tennenbaum, Silvia *1928 Frankfurt a.M.; deutsch-US-amerikanische Schriftstellerin. Sirius 481

Teufel, Erwin *4. September 1939 Rottweil; CDU-Politiker, 1991–2005 Ministerpräsident des Landes Baden-Württemberg. Somnia 328

Teufel, Fritz *17. Juni 1943 Ingelheim †6. Juli 2010 Berlin; Mitbegründer der Kommune I, politischer Aktivist, Autor. Aufzeichnungen 530

Teuscher, Philipp; Rechtsanwalt, vertrat K vergeblich bei seinen Bemühungen, als ehemaliger politischer Häftling der DDR anerkannt zu werden. Aufzeichnungen 72,163, 186, 201, 255, 260

Thälmann, Ernst Fritz Johannes *16. April 1886 Altona †18. August 1944 KZ-Buchenwald; 1925–1933 Vorsitzender der Kommunistischen Partei Deutschlands. Album 57; Gold 129; Hamit 165, 247; Im Block 236; Sirius 193f.

Thatcher, Denis *10. Mai 1915 Lewisham †26. Juni 2003 London; Geschäftsmann, Ehemann von Margaret →Thatcher. Alkor 256

Thatcher, Margaret Hilda (geb. Roberts) *13. Oktober 1925 Grantham, 1979–90 Premierministerin Großbritanniens. Alkor 256; Somnia 102

The Washboard Rhythm Kings; Jazz u. Swinggruppe 1931–33 unter verschiedenen Besetzungen u. Namen. Sirius 422

Theoderich (gen. »Der Große«) *451 od. 456 Pannonien †30. August 526 Ravenna i. Italien; König der Ostgoten. Heile Welt 154

Theophrastus von Hohenheim siehe unter →Paracelsus

Thiel, Gustav *7. Januar 1876 Giesen i. Ostpr. †7. Dezember 1965; Kapitän u. Autor. Alles Umsonst 70 (*Der Untergang der Palmyra*)

Thierse, Wolfgang *22. Oktober 1943 Breslau; Germanist, SPD-Politiker, 1998–2005 Präsident des Deutschen Bundestages. Hamit 396f.; Somnia 118, 256; T+K 21

Thiess, Frank Theodor *13. März 1890 Eluisenstein b. Uexküll i. Lettland †22. Dezember 1977 Darmstadt; Schriftsteller. Aussicht 173

Thieß, Herr; Mitarbeiter der Fa. Hamelberg, *in dem neuen Computer haben sich leider die Masureneingaben verflüchtigt. ... vielleicht findet er ja doch noch etwas?* Culpa 122

Thilo-Luyken, M.; Herausgeber der ›Deutsche Märchen, gesammelt durch die Brüder Grimm‹. Sirius 13

Thoma, Hans *2. Oktober 1839 Bernau †7. November 1924; Kunstmaler u. Graphiker. Aussicht 71; Tadellöser 115

Thoma, Helmut *17. August 1909 Lugnian i. Oberschlesien †10. September 1993 Berlin; Kunstmaler u. Kunsterzieher. SIRIUS 321, 464

Thomas von Aquin *~1225 Schloss Roccasecca b. Aquino i. Italien †7. März 1274 Fossanova; Dominikaner, Philosoph u. Theologe. WILLKOMMEN 199

Thomas, Georg Hugo **Kurt** *25. Mai 1904 Tönning †31. März 1973 Bad Oeynhausen; Komponist, Musikpädagoge u. Chorleiter. SIRIUS 87

Thoreau, Henry David *12. Juli 1817 Concord i. Massachusetts †6. Mai 1862 Concord i. Massachusetts; US-amerikanischer Schriftsteller u. Philosoph. T+K 27

Tiburtius, Joachim *11. August 1889 Liegnitz i. Schlesien †27. Mai 1967 Berlin; Hochschullehrer u. Politiker. SOLDATEN 27, 85

Tieck, Johann **Ludwig** *31. Mai 1773 Berlin †28. April 1853 Berlin; Dichter, Schriftsteller, Herausgeber u. Übersetzer. GRÖSSEN 60, 141; HUNDSTAGE 44, 228, 390

Tiede, Heinrich Maria *1896 †1946; Autor zahlreicher NS-Jugend- u. Kriegsbücher. TADELLÖSER 391 (*Essenholer Trinks*)

Tieß, Frank Theodor *13. März 1890 Eluisenstein b. Uexküll i. Lettland †22. Dezember 1977 Darmstadt; Schriftsteller. GOLD 216

Tiger Ragamuffins siehe unter Harry →Roy

Tiller, Nadja Maria *16. März 1929 Wien; österr. Schauspielerin. ALBUM 107

Timm, Peter *28. September 1950 Ost-Berlin; Filmregisseur u. Drehbuchautor. HAMIT 189

Timm, Herr; Schlachter i. Rostock. AUFZEICHNUNGEN 259; SIRIUS 411

Timmer, Edzard; Bekannter Ks. *Gemeinsam im Turm, per Schiffskompaß, auf dreißig Meter exakt die Richtung festgestellt, in der Rostock liegt* AUFZEICHNUNGEN 499, 502, 591; SIRIUS. 232, 594

Timmermans, Felix *5. Juli 1886 Lier b. Antwerpen †24. Januar 1947 Lier; flämischer Schriftsteller u. Kunstmaler. ALKOR 246, 546; SIRIUS 431; TADELLÖSER 185

Timoschenko, Alexandra Alexandrowna *18. Februar 1972 Bohuslaw; ukrainische Sportlerin. SOMNIA 404

Tippelskirch, W. D. von; Schriftsteller. SIRIUS 423

Tisch, Harry *28. März 1927 Heinrichswalde †18. Juni 1995 Berlin; Mitglied des Politbüros des Zentralkomitees der SED, Vorsitzender des Freien Deutschen Gewerkschaftsbunds der DDR. ALKOR 522; HAMIT 88, 120; SOMNIA 49, 188

Tisch, Siegfried (eigentl. Salomon Tisch, Pseud. Harry Hilm) *12. Juni 1905 Tarnów i. Galizien †9. April 1981; Librettist. ALLES UMSONST 51, 55, 201, 302 (*Sag beim Abschied leise* »*Servus*«); IM BLOCK 14

Tischbein, Johann **Heinrich** Wilhelm (gen. »Goethe-Tischbein«) *15. Februar 1751 Haina †26. Februar 1829 Eutin; Kunstmaler. SIRIUS 337

Toch, Ernst *7. Dezember 1887 Wien †1. Oktober 1964 Santa Monica i.

Kalifornien; österr. Komponist. T+K 30

Toller, Ernst *1. Dezember 1893 Samotschin †22. Mai 1939 New York; Schriftsteller, Politiker u. Revolutionär. ALBUM 145; AUFZEICHNUNGEN 351, 449

Tolstoi, Leo (eigentl. Lew Nikolajewitsch Graf Tolstoj) *9. September 1828 Jasnaja Poljana b. Tula †20. November 1910 Astapowo; Schriftsteller. ALKOR 416f., 594; AUFZEICHNUNGEN 114, 134, 161, 206, 215, 221, 249; AUSSICHT 230 (*Krieg und Frieden*), 245 (*Krieg und Frieden*), 342 (*Krieg und Frieden*); GOLD 25, 204; GRÖßEN 158, 248ff., 255, 257; HEILE WELT 250; KAPITEL 350; SIRIUS 87 (*Krieg und Frieden*), 245 (*Pierre Besuchow*), 425; TADELLÖSER 458 (*Pierre Besuchow*); ZEIT (*Krieg und Frieden*) 244f., 255

Tolstoi, Sofja Andrejewna *3. September 1844 Pokrowskoje-Streschnjowo b. Moskau †4. November 1919 Jasnaja Poljana; russ. Autorin, Ehefrau von Leo →Tolsoi GRÖßEN 249

Tomkowitz, Gerhard; Autor. SIRIUS 369

Torberg, Friedrich (eigentl. Friedrich Ephraim Kantor) *16. September 1908 Wien †10. November 1979 Wien; österr. Schriftsteller, Journalist u. Herausgeber. CULPA 186; SOMNIA 459f.

Tornow, Fritz; Feldwebel, Veterinär u. Führer der Hunde Adolf →Hitlers. CULPA 323

Toscanini, Arturo *25. März 1867 Parma †16. Januar 1957 New York;

ital. Dirigent. AUFZEICHNUNGEN 197; GRÖßEN 283

Totok, Wilhelm *12. September 1921 Groß-St.-Nikolaus i. Banat; Leiter der Niedersächsischen Landesbibliothek u. Bibliograph. ALBUM 135; CULPA 85; SIRIUS 75, 190

Trakl, Georg *3. Februar 1887 Salzburg †3. November 1914 Krakau i. Galizien; österr. Dichter. ALKOR 64; AUFZEICHNUNGEN 171; WILLKOMMEN 315

Trampe, Gustav *1. März 1932 Warendorf †12. Mai 2006 Berlin; Fernsehjournalist. SOMNIA 289

Trebitsch, Gyula *3. November 1914 Budapest †12. Dezember 2005 Hamburg; deutsch-ungarischer Filmproduzent. ALKOR245; SIRIUS 96

Tremayne, Julia; Schriftstellerin. ALKOR 451

Trenck, Friedrich Freiherr von der *16. Februar 1727 Neuhaldensleben †25. Juli 1794 Paris; preußischer Offizier u. Abenteurer. KAPITEL 12

Treuenfels, Herr von; ehem. Besitzer von Schloß Neuhaus b. Graal. JOHNSON 18

Trevor-Roper, Hugh Redwald *15. Januar 1914 Glanton †26. Januar 2003 Oxford; brit. Historiker. ALKOR 319

Trillhaas, Wolfgang *31. Oktober 1903 Nürnberg †24. April 1995 Göttingen; Ordinarius für Praktische Theologie u. Systematik. WILLKOMMEN 323

Truffaut, François *6. Februar 1932 Paris †21. Oktober 1984 Neuilly-sur-Seine; franz. Filmregisseur, Film-

kritiker, Schauspieler u. Produzent. ALKOR 245; CULPA 69
Truman, Harry S. *8. Mai 1884 Lamar i. Missouri †26. Dezember 1972 Kansas City i. Missouri; der 33. Präsident der Vereinigten Staaten von Amerika 1945–53, gab ein Statement ab: Wenn er nicht in die Politik gegangen wäre, wäre er Pianist geworden. LETZTE GRÜßE 210 (*Präsidenten, die ... Pianisten [gewesen]*)
Trützschler, Karin (evtl. Vorbild für die kapitalismuskritische Dichterin *Lucinde Pechel* in LETZTE GRÜßE); lieferte eine politische Nachdichtung für den Anthologie-Band ›Heilig Abend zusammen‹. SIRIUS 617
Trygve Gulbranssen *15. Juni 1894 in Oslo †10. Oktober 1962 Eidsberg; norw. Schriftsteller. HUNDSTAGE 257
Tschaikowski, Pjotr »Peter« Iljitsch *7. Mai 1840 Kamsko-Wotkinski Sawod †6. November 1893 St. Petersburg; russ. Komponist. ALKOR 272; AUFZEICHNUNGEN 161, 171, 199, 358; AUSSICHT 115, 535; GOLD 204; IM BLOCK 297; SIRIUS 264, 502, 512, 602; SOMNIA 37; TADELLÖSER 238 (*Chants sans parole*), 244 (*Eugen Onegin*), 466; WILLKOMMEN 331
Tschammer und Osten, Hans von *25. Oktober 1887 Dresden †25. März 1943 Berlin; 1933–43 Reichssportführer. GOLD 279
Tschapke, Reinhard; Ressorleiter der Kulturredaktion b.d. ›Nordwest Zeitung‹. GRÖßEN 31
Tschechen, Wolfgang; Redakteur bei den ›Lübecker Nachrichten‹. ALKOR 215

Tschechow, Anton Pawlowitsch *29. Januar 1860 Taganrog i. Rußland †15. Juli 1904 Badenweiler; russ. Schriftsteller, Novellist u. Dramatiker. ALKOR 310, 317, 355; GRÖßEN 171, 253ff.; HUNDSTAGE 296
Tschechowa, Vera (eigentl. Vera Rust) *22. Juli 1940 Berlin; Schauspielerin, Regisseurin u. Produzentin. SOMNIA 130
Tschirch, Egon * 22. Juni 1889 in Rostock †5. Februar 1948 Rostock; Kunstmaler. CULPA 175; SOMNIA 263f., 371
Tschirch, Werner; Rostocker Autor, Verfasser des Werkes ›Rostocker Leben im Rückblick auf 1900. Aus einem Familienleben‹, K verwendete das Buch als Quellenwerk in AUS GROßER ZEIT. HAMIT 48, 52, 233
Tübke, Werner *30. Juli 1929 Schönebeck †27. Mai 2004 Leipzig; Kunstmaler u. Graphiker. CULPA 274
Tucholsky, Kurt *9. Januar 1890 Berlin †21. Dezember 1935 Göteborg; Journalist u. Schriftsteller. ALKOR 477; CULPA 49, 216; HAMIT 155; LETZTE GRÜßE 13; SIRIUS 312, 599
Turgenew, Iwan Sergejewitsch (nach älterer Transkription **Turgenjew**) *9. November 1818 Orjol †3. September 1883 Bougival b. Paris; russ. Schriftsteller. GRÖßEN 238, 257ff.; SIRIUS 215
Turrini, Peter *26. September 1944 Sankt Margarethen; österr. Schriftsteller. ALBUM 38f., 43, 57, 109; HAMIT 257
Twain, Mark (eigentl. Samuel Langhorne Clemens) *30. November 1835

Florida i. Missouri †21. April 1910 Redding i. Connecticut; US-amerikanischer Schriftsteller. Alkor 330; Größen 260ff.; Letzte Grüße 274 (*Tom Sawyer und Huckleberry Finn*); Opplawur 46

Uecker, Günter *13. März 1930 Wendorf i. Mecklenburg; Kunstmaler u. Lehrer a.d. Düsseldorfer Kunstakademie. Hundstage 174

Ueding, Gert *22. November 1942 Bunzlau; Germanist, Herausgeber, Autor, Prof. der Rhetorik. Somnia 427, 475

Uhde, Friedrich »**Fritz**« Hermann Carl **von** *22. Mai 1848 Wolkenburg †25. Februar 1911 München; Kavallerieoffizier u. Kunstmaler. Alkor 332; Culpa 108; Gold 139; Letzte Grüße 140; Mark und Bein 197

Uhland, Johann **Ludwig** »Louis« *26. April 1787 Tübingen †13. November 1862 Tübingen; Dichter, Literaturwissenschaftler, Jurist u. Politiker. Aussicht 236; Heile Welt 145; Im Block 25 (*Nun armes Herz vergiß die Qual*); Somnia 148; Tadellöser 191 (*Jung Siegfried war ein stolzer Knab'*); Willkommen 39 (*Die Welt wird schöner mit jedem Tag*); Zeit 98 (*Viel Steine gab's und wenig Brot*)

Uhse, Bodo *12. März 1904 Rastatt †2. Juli 1963 Berlin; Schriftsteller, Journalist u. politischer Aktivist. Somnia 450

Ulbricht, Walter *30. Juni 1893 Leipzig †1. August 1973 am Döllnsee nördl. Berlin; Politiker der KPD u. SED, 1950–71 stand er an der Spitze des Zentralkomitees der SED. Album 137; Alkor 74, 242, 445, 581; Hamit 227, 308, 338; Im Block 240; Sirius 24; Somnia 76, 151, 375, 435, 520; Willkommen 247, 259, 319

Ullmann, Liv *16. Dezember 1938

Tokio; norw. Schauspielerin u. Regisseurin. Alkor 325

Ullmann, Wolfgang *18. August 1929 Gottleuba †30. Juli 2004 Adorf i. Vogtland; Theologe, Kirchenhistoriker u. Politiker. Somnia 457f.

Ulrike; Nichte aus Heidelberg, war 1983 zusammen mit ihrer Schwester →Friederike für mehrere Tag im Hause K zu Besuch. Sirius 323, 325f., 334, 340, 357

Umbach, Klaus *1936 Waldbröl; Musikjournalist u. Kritiker. Alkor 79

Ungureit, Heinz *24. August 1931 Bockum; Medienjournalist, Mitarbeiter des ZDF. Sirius 338

Unseld, Joachim *20. September 1953 Frankfurt a.M.; Verleger, Sohn des Suhrkamp-Verlegers Siegfried →Unseld. Culpa 66; Sirius 484; Somnia 276

Unseld, Siegfried *28. September 1924 Ulm †26. Oktober 2002 Frankfurt a.M.; Verleger, Leiter des Suhrkamp Verlags. Culpa 241; Hamit 204; Sirius 432; Somnia 276

Unseld-Berkévicz, Ursula »Ulla« (geb. Schmidt) *5. November 1948 Gießen; Frau von Siegfried →Unseld, Schriftstellerin, Verlegerin, Leiterin des Suhrkamp Verlags in der Nachfolge ihres Mannes. Sirius 241f.; Somnia 276

Updike, John Hoyer *18. März 1932 Reading i. Pennsylvania †27. Januar 2009 Beverly i. Massachusetts; US-amerikanischer Schriftsteller. Alkor 409

Uphoff, Nicole *25. Januar 1967 Duisburg; Dressurreiterin. Hamit 134

Urban V. (eigentl. Guillaume de Grimoard) *1310 Château Grisac †19. Dezember 1370 Avignon; 1362–70 Papst der kath. Kirche in Avignon. Größen 37

Ustinow, Vladimir *25. Februar 1953 Nikolayevsk-on-Amur; russ. General. Sirius 494

Vageler, Paul Wilhelm Eduard *30. Oktober 1882 Maeken i. Ostpreußen †3. Dezember 1963 Sao Paulo; deutsch-brasilianischer Bodenkundler. Sɪʀɪᴜs 215 (*Afrikanische Mosaiken*); Tᴀᴅᴇʟʟösᴇʀ 311 (*Afrikanische Mosaiken*)

Valente, Caterina *14. Januar 1931 Paris; franz. Sängerin, Tänzerin, Gitarristin, Schauspielerin u. Entertainerin. Soᴍɴɪᴀ 130

Valentin, Barbara (geb. Ursula Ledersteger) *15. Dezember 1940 Wien †22. Februar 2002 München; österr. Schauspielerin. Aʟᴋᴏʀ 496

Valentin, Karl (geb. Valentin Ludwig Fey) *4. Juni 1882 München †9. Februar 1948 Planegg b. München; Komiker, Volkssänger, Autor u. Filmproduzent. Aʟᴋᴏʀ 73, 461; Cᴜʟᴘᴀ 222; Sɪʀɪᴜs 213

Valéry, Paul Ambroise *30. Oktober 1871 Sète †20. Juli 1945 Paris; Lyriker, Philosoph u. Essayist. Aʟᴋᴏʀ 229; Cᴜʟᴘᴀ 367; Gʀößᴇɴ 283

Vanderbilt, Gloria Laura *20. Februar 1924 New York City; US-amerik. Schauspielerin, Kunstmalerin, Designerin u. Autorin. Gʀößᴇɴ 50

Vanhowright, Ester; Geliebte von Jonathan →Swift. Gʀößᴇɴ 247

Vargas Llosa, Jorge **Mario** Pedro *28. März 1936 Arequipa i. Peru; peruanisch-spanischer Schriftsteller u. Politiker. Aʟᴋᴏʀ 261

Varnhagen van Ense, Karl August *21. Februar 1785 Düsseldorf †10. Oktober 1858 Berlin); Diplomat, Autor, Biograph u. Tagebuchschreiber. Gʀößᴇɴ 258

Vasari, Georgio *30. Juli 1511 Arezzo †27. Juni 1574 Florenz; ital. Architekt, HofKunstmaler u. Biograph. Iᴍ Bʟᴏᴄᴋ 292

Veigel, Werner *9. November 1928 Den Haag †2. Mai 1995 Hamburg; Nachrichtensprecher der Tagesschau u. Radiomoderator. Sɪʀɪᴜs 83; Soᴍɴɪᴀ 337

Velázquez, Diego Rodríguez de Silva y *vor 6. Juni 1599 Sevilla †6. August 1660 Madrid; spanischer Kunstmaler. Aʟᴋᴏʀ 216; Hᴜɴᴅsᴛᴀɢᴇ 80 (*Die Übergabe von Breda*); Tᴀᴅᴇʟʟösᴇʀ 472 (*Die Übergabe von Breda*)

Venuti, Giuseppe **Jo** »Joe« *16. September 1903 †14. August; 1978 itali.-US-amerikanischer Musiker. Sɪʀɪᴜs 422

Verdi, Giuseppe Fortunino Francesco *10. Oktober 1813 Le Roncole †27. Januar 1901 Mailand; ital. Opern-Komponist. Aᴜssɪᴄʜᴛ 78; Hᴇɪʟᴇ Wᴇʟᴛ 440 (*Oh, wie trügerisch sind Weiberherzen*); Sɪʀɪᴜs 194; Zᴇɪᴛ 54 (*Ach, wie so trügerisch sind Weiberherzen*)

Verheugen, Günter *28. April 1944 Bad Kreuznach; Politiker, EU-Kommissar u. Vizepräsident der Europäischen Kommission. Sɪʀɪᴜs 493; Soᴍɴɪᴀ 228, 231

Vermehren, Isa *21. April 1918 Lübeck †15. Juli 2009 Bonn; Kabarettistin, Filmschauspielerin u. Ordensschwester. Aʟᴋᴏʀ 430, 563; Aᴜғzᴇɪᴄʜɴᴜɴɢᴇɴ 449; Soᴍɴɪᴀ 216

Verne, Jules-Gabriel *8. Februar 1828 Nantes †24. März 1905 Amiens; franz. Schriftsteller. Gʀößᴇɴ

Völlger, Winfried *5. November 1947 Halle; Künstler u. Schriftsteller. Hamit 287

Vollmer, Antje *31. Mai 1943 Lübbecke; ev. Pastorin u. Die Grünen-Politikerin. Alkor 507

Vollrath, Paul; Kapitän u. Lieddichter. Tadellöser 448 (*Hell die Gläser klingen*)

Voltaire (eigentl. François Marie Arouet) *21. November 1694 Paris †30. Mai 1778 Paris; Schriftsteller. Gold 103

Voscherau, Henning *13. August 1941 Hamburg; Notar u. SPD-Politiker, 1988–97 Erster Bürgermeister der Freien Hansestadt Hamburg. Hamit 248

Voss, Herr; K konferiert mit ihm nochmals über die »*Sprechspur*« im Echolot. Culpa 231

Voß, Johann Heinrich *20. Februar 1751 Sommerstorf b. Waren †29. März 1826 Heidelberg; Dichter u. Übersetzer. Größen 103, 275; Heile Welt 454

Voß, Peter *28. Januar 1941 Hamburg; Journalist. Alkor 495

Voß [Voss], Richard *2. September 1851 Gut Neugrape i. Pommern †10. Juni 1918 Berchtesgaden; Schriftsteller. Tadellöser 301

Vulpius, Christian August (Pseud. Anshelmo Mercello Thuring, Tirso de Milano) *23. Januar 1762 Weimar †26. Juni 1827 Weimar; Schriftsteller. Im Block 32 (*Rinaldo Rinaldini*)

W., Harry; Bekannter Ks. Sirius 269

Waack, Andreas; Rostocker Stadtrat für Kultur. Somnia 297, 301

Wachter, Emil *29. April 1921 Neuburgweier †12. Januar 2012 Karlsruhe; Bildender Künstler. Somnia 328

Wackernagel, Christof Michael *27. August 1951 Ulm; Schauspieler u. Schriftsteller, Mitglied der ›Rote Armee Fraktion‹. Hamit 157

Waffenschmied, Otto *16. Juni 1901 Wien † 5. Juni 1971 Hamburg; öster. Illustrator, Comiczeichner u. -autor. Sirius 461 (*Jan und Hein, die Rabenknaben*)

Wagenbach, Klaus *11. Juli 1930 Berlin; Verleger. Somnia 484

Waggerl, Karl Heinrich *10. Dezember 1897 Bad Gastein †4. November 1973 Schwarzach i. Pongau; österr. Schriftsteller. Sirius 390

Wagner, Dieter; Mitautor des Bandes ›Ein Volk, ein Reich, ein Führer! Der Anschluß Österreichs 1938‹. Sirius 369

Wagner, Frau; Einlieferin v. Archivmaterial. Culpa 292

Wagner, Wilhelm Richard *22. Mai 1813 Leipzig †13. Februar 1883 Venedig; Komponist, Dramatiker, Philosoph, Dichter, Schriftsteller, Theaterregisseur u. Dirigent. Alkor 258, 417; Aufzeichnungen 358; Aussicht 73, 78, 89 u. 260 (*Alljährlich naht vom Himmel eine Taube*), 312; Größen 144; Hamit 121, 410; Hundstage 394 (*Weh, nun ist all unser Glück dahin*); Im Block 215 (*Durch Sühn und Buß*); Kapitel 30, 208; Somnia 388; Tadel-

LÖSER 101 u. 231 u. 473 (*Alljährlich naht vom Himmel eine Taube*)
Wagner-Regeny, Rudolf *28. August 1903 Sächsisch Regen i. Siebenbürgen †18. September 1969 Berlin; Komponist u. Hochschullehrer. CULPA 279

Walde, Karl J.; Autor des Werkes ›Guderian‹. ALKOR 430

Walden, Matthias (eigentl. Eugen Wilhelm Otto Baron von Saß) *16. Mai 1927 Dresden †17. November 1984 Berlin; Journalist. HAMIT 214

Walesa, Lech *29. September 1943 Popowo; Elektriker, polnischer Politiker, 1980–90 Vorsitzender der Gewerkschaft Solidarnosc, 1990–95 Staatspräsident Polens. CULPA 108; SOMNIA 187

Wallace, Penelope; Tochter von Edgar →Wallace. GRÖßEN 267

Wallace, Richard Horatio Edgar *1. April 1875 Greenwich b. London †10. Februar 1932 Hollywood i. Kalifornien; brit. Schriftsteller, Drehbuchautor, Regisseur, Journalist u. Dramatiker. GRÖßEN 266ff.

Wallenstein (eigentl. Albrecht Wenzel Eusebius von Waldstein *24. September 1583 Hermanitz a.d. Elbe i. Böhmen †25. Februar 1634 Eger i. Böhmen; Oberbefehlshaber der kaiserlichen Armee im Dreißigjährigen Krieg. CULPA 24 HUNDSTAGE 276

Waller, Thomas Wright »Fats« *21. Mai 1904 Harlem i. New York † 15. Dezember 1943 b. Kansas City; US-amerikanischer Pianist, Komponist u. Sänger. ALKOR 192; SIRIUS 422, TADELLÖSER 154 (*Anita, you are lovely*)

Wallmann, Jürgen Peter *15. Juli 1939 Essen †12. Januar 2010 Münster; Literaturkritiker u. Essayist. CULPA 334

Wall-Ophüls, Marcel *1. November 1927 Frankfurt a.m.; franz. Regisseur CULPA 209

Wallraff, Hans-Günter *1. Oktober 1942 Burscheid; Enthüllungsjournalist u. Schriftsteller. ALKOR 230; HAMIT 319; SIRIUS 290, 553; SOMNIA 90, 389f.

Walser, Johanna *3. April 1957 Ulm; Schriftstellerin u. Übersetzerin, Tochter von Martin →Walser. SIRIUS 441, 443

Walser, Karl *8. April 1877 Biel †28. September 1943 Bern; Schweizer Kunstmaler, Bühnenbildner u. Illustrator, Bruder von Robert →Walser. GRÖßEN 273; SIRIUS 377; SOMNIA 125

Walser, Martin Johannes *24. März 1927 Wasserburg a. Bodensee; Schriftsteller. ALKOR 69, 389, 486, 555; CULPA 181; GRÖßEN 269ff.; HAMIT 131, 315, 319; SIRIUS 180, 557f., 597; SOMNIA 99, 112, 127, 256, 317, 320, 328, 341

Walser, Robert *15. April 1878 Biel †25. Dezember 1956 b. Herisau; Schweizer Schriftsteller, Bruder von Karl →Walser. ALKOR 97, 100; CULPA 95; GRÖßEN 29, 272ff.; SIRIUS 28, 317, 377; SOMNIA 116, 492

Walter, »Charly«; Mithäftling Ks in Bautzen. HAMIT 164, 296

Walter, Johannes »Johann« *1496 Großpürschütz b. Kahla †25. März 1570 Torgau; Kantor, Komponist u. Herausgeber. ALLES UMSONST 335

(*Wach auf, wach auf, du deutsches Vaterland*); AUFZEICHNUNGEN 26; TADELLÖSER 213 (*Wach auf, wach auf, du deutsches Land*)

Walther, Johann Gottfried *18. September 1684 Erfurt †23. März 1748 Weimar; Organist, Kapellmeister, Komponist u. Musikwissenschaftler. ALKOR 392; SOMNIA 312

Walther, Klaus Heinrich »Niki«; Mithäftling Ks in Bautzen. AUFZEICHNUNGEN 20, 143, 191, 360, 366, 421, 456, 462, 470, 523, 539, 562, 576, 579, 586; HAMIT 164; SOMNIA 189

Wandel, Paul *16. Februar 1905 Mannheim †3. Juni 1995 Berlin; Minister für Volksbildung u. Jugend der Deutschen Demokratischen Republik. HAMIT 308, 334

Wandschneider, Wilhelm Georg Johannes *6. Juni 1866 Plau a. See †23. September 1942 Plau a. See; Bildhauer. SOMNIA 410f.

Wandt, Heinrich *13. Mai 1890 Stuttgart †22. März 1965 Berlin-Schöneberg; Autor u. Publizist. TADELLÖSER 186 (*Etappenleben* [Etappe Gent])

Wangenheim, Konrad Frhr. v. siehe Gotthard →Handrick

Wapnewski, Hans Peter *7. September 1922 Kiel; Altgermanist, Autor. HAMIT 59; SIRIUS 487

Warhol, Andy (eigentl. Andrew Warhola) *6. August 1928 Pittsburgh i. Pennsylvania †22. Februar 1987 New York City; ukrainisch-US-amerikanischer Grafiker, Künstler, Filmemacher u. Verleger. AUFZEICHNUNGEN 590; GRÖẞEN 51; LETZTE GRÜẞE 420

Warneke, Lothar *15. September 1936 Leipzig †5. Juni 2005 Potsdam; Filmregisseur u. Drehbuchautor. HAMIT 368; SOMNIA 72ff, 78, 148

Wäscher, Aribert (eigentl. Robert Ernst Wilhelm Wäscher) *1. Dezember 1895 Flensburg †14. Dezember 1961 Berlin; Schriftsteller u. Schauspieler. SOMNIA 425f.

Washboard Rhythm Boys siehe unter →The Washboard Rhythm Kings

Washington, George *22. Februar 1732 Gutshof Wakefield i. Virginia †14. Dezember 1799 Gut Mount Vernon i. Virginia; 1789–97 erster Präsident der Vereinigten Staaten von Amerika. LETZTE GRÜẞE 236

Wasilewski, Katrin; schreibt für die ›Westdeutsche Zeitung‹. ALKOR 419

Wassermann, Jakob *10. März 1873 Fürth †1. Januar 1934 Altaussee; Schriftsteller. ALLES UMSONST 190

Wassiltschikow, Marie *11. Januar 1917 St. Petersburg Ⅰ12. August 1978 London; Angestellte im Auswärtigen Amt, Tagebuchschreiberin. CULPA 180

Webb, William Henry »**Chick**« *10. Februar 1905 Baltimore i. Maryland †16. Juni 1939 Baltimore i. Maryland; US-amerikanischer Schlagzeuger. AUFZEICHNUNGEN 184; GOLD 78, 358; SIRIUS 421f.; TADELLÖSER 68, 152, 360, 389, 442; WILLKOMMEN 343

Weber, A[ndreas]. Paul *1. November 1893 Arnstadt †9. November 1980 Schretstaken b. Mölln; Lithograf, Zeichner u. Kunstmaler. WILLKOMMEN 141

Weber, Carl Maria von *18. od. 19.

November 1786 Eutin †5. Juni 1826 London; Komponist, Dirigent u. Pianist. TADELLÖSER 31 (*Leise, leise, fromme Weise*)

Weber, Christian *25. August 1883 Polsingen †11. Mai 1945 a.d. Schwäbischen Alb; NSDAP-Funktionär, SS-Brigadeführer. ALKOR 185

Weber, Dietrich *26. Juli 1935 Rathenow †14. September 2008 Rathenow; Germanist u. Literaturwissenschaftler. HAMIT 82

Weber, Herr; verkauft K ein Buch mit lateinischen Sprachspielereien. SIRIUS 468

Weber, Waldemar *24. September 1944 Sarbala i. Westsibirien; Autor, Übersetzer u. Verleger. HAMIT 262

Weber, Wilfried; Buchhändler, Geschäftsführender Gesellschafter der ›Hamburger Bücherstube Felix Jud‹ ALKOR 349; CULPA 49; SIRIUS 467

Wecker, Konstantin Alexander *1. Juni 1947 München; Musiker, Liedermacher, Komponist, Schauspieler u. Autor. HAMIT 396

Wedekind, Frank (eigentl. Benjamin Franklin Wedekind) *24. Juli 1864 Hannover †9. März 1918 München; Schriftsteller, Dramatiker u. Schauspieler. ALKOR 397; GRÖSSEN 180, 198; HAMIT 238

Wegener, Paul *11. Dezember 1874 Arnoldsdorf i. Westpreußen †13. September 1948 Berlin; Schauspieler, Filmregisseur, Produzent u. Drehbuchautor. GOLD 10

Wegner, Bettina *4. November 1947 Berlin; Liedermacherin u. Lyrikerin. ALBUM 86

Wehner, Heinz Heinrich *21. Mai 1908 i. Westfalen †~Januar 1945 b. Landsberg a.d. Warthe; Jazzmusiker, Arrangeur u. Kapellmeister. TADELLÖSER 16 u. 20 (*Ist sie nicht süß, ist sie nicht lieb, ist sie nicht nett das Fräulein Gerda*)

Wehner, Herbert Richard *11. Juli 1906 Dresden †19. Januar 1990 i. Bonn; KPD- u. SPD-Politiker, 1966–69 Bundesminister für gesamtdeutsche Fragen, 1969–83 Vorsitzender der SPD-Bundestagsfraktion. HAMIT 307; SIRIUS 152; SOMNIA 151

Wehrle, Hugo; Sprachwissenschaftler. HUNDSTAGE 143 (*Wehrle-Eggers*)

Weidenmann, Alfred *10. Mai 1916 Stuttgart †9. Juni 2000 Zürich; Regisseur, Drehbuchautor, Produktionsleiter. HAMIT 371; TADELLÖSER 336f.

Weille, Benny de *6. März 1915 Lübeck †17. Dezember 1977 a. Sylt; Klarinettist, Komponist, Arrangeur, Orchesterleiter u. Musikproduzent. TADELLÖSER 219 (*Heute macht die ganze Welt Musik für mich*)

Weinert, Erich Bernhard Gustav *4. August 1890 Magdeburg †20. April 1953 Berlin; Schriftsteller. HAMIT 378; SIRIUS 209; SOMNIA 433

Weirich, Dieter *31. Dezember 1944 Sülzbach; Journalist u. Politiker, 1989–2001 Intendant des Senders ›Deutsche Welle‹. SOMNIA 345

Weis, Heidelinde *17. September 1940 Villach; österr. Schauspielerin. SIRIUS 81

Weiss, Heinrich *5. Juni 1942 Berlin; Unternehmer u. Manager, 1991–92 Vorsitzender des BDI. SOMNIA 77

Weiß, Heinz; Lieddichter. ALLES UMSONST 294 (*Ich pfeif heut Nacht*)
Weiss, Peter *8. November 1916 Nowawes b. Potsdam †10. Mai 1982 Stockholm; Schriftsteller, Kunstmaler, Grafiker u. Experimentalfilmer. ALKOR 93, 123; CULPA 26; SIRIUS 175; SOMNIA 434
Weißmann, Bernhard; Kamerad Ks aus dem Gefängnis Bautzen. AUFZEICHNUNGEN 67
Weiten, Herr; im Zweiten Weltkrieg gefallener Bildhauer, K veröffentl. ein Foto von ihm im ECHOLOT. CULPA 330
Weizsäcker, Carl Friedrich Freiherr **von** *28. Juni 1912 Kiel †28. April 2007 Söcking a. Starnberger See; Physiker, Wissenschafts-Philosoph u. Friedensforscher. ALKOR 406; WILLKOMMEN 305
Weizsäcker, Richard Karl Freiherr **von** *15. April 1920 Stuttgart; CDU-Politiker, 1984–94 sechster Bundespräsident der Bundesrepublik Deutschland. ALKOR 309f., 313, 513, 566f.; HAMIT 313f.; SIRIUS 415; SOMNIA 47, 269, 273, 315, 394, 520
Welk, Ehm (eigentl. Emil Welk) *29. August 1884 Biesenbrow †19. Dezember 1966 Bad Doberan; Journalist, Schriftsteller, Volkshochschulgründer u. Prof. HAMIT 397; SOMNIA 10, 50
Wellershoff, Dieter 1) *16. März 1933 Dortmund †16. Juli 2005 Euskirchen-Flamersheim; Generalinspekteur der Bundeswehr. ALBUM 72
Wellershoff, Dieter 2) *3. November 1925 Neuss; Schriftsteller, Lektor

Heinrich →Bölls. ALBUM 72f.; ALKOR 16, 339; CULPA 187; HAMIT 177, 181; SIRIUS 18, 550f.; SOMNIA 62, 136, 454, 461 ff., 466, 469
Welles, George Orson *6. Mai 1915 Kenosha i. Wisconsin †10. Oktober 1985 Los Angeles i. Kalifornien; US-amerikanischer Filmregisseur, Schauspieler u. Autor. ALKOR 501; GRÖSSEN 60; HAMIT 95
Wellington (eigentl. Arthur Wellesley 1. Duke of Wellington) *~1. Mai 1769 Dublin †14. September 1852 Walmer Castle b. Deal; brit. Feldmarschall. SIRIUS 308; ZEIT 79
Wells, Herbert G[eorge]. *21. September 1866 Bromley †13. August 1946 London; brit. Schriftsteller. ALKOR 75
Wells, Maureen; brit. Schriftstellerin. ALKOR 451
Wendler, Otto Bernhard (Pseud. Peter Droß) *10. Dezember 1895 Frankenberg i. Sachsen †7. Januar 1958 Burg b. Magdeburg; Pädagoge u. Schriftsteller. GOLD 237 (*Paul vom Zirkus Serpentini*); TADELLÖSER 138 (*Paul vom Zirkus Serpentini*)
Wenz-Viëtor, Else *30. April 1882 Sorau i.d. Nieder-Lausitz †29. Mai 1973 Icking; Kinderbuchillustratorin, illustrierte das von Max →Dingler verfaßte Kinderbuch ›Prinz Tulipan‹. AUSSICHT 241 (*Prinz Tulipan*)
Weressájew, W.; russ. Autor, Verfasser des Werkes ›Bekenntnisse eines Arztes‹. ALKOR 28; SIRIUS 289
Werfel, Franz Viktor *10. September 1890 Prag †26. August 1945 Beverly Hills i. Kalifornien; österr.-US-ame-

rikanischer Schriftsteller. GRÖßEN 29, 140

Werner, Heilige *1271 Womrath i. Hunsrück †1287; Taglöhner; ALKOR 186

Werner, Ilse (eigent. Ilse Charlotte Still) *11. Juli 1921 Batavia †8. August 2005 Lübeck; Schauspielerin u. Sängerin. ALKOR 211, 572, 574; AUFZEICHNUNGEN 280; HEILE WELT 244; SOMNIA 128; WILLKOMMEN 91

Wernicke, Helmuth *21. März 1909 Berlin †14. November 1994 Berlin; Pianist, Sänger, Komponist, Arrangeur und Bandleader. TADELLÖSER 16 u. 157 (*Ist sie nicht süß* [aus ›Das Fräulein Gerda‹]), 18 (*Alle Leute bleiben plötzlich stehn* [aus ›Das Fräulein Gerda‹])

Wesel, Uwe *2. Februar 1933 Hamburg; Rechtswissenschaftler. SOMNIA 100

Wessel, Horst Ludwig *9. Oktober 1907 Bielefeld †23. Februar 1930 Berlin; SA-Sturmführer. ALLES UMSONST 75, 320f.; AUSSICHT 494f.; TADELLÖSER 390 (*Kam'raden, die Rotfront und Reaktion erschossen*)

Westphal, Gert Curt Gerhard *5. Oktober 1920 Dresden †10. November 2002 Zürich; Regisseur, Schauspieler u. Rezitator. SIRIUS 459; SOMNIA 160

Westphal, Siegfried *18. März 1902 Leipzig †2. Juli 1982 Celle; Offizier, General der Kavallerie. ALKOR 432

Westphalen, Joseph Graf **von** *26. Juni 1945 Schwandorf; Schriftsteller u. Satiriker. ALKOR 566

Wewel, Günther *29. November

1934 Arnsberg; Kammersänger u. Moderator. HAMIT 95

Wichern, Johann Hinrich *21. April 1808 Hamburg †7. April 1881 Hamburg; Theologe u. Pädagoge. ALKOR 550; TADELLÖSER 30 (*Geschichte des Rauhen Hauses*); WILLKOMMEN 211

Wichner, Ernst *17. April 1952 Guttenbrunn i. Rumänien; Schriftsteller. ALBUM 178f.

Wickert, Ulrich *2. Dezember 1942 Tokio; Journalist u. Autor. HAMIT 55; T+K 12

Widmann, Kurt (gen. »Kutte«) *2. März 1906 †27. November 1954; Musiker u. Orchesterleiter. CULPA 217; GOLD 294; TADELLÖSER 453

Wieben, Wilhelm *2. Juni 1935 Hennstedt; 1973–98 ARD-Tagesschausprecher, Fernsehmoderator, Schauspieler u. Autor. HAMIT 201f.

Wiechert, Ernst *18. Mai 1887 Kleinort b. Sensburg i. Ostpreußen †24. August 1950 Stäfa i.d. Schweiz; Schriftsteller. ALLES UMSONST 54; GOLD 309; HAMIT 29; HEILE WELT 250; TADELLÖSER 30, 173

Wieczorek-Zeul, Heidemarie (geb. Heidemarie Zeul) *21. November 1942 Frankfurt a.M.; SPD-Politikerin, 1998–2009 Bundesministerin für wirtschaftliche Zusammenarbeit und Entwicklung. ALKOR 506; SOMNIA 228

Wiedemann, Franz *23. Januar 1821 Wittgensdorf †1882 Dresden; Lehrer u. Schriftsteller. TADELLÖSER 139 (*Hänsgen Klein*)

Wiehle-Timm, Heike *1958 Kassel;

Dramaturgin u. Filmproduzentin, Ehefrau von Peter →Timm. Hamit 109, 111

Wieland, Christoph Martin *5. September 1733 Oberholzheim b. Laupheim †20. Januar 1813 Weimar; Schriftsteller, Lyriker, Übersetzer u. Herausgeber. Alkor 477; Größen 213, 275ff.; Heile Welt 433; Mark und Bein 129

Wieland, Leo *12. März 1950 Mengen; Korrespondent der ›Frankfurter Allgemeinen Zeitung‹. Somnia 541

Wiemann, Matthias Carl Heinrich Franz *23. Juni 1902 Osnabrück †3. Dezember 1969 Zürich; Schauspieler. Gold 359

Wiencke, Kirsten; Mitarbeiterin Ks, tippt das *Somnia*-Manuskript. Somnia 190, 194, 196ff., 200, 205, 465, 491, 538

Wiese und Kaiserswaldau, **Benno** Georg Leopold **von** *25. September 1903 Frankfurt a.M. †31. Januar 1987 München; Germanist, Herausgeber. Culpa 281

Wiesenthal, Simon *31. Dezember 1908 Butschatsch i. Galizien †20. September 2005 Wien; österr. Architekt, Publizist u. Schriftsteller. Hamit 242

Wieser, Harald; Journalist, bezichtigte K 1990 des Plagiats. Album 83 (*Affäire*); Hamit 48ff., 54, 56, 58, 66, 80, 99, 116, 128, 156, 206, 235, 343, 373, 416; Somnia 129, 236, 258

Wiesner, Herbert; Generalsekretär des deutschen P.E.N.-Zentrums. Album 179, 186f.

Wigert, Sonja *11. November 1913

†12. April 1980; norwegische Schauspielerin. Tadellöser 342

Wiggers, Otto; Schiffsmakler u. Reeder i. Rostock. Aufzeichnungen 264

Wilbrandt, Adolf von *24. August 1837 Rostock †10. Juni 1911 Rostock; Schriftsteller u. Direktor des Wiener Burgtheaters. Aussicht 35, 321

Wilde, Oscar Fingal O' Flahertie Wills *16. Oktober 1854 Dublin †30. November 1900 Paris; irischer Schriftsteller. Album 145; Alkor 310; Aufzeichnungen 235; Aussicht 255

Wildenbruch. Ernst von *3. Februar 1845 Beirut i. Libanon †15. Januar 1909 Berlin; Schriftsteller u. Diplomat. Zeit 125

Wilder, Thornton Niven *17. April 1897 Madison i. Wisconsin †7. Dezember 1975 Hamden i. Connecticut; US-amerikanischer Schriftsteller. Alkor 162; Sirius 292

Wilhelm I. (eigentl. Wilhelm Friedrich Ludwig von Preußen) *22. März 1797 Berlin †9. März 1888 Berlin; Chef des Hauses Hohenzollern, ab 1858 Regent und seit 1861 König von Preußen, ab 1871 Deutscher Kaiser. Zeit 78

Wilhelm II. (eigent. Friedrich Wilhelm von Preußen) *27. Januar 1859 Berlin †4. Juni 1941 Doorn i.d. Niederlande; letzter König von Preußen u. Kaiser des deutschen Reiches, Chef des Hauses Hohenzollern. Album 146; Alkor 93, 107, 459; Alles Umsonst 219, 285; Aufzeichnungen 380; Aussicht 28, 46, 64, 68f., 131, 139, 154, 168, 525; Gold 16, 157, 179, 268; Größen 261;

HEILE WELT 205, 244; CULPA 198; LETZTE GRÜßE 236, 316; SIRIUS 85, 214, 502; TADELLÖSER 197, 257, 473; WILLKOMMEN 55; ZEIT 67ff, 116, 133, 220, 227;

Wilhelm von Maleval, Heilige *~1100 †1157 Einsiedelei Malavalle b. Castiglione della Pescaia; Eremit u. Asket. ALKOR 77

Willemer, Marianne von (geb. Marianne Pirngruber od. Marianne Jung) *20. November 1784 Linz (?) †6. Dezember 1860 Frankfurt a.M.; Schauspielerin u. Tänzerin. ALKOR 30, 287; CULPA 109

William III. von Oranien-Nassau *14. November 1650 Den Haag †19. März 1702 Kensington Palace i. Kensington; König von England, Schottland u. Irland. GRÖßEN 246

Williams, Harry Hiram *23. August 1879 †15. Mai 1922; US-amerikanischer Komponist u. Lieddichter. TADELLÖSER 66 u. 152 u. 415 (*In the shade of an old apple tree*), 162 (*In the shade of an old apple tree*)

Willms, Johannes *25. Mai 1948 Würzburg; Historiker u. Publizist. SOMNIA 79

Wilma; Dienstmädchen der Eltern Ks i. Rostock. AUFZEICHNUNGEN 50

Wilms, Dorothee *11. Oktober 1929 Grevenbroich; CDU-Politikerin, 1987–91 Bundesministerin für innerdeutsche Beziehungen. ALKOR 505f.

Wilson, Charles McMoran *10. November 1882 †12. April 1977; Mediziner. CULPA 339 (*Leibarzt von Churchill*), 326

Wilson, Theodore »**Teddy**« Shaw

*24. November 1912 Austin i. Texas †31. Juli 1986 New Britain i. Connecticut; US-amerikanischen Pianist. HAMIT 11; SIRIUS 85

Windsperger, Lothar *22. Oktober 1885 Ampfing †30. Mai 1935 Frankfurt a.m.; Komponist; Lektor u. Herausgeber. TADELLÖSER 111 (*Was die deutschen Kinder singen*)

Wimschneider, Anna (geb. Traunspurger) *16. Juni 1919 Pfarrkirchen †1. Januar 1993 Pfarrkirchen; Bäuerin u. Autorin. ALKOR 238

Winckelmann, Johann Joachim *9. Dezember 1717 Stendal †8. Juni 1768 b. Triest; Archäologe, Antiquar u. Schriftsteller. MARK UND BEIN 78

Winter, Judy (eigentl. Beate Richard) *4. Januar 1944 Friedland i. Oberschlesien; Schauspielerin u. Synchronsprecherin. ALKOR 496

Wirlitz siehe unter Walter →Görlitz

Wisser, Franz; Sänger. SIRIUS 526

Witkiewicz, Stanislaw Ignacy *24. Februar 1885 Warschau †18. September 1939 Jeziory; poln. Schriftsteller, Kunstmaler, Fotograf und Philosoph. GRÖßEN 105

Witold od. Vytautas **der Große** *1350 †27. Oktober 1430; Großfürst von Litauen. MARK UND BEIN 166 (*Withold*)

Witt, Katharina *3. Dezember 1965 Staaken b. Berlin; Eiskunstläuferin. SIRIUS 61f.

Wittenwiler, Heinrich (auch Hainrich von Wittenwile) *14. Jh. Verfasser einer spätmittelalterlichen satirisch-didaktischen Reimdichtung. LETZTE GRÜßE 304

u.a. Manager bei Bertelsmann. CULPA 225, 228, 242, 308

Wössner, Mark *14. Oktober 1938 Berlin; Bruder von Frank →Wössner, Manager u.a. bei Bertelsmann. HAMIT 406

Wrangel, Friedrich Heinrich Ernst Graf von *13. April 1784 Stettin †1. November 1877 Berlin; preuß. Generalfeldmarschall. ZEIT 214

Wühr, Paul *10. Juli 1927 München; Schriftsteller. ALKOR 355; SIRIUS 383

Wukovitsch, Stefanie; Journalistin. ALKOR 242

Wülfing, Walther *3. Dezember 1878 †13. März 1953 Partenkirchen; Offizier der Kaiserlichen Schutztruppe für Südwestafrika u. Autor. TADELLÖSER 117 (*Orlog in Deutsch-Südwest*)

Wunderlich, Paul *10. März 1927 Eberswalde †6. Juni 2010 Saint-Pierre-de-Vassols; Kunstmaler, Zeichner, Bildhauer u. Grafiker. SOMNIA 136, 147, 242

Wunderlich, Professor siehe unter Heinrich →Heise

Wüst, Ida *10. Oktober 1884 Frankfurt a.M. †4. Oktober 1958 Berlin; Schauspielerin. SIRIUS 246

Wyneken, Gustav Adolf *19. März 1875 Stade †8. Dezember 1964 Göttingen; Reformpädagoge. SIRIUS 208, 219, 305, 327, 424

Wyschinski, Andrej Januarjewitsch *10. Dezember 1883 Odessa †22. November 1954 New York City; 1949–53 russ. Außenminister. ALKOR 231

Wysling, Hans *20. Juni 1926 Zürich †13. Dezember 1995 Zürich; Schweizer Literaturwissenschaftler u. Autor. SIRIUS 608; SOMNIA 268

Xenophon *~426 v. Chr. †nach 355
v. Chr.; aus Athen stammender
Schriftsteller, Geschichtsschreiber,
Philosoph, Heerführer u. Gutsherr.
Alles Umsonst 222; Kapitel 127

Zacharias, Helmut *27. Januar
1920 Berlin †28. Februar 2002
Brissago i.d. Schweiz; Violinist.
Somnia 80
Zacharias, Irene *1903 Berlin;
Bäuerin u. Schriftstellerin. Album
174f.; Alkor 91, 102, 238, 243, 460;
Culpa 69, 77f., 80f., 89, 255, 258;
Somnia 377
Zadek, Peter *19. Mai 1926 Berlin
†30. Juli 2009 Hamburg; Regisseur
u. Theater-Intendant. Alkor 134
Zahl, Peter Paul *14. März 1944
Freiburg i. Breisgau †24. Januar
2011 Port Antonio i. Jamaika;
deutsch-jamaikanischer Schriftstel-
ler. Sirius 578
Zahn, Peter von *29. Januar 1913
Chemnitz †26. Juli 2001 Hamburg;
Hörfunk- u. Fernsehjournalist.
Somnia 279
Zander, Max; Lehrer. Alkor 329
Zehm, Günter *12. Oktober 1933
Crimmitschau i. Sachsen; Publizist u.
Philosoph. Aufzeichnungen 565; Hamit
303
Zehnder, Hans *22. November 1936
Wiesbaden; Dirigent u. Komponist.
Alkor 435
Zeidler, Frithjof; bis 2003 Vorsit-
zender der Geschäftsführung der
Polyphon-Gruppe. Alkor 487; Hamit
399
Zemlinsky, Alexander von *14.
Oktober 1871 Wien †15. März 1942
Larchmont i. New York; österr.
Komponist u. Dirigent. Alkor 134
Zeno, Heilige *1. Hälfte 4. Jh. evtl.
Mauretanien †12. April ~380 Vero-
na; Bischof von Verona. Alkor 173

Zentner, Christian; Herausgeber. CULPA 170

Zephanja; judäischer Prophet aus der Zeit des alten Testaments. GOLD 28

Zeppelin, Ferdinand Adolf Heinrich August **Graf von** *8. Juli 1838 Konstanz †8. März 1917 Berlin; General u. Konstrukteur. SIRIUS 85; WELTSCHMERZ 133

Ziegler, Elisabeth; Tante Ks, Schwester seines Vaters Karl Georg →Kempowski. AUFZEICHNUNGEN 89, 123, 256, 291, 412

Ziegler, Jochen; Sohn von Ks Tante Elisabeth →Ziegler. AUFZEICHNUNGEN 412

Zielinski, Adam *22. Juni 1929 Drohobycz i. Galizien †26. Juni 2010 Wien; polnisch-österr. Schriftsteller u. Unternehmer. HAMIT 262

Ziemann, Sonja Alice Selma Toni *8. Februar 1926 Eichwalde b. Berlin; Schauspielerin, Tänzerin u. Sängerin. SIRIUS 63

Zierl, Helmut *6. Oktober 1954 Meldorf; Schauspieler, spielte 1979 in ›Ein Kapitel für sich‹. ALBUM 62f.

Zietz, Luise Catharina Amalie (geb. Körner) *25. März 1865 Bargteheide †27. Januar 1922 Berlin; sozialdemokratische Politikerin. TADELLÖSER 184, 224

Zille, Rudolf **Heinrich** *10. Januar 1858 Radeburg b. Dresden †9. August 1929 Berlin; Grafiker, Lithograf, Kunstmaler, Zeichner u. Fotograf. ALLES UMSONST 114; HAMIT 136; TADELLÖSER 264

Zilligen, Dieter *1934; Journalist. CULPA 80, 354; SOMNIA 500

Zimmer, Dieter E[duard]. *24. November 1934 Berlin; Schriftsteller, Übersetzer u. Publizist. ALBUM 11, 44f.; ALKOR 462; CULPA 215; GRÖSSEN 196; SIRIUS 49, 65; SOMNIA 435

Zimmermann, Christel; Bibliothekarin aus Halle. AUFZEICHNUNGEN 31

Zimmermann, Erich (gen.»Rädertierchen«); aus Ks Biographienarchiv. ALKOR 170, 469; CULPA 255

Zimmermann, Friedrich (gen. »Fritz«) *18. Juli 1925 München †16. September 2012 Filzmoos i. Österreich. CSU-Politiker u. ehem. Bundesminister ALKOR 255; HAMIT 120

Zischka, Anton Emmerich Zischka (von Trochnov) *14. September 1904 Wien †31. Mai 1997 Pollensa i. Spanien; österr. Journalist u. Sachbuchautor. TADELLÖSER 436 (*Erfinder brechen die Blockade*)

Zita von Habsburg (geb. Maria delle Grazie Adelgonda Micaela Raffaela Gabriella Giuseppina Antonia Luisa Agnese Bourbon-Parma) *9. Mai 1892 Camaiore i. Italien †14. März 1989 Zizers i.d. Schweiz; Gemahlin Kaisers Karl I. von Österreich, letzte Kaiserin von Österreich u. Königin von Ungarn. ALKOR 154

Zitelmann, Rainer *1957 Frankfurt a.M.; Historiker, Publizist u. Unternehmensberater. ALKOR 187

Zitt, Hans *um 1905 †nach 1937; Einhandsegler u. Autor. TADELLÖSER 117 (*Im Segelboot nach Indien*)

Zobel, Helli; K besitzt ein Poesiealbum von ihr. SIRIUS 280

Zola, Emile *2. April 1840 Paris †29. September 1902 Paris; Schriftsteller

Volker Griese

Detlev von Liliencron

Chronik eines Dichterlebens

Leben • Werk • Wirkung

Detlev von Liliencron. Chronik eines Dichterlebens. 292 Seiten mit Frontispiz BOD, Norderstedt 2015 ISBN: 978-3-724-77019-7 12,80 EUR

Liliencron lebte von 1844 bis 1909. 1883 kam sein erster Lyrik-Band heraus. Geldmangel und »Frauengeschichten« rieben ihn auf. Seine USA-Auswanderung geriet zum Desaster. Von den einen als Romantiker, Naturalist oder gar Vorläufer der Expressionisten gefeiert, gilt Baron Detlev Freiherr von Liliencron unter den Kennern als Erneuerer mit dem stärksten Einfluss auf die Lyrik zur Wende des 20. Jahrhunderts. Von manchen als »dichtender Landadeliger« abgetan, wurde er dagegen von Theodor Fontane geschätzt, von Rainer Maria Rilke und Karl Kraus hymnisch verehrt. Die unterschiedlichsten Urteile kommen in der Chronik zu Wort.

Die Chronik ist eine verlässliche Darstellung dieses ungewöhnlichen Lebens. Drei Register und ein Quellen- und Siglenverzeichnis erschließen die Fülle der Information. Doch die »gut lesbare Lebenschronik« (Arne Rautenberg, in: ›Kieler Nachrichten‹) »beeindruckt nicht nur durch ihre Feinarbeit im Faktischen« (Dr. Martin Lowsky, in: ›Mitteilungen der Theodor Fontane Gesellschaft‹). Sie ist dank der eingefügten Werk- und Briefauszüge zugleich ein Lesebuch zu dem Dichter.

Volker Griese

Die drei Leben
des Gustav F

Eine FRENSSEN-Chronik

Leben • Werk • Wirkung

Die drei Leben des Gustav
F. Eine Frenssen-Chronik.

272 Seiten mit Frontispiz

BOD, Norderstedt 2015

ISBN: 978-3-734-76239-0

12,80 EUR

Gustav Frenssen lebte von 1863 bis 1945. Er war Pastor, Schriftsteller mit Millionenauflage, warb in den USA von der Regierung und Reichspräsident Ebert unterstützt für die Weimarer Republik, wandte sich dann den Nationalsozialisten zu und versuchte fortan sich und sein Werk als schon immer dieser politischen Richtung zugehörig hinzustellen und umzudeuten.

Mit dem 1901 erschienenen Roman ›Jörn Uhl‹ setzte eine regelrechte Frenssen-Manie in Deutschland ein. Junge Menschen und Frauen feierten das Werk enthusiastisch. Als 1905 das Werk ›Hilligenlei‹ herauskam, setzte eine beispiellose öffentliche Auseinandersetzung über den Autor ein. Erotismus, Liberalismus, Verrat der Heimatkunst wurde dem Autor vorgeworfen. Andere feierten ihn als einen Autor, der gegen verlogene Konventionen und für die Emanzipation der Frau anschrieb. Für das Ausland galt er fortan als bedeutendster Schriftsteller Deutschlands mit Anwartschaft auf den Nobelpreis. Heute gilt Gustav Frenssen unter den Kennern als Erneuerer der Heimatkunstbewegung, der über das reine Idyll geschickt politische Themen der Zeit (u.a. Kolonialkrieg, Weltkrieg, Ruhrbesetzung, Höfesterben) und gesellschaftliche Strömungen (liberalerer Umgang mit der Sexualität, freigeistiges Christentum) aufnahm und sie geschickt zu beschreiben verstand.

Zu den frühen Bewunderern gehören Thomas Mann, Hermann Hesse und Rainer Maria Rilke. Die unterschiedlichsten Urteile kommen zu Wort. Dank der Auswertung zahlreicher Zeitungsartikel der Zeit konnten einige bisher unbekannte Details zu Leben, Werk und Wirkung herausgearbeitet werden.

Drei Register und ein Quellen- und Sigleverzeichnis erschließen die Fülle der Information. Die Chronik ist dank der eingefügten Werk- und Briefauszüge zugleich ein Lesebuch zu dem Schriftsteller.

.